Ich widme dieses Buch
meiner lieben verstorbenen Mutter und meinem Vater

Impressum

Bibliografische Information der Deutschen Nationalbibliothek
Die Deutsche Nationalbibliothek verzeichnet diese Publikation in der Deutschen Nationalbibliografie; detaillierte bibliografische Daten sind im Internet über http://dnb.d-nb.de abrufbar.

Aktualisierte Neuauflage 2018
5020 Salzburg, Bergstraße 12

Lektorat: Martina Schneider
Layout und Produktion: Nadine Kaschnig-Löbel
Druck: Ortmann Team GmbH, Ainring
Kartenmaterial: Arge-Kartografie
Fotos: Jörg Hähnle
Illustrationen: mit freundlicher Genehmigung von shutterstock.com

ISBN 978-3-7025-0819-7

www.pustet.at

Jörg Hähnle

Gern zum Schlern

Seiser Alm • Schlern • Rosengarten • Latemar

VERLAG ANTON PUSTET

Inhalt

Auf den Schlern

Tschafon und Hammerwand

Rosengarten

Latemar

Seis am Schlern, Völs am Schlern, Tiers am Rosengarten

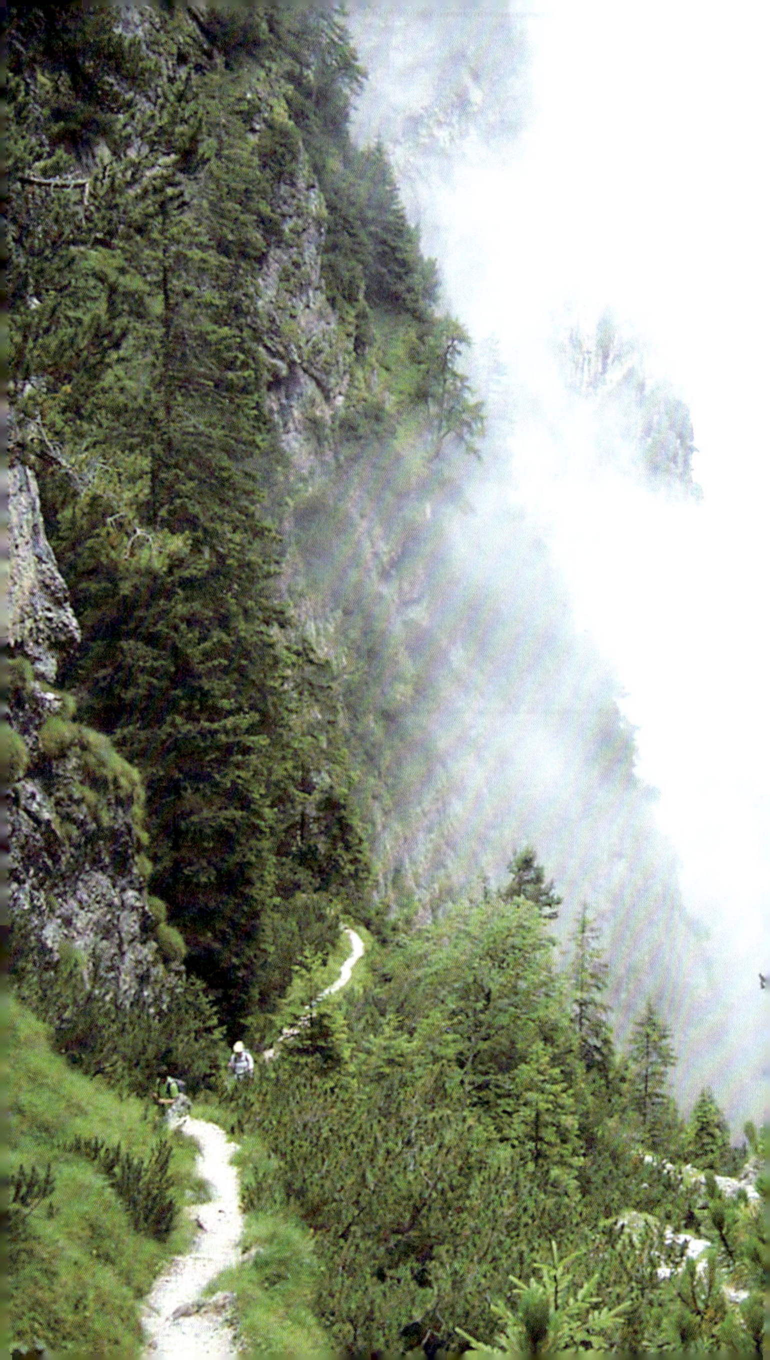

Vorwort

„Nur wo Du zu Fuß warst, bist Du auch wirklich gewesen"
Johann Wolfgang von Goethe

Der Naturpark Schlern-Rosengarten und die umliegenden Berge sind seit vielen Jahren für mich Ausgangspunkt zahlreicher wunderschöner Wanderungen. Der gutmütige Schlern mit seinem breiten Rücken, die liebliche Seiser Alm zu seinen Füßen, das gewaltige Massiv von Langkofel und Plattkofel im Osten, König Laurins Reich, der schroffe Rosengarten mit seinen zahlreichen Zacken und Türmen und der zerklüftete, bedrohlich wirkende Latemar: Fels und Stein, wohin das Auge blickt. Atemberaubende, abwechslungsreiche Landschaften, blühende Almwiesen, karge Schuttfelder, hohe Gipfel, tiefe Täler, dunkle Wälder und sonnige Lichtungen. Einfache Wege und knifflige Klettersteige, schönes Wetter mit einer unvergesslichen Panoramasicht am Gipfelkreuz, aber auch Nebel, kalte, sehr windige und regnerische Tage, Gewitter! Alles drin, alles mit dabei, die ganze Bandbreite der denkbaren Erlebnisse, die Kraft der Natur, Emotionen, Freude und Ängste.
Meine Leidenschaft fürs Wandern in hochalpinen Regionen nahm vor einigen Jahren seinen Lauf, als zwei Freundinnen mich fragten, ob ich im Sommer denn nicht mal nach Südtirol zum Wandern mitkommen wolle. Ich nahm die Einladung an, für ein paar Tage in der bereits angemieteten Ferienwohnung unterschlüpfen zu können, ohne zu ahnen, was da auf mich zukommen und welche positiven Auswirkungen das letztlich für mich haben würde. Ungeübt, naiv

und mit schlechter Ausrüstung ging es durch das Tschamintal und das Bärenloch zum Tierser Alpl hinauf und weiter über den Schlernrücken zum Schlernhaus. Für den Gipfel fehlte mir die Kraft und so ging es weiter zur Sesselschwaige, rüber zum Tschafatschsattel und die steile Bärenfalle wieder hinunter. Gefühlte 27 000 Höhenmeter bei einer Gehzeit von 72 Stunden. Ich weiß heute nicht mehr, wie lange wir wirklich unterwegs waren, aber ich kann mich gut erinnern, dass mich diese Tour enorm anstrengte, die Füße schmerzten und ich mich gelegentlich auch fragte, was ich hier eigentlich mache. Aber ich kann mich auch sehr gut an das erhabene Gefühl erinnern, an das Glück, das sich nach dieser Tour einstellte und an die vielen, wunderschönen Eindrücke. Die Ruhe, die Abgeschiedenheit, das überwältigende Panorama. Ich konnte alle Sorgen im Tal lassen und konzentrierte mich einen ganzen Tag lang nur auf das Hier und Jetzt, auf den nächsten Anstieg oder das Erreichen der nächsten Schutzhütte. Ich tauchte ab in eine Welt, die ich zuvor nicht gekannt hatte und die ich seither nicht mehr missen und Jahr für Jahr neu entdecken möchte. Danke, Brigitte und Ute!

Bei der Auswahl der Touren habe ich großen Wert darauf gelegt, die schönsten und abwechslungsreichsten Wanderungen aufzunehmen und dabei ganz bewusst auf schwierige Klettersteige verzichtet. Auf anspruchsvollere Abschnitte wie im Rosengarten oder der Hammerwand weise ich deutlich hin. Vom einstündigen Spaziergang bis hin zur Tagestour von über acht Stunden ist alles dabei. Meist sind es Rundtouren, also mit identischem Start- und Zielort, um die weitere Planung auf ein Minimum zu reduzieren. Die Startpunkte sind mit dem Auto oder mit dem Linienbus erreichbar.

Bei dieser Gelegenheit: Fragen Sie Ihren Gastgeber, ob er Ihnen die kostenlose Gästekarte *Seiser Alm Live Mobilcard* aushändigen kann. Mit dieser können Sie alle Regionalzüge in ganz Südtirol sowie die Nahverkehrsbusse (Stadt-, Überland- und Citybusse) kostenlos nutzen! Die Karte ist nach der ersten Aktivierung sieben Tage gültig (weitere Infos unter www.seiseralm.it/de/info/ferienregion-seiser-alm-live.html). Leider ist die Nutzung des Almbusses der Linie 11 Compatsch–Saltria nicht inbegriffen. Bei den Zeitangaben im Buch handelt es sich immer um die reinen Gehzeiten ohne Pausen. Sie sind als Anhaltspunkte für Ihre Tourenplanung zu sehen, aber natürlich hat jede Wanderin und jeder Wanderer sein eigenes Tempo. Einige sind sehr schnell unterwegs, andere gehen eher gemütlich. Hinzu kommen weitere Einflüsse wie die persönliche Tagesform und das Wetter. An sehr heißen Tagen geht man langsamer als bei moderaten Temperaturen und bei Regen, Eis und Schnee verringert sich die durchschnittliche Geschwindigkeit zusätzlich. Tatsächlich gibt es für die Berechnung der Gehzeiten eine Norm (DIN 33466), die voraussetzt, dass ein Wanderer in einer Stunde 300 Meter im Aufstieg und 500 Meter im Abstieg zurücklegt sowie vier Kilometer in der Horizontalentfernung. Bei den Angaben der Gehzeiten im Buch habe ich diese Norm allerdings nicht so streng angewandt, sondern meine eigenen Erfahrungswerte als durchschnittlicher Geher in den Vordergrund gestellt.

Ich wünsche Ihnen viel Freude beim Wandern und Entdecken der wunderschönen Natur im Naturpark Schlern-Rosengarten.

Jörg Hähnle

Südtirol

Südtirol ist die nördlichste Provinz Italiens und zählt auf einer Fläche von 7 400 km² etwa 505 000 Einwohner. Zusammen mit der Provinz Trient bildet das Land die autonome Region Trentino-Südtirol. Etwa 100 000 Menschen leben in der Landeshauptstadt Bozen, welche zugleich die größte Stadt ist. Es folgen die Städte Meran mit etwa 39 000 Einwohnern und Brixen mit etwa 21 000 Einwohnern. Südtirol gehörte bis 1919 zusammen mit Nord- und Osttirol zum Habsburgerreich. Nach dem Ersten Weltkrieg kam das gesamte Gebiet südlich des Brenners zu Italien. Etwa 80 Prozent der Landesfläche gelten als gebirgig, 6 Prozent als besiedelbar und knapp unter 3 Prozent sind bereits besiedelt.

Heute genießt Südtirol weitreichende Autonomie-Rechte, das heißt, der Südtiroler Landesregierung sind Bereiche unterstellt, die in anderen Provinzen Italiens vom Staat geregelt werden. So kann die Landesregierung eigene Gesetze zum Beispiel für öffentliche Ämter, Gesundheits- und Sozialwesen, Schule und Kindergärten, Handwerk, Landwirtschaft und Straßenbau oder auch Fremdenverkehr und Gastgewerbe erlassen. Bereiche wie die Verteidigung, Polizei und Justiz bleiben in der Zuständigkeit des italienischen Staates. Es gibt drei offizielle Landesprachen, etwa 64 Prozent der Bevölkerung sind deutscher, 24 Prozent italienischer und 4 Prozent ladinischer Muttersprache. Ladinisch wird überwiegend in den Dolomitentälern Gröden, Gadertal, Fassatal im Trentino, Buchenstein und Ampezzo in der Provinz Belluno gesprochen, es handelt sich um eine rätoromanische Sprache. Interessant ist auch, dass etwa 98 Prozent aller italienischen Muttersprachler in den Städten wohnen.

In Südtirol gibt es sieben Naturparks:

Naturpark Schlern-Rosengarten
Naturpark Texelgruppe
Naturpark Puez-Geisler
Naturpark Fanes-Sennes-Prags
Naturpark Trudner Horn
Naturpark Drei Zinnen
Naturpark Rieserferner-Ahrn

Der Naturpark Schlern-Rosengarten ist Südtirols ältester Naturpark, er wurde bereits 1974 gegründet und befindet sich in den westlichen Südtiroler Dolomiten. Der Park wurde 2003 mit der Aufnahme des Rosengartens deutlich erweitert und umfasst heute 7 291 Hektar. 2009 wurde der Naturpark durch die UNESCO als Teil des Welterbes Dolomiten anerkannt. Ziel aller Naturparks ist der Schutz der Natur- und Kulturlandschaft, der einzigartigen Pflanzenwelt sowie der wildlebenden Tiere.
Der Schlern ist ohne Zweifel eines der Wahrzeichen Südtirols und weit über die Landesgrenzen hinaus bekannt. Während der Schlern, dessen höchster Punkt der Monte Pez mit 2 563 m ist, über ein großes Hochplateau verfügt, ist der Rosengarten mit seinen vielen Zacken und Türmen und seiner höchsten Erhebung, dem Kesselkogel mit 3 002 m, eher von schroffer Schönheit. Zum Naturpark gehören die Gemeinden Kastelruth, Tiers und Völs am Schlern. Der Naturpark umfasst auch den südlichen Teil der Seiser Alm, der größten Hochalm Europas, die sich auf einer Höhe von 1 680 m bis 2 350 m befindet und insgesamt 52 km^2 groß ist.

Tipps zum sicheren Wandern

Wandern macht Spaß! Den Alltag hinter sich lassen, abschalten, und die Sorgen bleiben im Tal. Damit jede Wanderung zu einem Erlebnis wird und alle Beteiligten gesund und munter wieder nach Hause kommen, gilt es, ein paar einfache, aber sehr wichtige Punkte zu beachten.

Planen Sie jede Wanderung sorgfältig! Informieren Sie sich über die Länge und die Schwierigkeit der Tour. Gibt es besondere Passagen auf der Route wie Drahtseilsicherungen oder Klettersteige? Informieren Sie Angehörige und Ihren Gastgeber über das Ziel Ihrer Wanderung und die geplante Rückkehrzeit. Hinterlassen Sie Ihre Handynummer, damit man Sie gegebenenfalls erreichen kann.

Achten Sie auf das Wetter! Prüfen Sie genau den Wetterbericht für den Wandertag und behalten Sie während der Tour das Wetter immer im Auge. Im Gebirge ändern sich die Wetterverhältnisse mitunter sehr schnell. Im Sommer steigt das Gewitterrisiko am Nachmittag deutlich an. Dann sollten Sie sich nicht auf dem Berg befinden!

Überprüfen Sie Ihre Ausrüstung vor jeder Tour (Siehe auch *Die richtige Ausrüstung* auf Seite 16). Auch wenn die Wege meist gut beschildert sind, nehmen Sie auf jede Tour eine aktuelle Wanderkarte und Ihr Handy mit. Ist der Akku voll aufgeladen?

Starten Sie lange Touren möglichst früh am Tag, um eine Heimkehr bei Dämmerung oder Dunkelheit zu vermeiden und um dem erhöhten Gewitterrisiko am Nachmittag aus dem Weg zu gehen. Rechnen Sie zu den Gehzeiten ausreichend Reserve- und Pausenzeiten hinzu.

Nehmen Sie ausreichend Getränke und etwas Proviant mit. Die regelmäßige Flüssigkeitszufuhr ist sehr wichtig. Nutzen Sie die Gelegenheit, an ausgewiesenen Trinkwasser-Quellen Ihre Wasservorräte aufzufüllen.

Bleiben Sie stets auf den markierten Wegen. Nur Kühe und Ochsen betreten die Wiesen. Nehmen Sie keine Abkürzungen, zu Ihrem und zum Schutz der Umwelt. Hinterlassen Sie keine Abfälle auf dem Berg.

Halten Sie Abstand zu Weidetieren. Streicheln Sie keine Kühe und leinen Sie Ihren Hund an, wenn Sie in die Nähe der Tiere kommen.

Gehen Sie langsam und gleichmäßig. Schätzen Sie Ihre Kraft kritisch ein und machen Sie ausreichend Pausen. Lassen Sie sich nicht von nachfolgenden Wanderern hetzen. Mit nachlassender Kondition schwindet auch die Konzentration und gerade auf schwierigen Abschnitten müssen Sie stets konzentriert sein, um Fehltritte und Unachtsamkeiten zu vermeiden. Machen Sie andere Wanderer auf mögliche Gefahren aufmerksam.

Kehren Sie um, wenn die Kräfte schwinden, das Wetter umschlägt, der Weg zu schwierig wird oder Sie einfach kein gutes Gefühl haben. Kein Gipfelsieg ist es wert, dafür Ihre Gesundheit zu riskieren. Umkehr ist kein Zeichen der Schwäche, sondern der Vernunft.

Richtiges Verhalten bei Gewitter in den Bergen

Beim Urlaub in den Bergen ist jeder Urlaubstag kostbar und man möchte natürlich auch jeden Tag möglichst effektiv nutzen. Dennoch, die Gefahren, die entstehen, wenn man auf dem Berg in ein Gewitter gerät, sind enorm. Wenn sich Quellwolken auftürmen und sich der obere Teil ähnlich wie ein Amboss ausbreitet, ist das ein sicheres Indiz für ein aufziehendes Gewitter. Gleiches gilt, wenn Sie eine mächtige Quellwolke sehen, deren Ränder ausfransen. Ein unmissverständliches Zeichen ist natürlich ein entferntes Donnergrollen, wenngleich das noch nicht bedeuten muss, dass sich das Gewitter in Ihre Richtung bewegt. Auf jeden Fall sollten Sie sehr aufmerksam bleiben.

Trotz aller Umsicht und Vorsicht kann es aber passieren, dass man doch einmal von einem Gewitter überrascht wird. Sollte das der Fall sein, halten Sie sich an die folgenden Regeln.

Meiden Sie exponierte Orte wie den Gipfelbereich, Grate, Hochebenen, aber auch die Nähe von Seilbahnmasten, Gewässern oder einzeln stehenden Bäumen.

Halten Sie Abstand zu Drahtseilsicherungen und Metallleitern. Sollten Sie sich noch auf einem Klettersteig befinden, verzichten sie nicht auf die Grundsicherung, bringen Sie die Sicherung aber unterhalb des Herzens an.

Wenn Metall, Drahtseile oder auch das Gipfelkreuz surren oder knistern oder sogar ein Elmsfeuer, also ein Leuchten des Kreuzes zu sehen ist, die Haut kribbelt oder die Haare zu Berge stehen, flüchten Sie sofort! Ein Blitzeinschlag steht unmittelbar bevor.

Legen Sie Ihre Wanderstöcke und Metallgegenstände ein paar Meter neben sich ab. Kauern Sie sich mit angewinkelten Beinen auf Ihren Rucksack und halten Sie die Füße eng beieinander, um eine nur möglichst kleine Kontaktfläche zum Boden

zu bilden und eine Schrittspannung zu vermeiden. Sind sie in einer Gruppe unterwegs, halten Sie mindestens fünf bis zehn Meter Abstand voneinander.
Höhlen und Überhänge können Schutz bieten, wenn der Abstand zu Wänden und zum Eingang mindestens eine Körperlänge beträgt.

Alpine Sicherheit

Nehmen Sie zu jeder Wanderung Ihr Handy mit voll aufgeladenem Akku mit und kontrollieren Sie vor jeder Tour die ordnungsgemäße Funktion. Lassen Sie das Handy während der Tour stets eingeschaltet.

Wie kann ich mit dem Handy Hilfe holen?
Rufen Sie die Nummer der Bergrettung, diese lautet in Südtirol **118**. Bewahren Sie Ruhe und teilen Sie den Einsatzkräften Folgendes mit:
Was ist passiert?
Wie viele Personen sind verletzt?
Wo ist der Unfall passiert?
Welche Verletzungen liegen vor?
Wie ist die aktuelle Wetterlage am Unfallort?
Warten auf Rückfragen.
Bei Unfällen am Berg wird meist ein Hubschrauber zur Bergung losgeschickt, daher ist die Wetterlage von Bedeutung, außerdem die Sichtweite oder die Windstärken. Beenden Sie das Gespräch erst, wenn Sie von den Rettungskräften dazu aufgefordert werden.

Was kann ich tun, wenn ich keinen Empfang habe?
In den Bergen ist eine hundertprozentige Netzabdeckung nicht möglich und so kann es natürlich passieren, dass Sie ausgerechnet im Notfall keinen Empfang haben. Wenn möglich, ändern Sie Ihren Standort, es kann gut sein, dass einige Meter weiter oben wieder eine Verbindung aufgebaut werden kann. Sollte eine Standortänderung nicht möglich oder erfolglos sein, können Sie versuchen, das Netz eines anderen Anbieters zu nutzen. Verwenden Sie dafür den **Euro-Notruf 112**. Schalten Sie dazu Ihr Handy aus und anschließend wieder ein. Statt Ihres PIN-Codes geben Sie dann die 112 ein, das Handy sucht sich daraufhin automatisch das stärkste verfügbare Betreibernetz und setzt den Notruf ab.

Was kann ich tun, wenn auch der Euro-Notruf 112 nicht möglich ist?
Wenn kein Notruf über das Handy möglich ist, nutzen Sie das alpine Notsignal, dieses besteht aus einem akustischen oder optischen Signal, welches innerhalb einer Minute sechsmal abgesetzt wird (also alle zehn Sekunden). Sie nutzen hierfür zum Beispiel eine qualitativ hochwertige und entsprechend laute Trillerpfeife. Wiederholen Sie die Signalgebung nach einer Minute Pause so lange, bis Sie eine Antwort erhalten. Die Antwort wiederum besteht aus drei Zeichen pro Minute. Geben Sie aber auch bei einer Antwort weiter Signale, damit man Sie auch orten kann! In der Nacht sind zusätzliche Lichtsignale mit einer Taschenlampe/Stirnlampe sinnvoll.

Die richtige Ausrüstung

In den Bergen trifft man immer wieder Wanderer, deren Anblick vermuten lässt, sie kämen gerade von einer Einkaufstour aus Bozen zurück. Sie benötigen wahrlich keine Ausrüstung, als würden Sie den K2 oder den Everest besteigen, aber einige Dinge sollten auf jeden Fall mit dabei sein:

Vernünftige **Bergschuhe** mit einem entsprechenden Profil, möglichst höher als die Knöchel, um eine bessere Stabilität zu gewährleisten. Dazu gute **Wandersocken**. Der beste Schuh nützt nichts, wenn die Socken schlecht sitzen und scheuern und eine schmerzende Blase verursachen. Wandersocken sind besonders vernäht und an den wichtigen Stellen verstärkt.

Ein guter, der Tour angemessener **Rucksack**. Ein gewaltiger Trekking-Rucksack ist für eine Tagestour genauso ungeeignet wie ein zu kleiner Rucksack. Für Tagestouren reicht meist ein Fassungsvermögen von 25 bis 30 Litern. Der Rucksack sollte über eine **Regenschutzhaube** verfügen, um den Inhalt bei schlechtem Wetter trocken zu halten. Packen Sie nicht mehr als nötig ein, damit die Last nicht zu schwer wird.

Funktionelle **Sportbekleidung**, die Feuchtigkeit bei großer Anstrengung effektiv entweichen lässt. Auch wenn es im Tal 30 Grad haben sollte, kann es in luftiger Höhe sehr frisch werden. Ein warmer **Pullover** oder eine geeignete **Jacke** sollte immer dabei sein. Im Herbst zusätzlich eine Mütze und Handschuhe. Ein **Shirt zum Wechseln** hat sich ebenfalls bewährt.

Regenschutz: Zumindest bei einer instabilen Wetterlage sollten Sie eine Regenjacke oder einen Regenponcho mitführen.

Sonnenschutz: Die UV-Strahlung ist im Gebirge intensiver: Sonnencreme, Sonnenbrille und Kopfbedeckung einpacken.

Wasser, Tee oder isotonische **Getränke und Proviant** wie Brote, Obst, Müsliriegel oder auch Traubenzucker.

Ein **Notfall-Set** mit Verbandsmaterial sowie Pflaster und Blasenpflaster. Gegebenenfalls persönliche **Medikamente**.
Ihr **Handy** mit voll aufgeladenem Akku und idealerweise zusätzlich eine **Notfall-Pfeife**.
Wanderstöcke: Zu empfehlen sind Teleskop-Stöcke, die Sie bei Bedarf zusammenschieben oder klappen können.
Wenn Sie beabsichtigen, einen Klettersteig zu gehen, gehört ein vollständiges Klettersteig-Set mit Schutzhelm dazu.
Eine aktuelle **Wanderkarte** und der **Wanderführer**, in dem die geplante Tour beschrieben ist.

Leichte Wanderungen auf meist gut ausgebauten Wegen und Pfaden, teils in Siedlungsbereichen, teils aber auch über Wiesen und Felder. Geringe Höhenunterschiede, dennoch sind kurze kräftige Anstiege möglich. Aufgrund der kurzen Distanzen und unkritischen Stellen sind diese Wanderungen auch für Kinder geeignet. Eine besondere Ausrüstung ist nicht erforderlich, geeignetes Schuhwerk ist aber auch hier empfehlenswert.

Zunehmend schmale, steile und teils auch felsige Steige im alpinen Gelände. Trittsicherheit und ein gutes Maß an Kondition sind zur Bewältigung größerer Höhenunterschiede und kurzer ausgesetzter Wegabschnitte erforderlich. Nur mit geeignetem Schuhwerk zu gehen, Teleskopstöcke empfehlenswert.

Anspruchsvolle Tagestouren in alpinem Gelände erfordern eine gute Ausdauer und körperliche Fitness. Große Höhenunterschiede und Entfernungen sind zurückzulegen, auf vielfach schmalen und sehr steilen Wegen, häufig in felsigem Terrain. Schwindelfreiheit und absolute Trittsicherheit auch für die Überwindung von längeren ausgesetzten Wegabschnitten, die teils mit Drahtseilen oder Leitern gesichert sind, notwendig. Bergerfahrung und eine gute Ausrüstung werden vorausgesetzt.

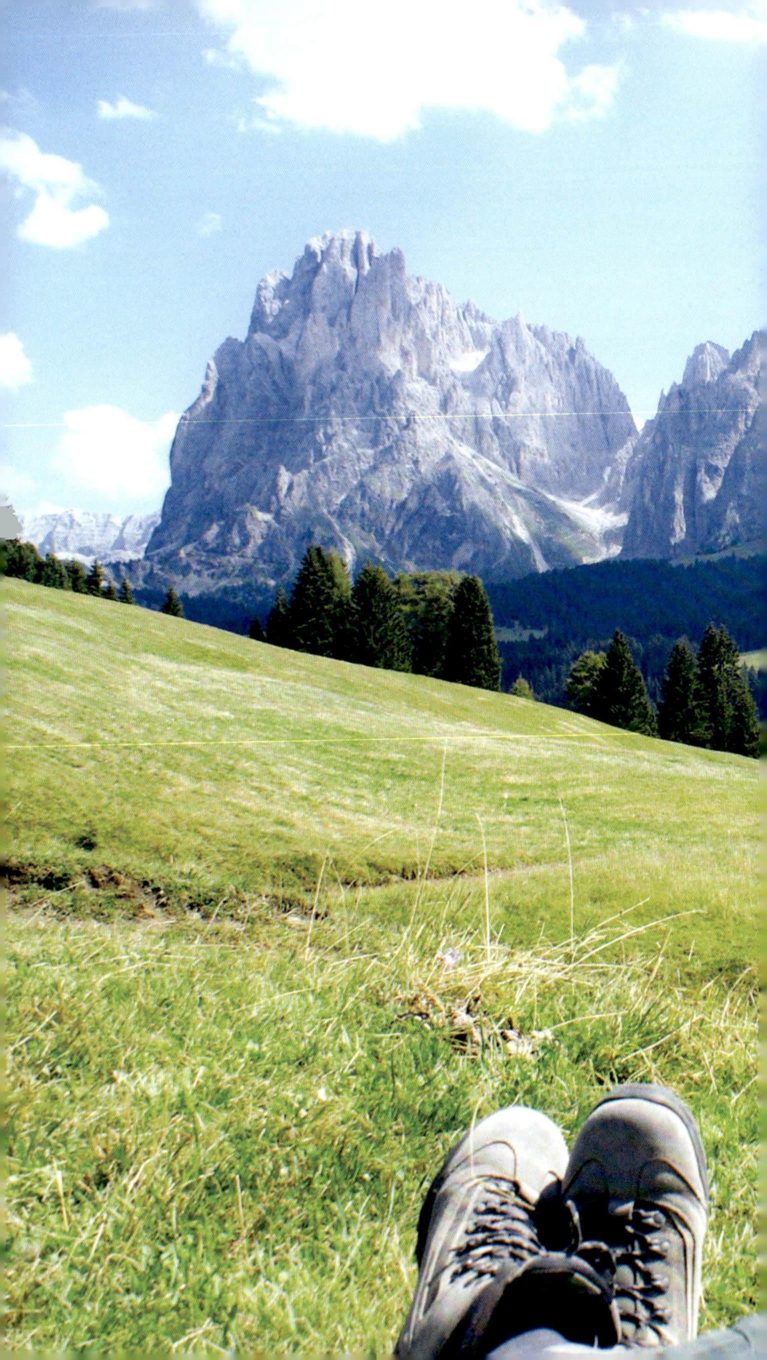

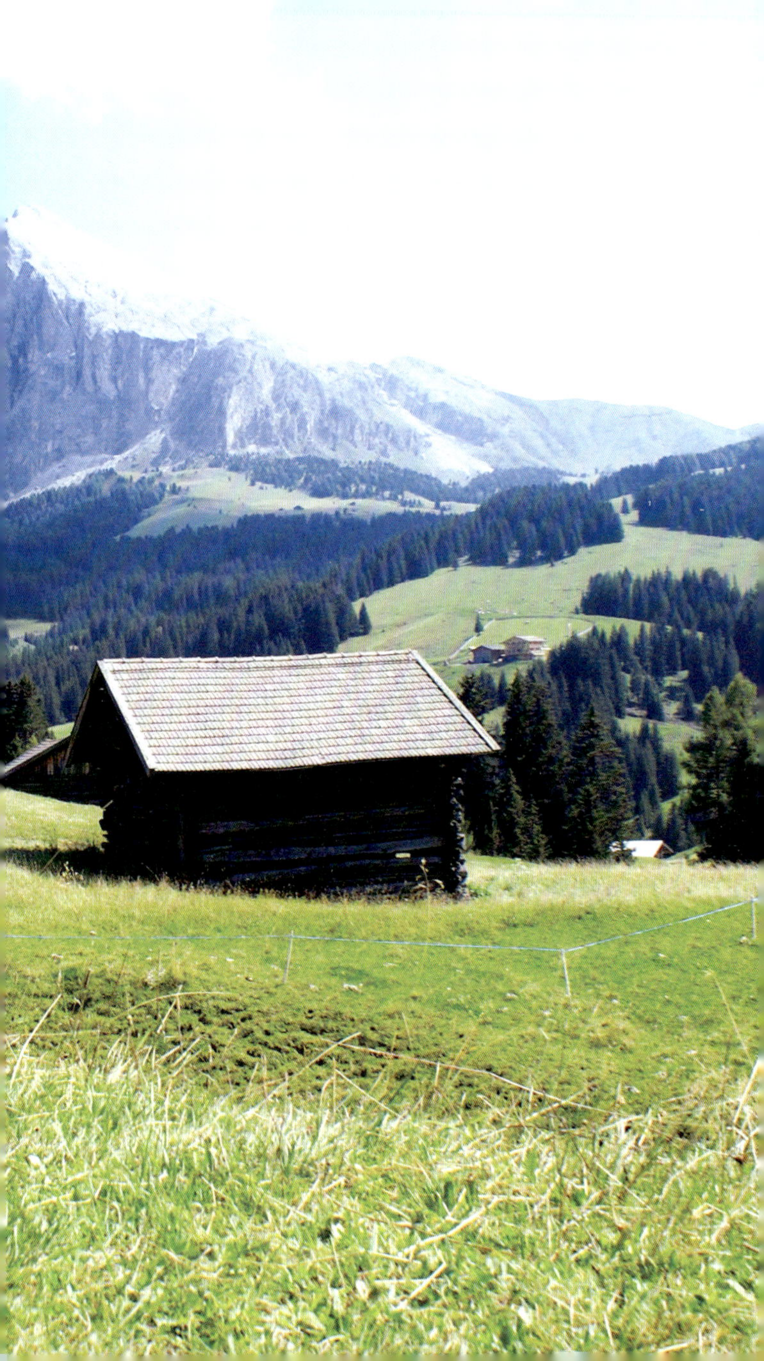

1 *Die Umrundung von Langkofel und Plattkofel*

2360 m, 17,8 km, 5:45 Std., 790 hm/790 hm

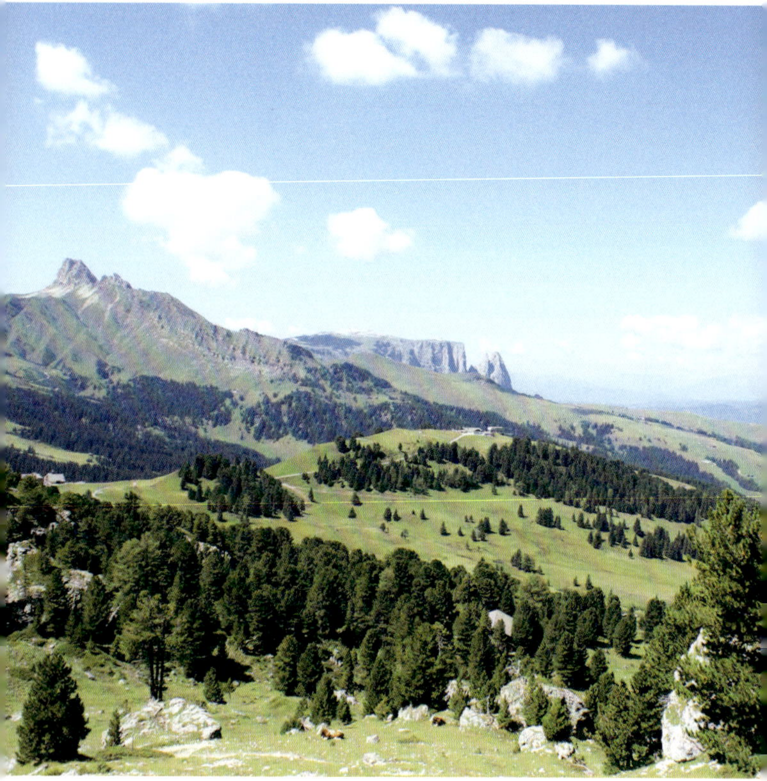

Eindrucksstarke Bergwanderung um Langkofel und Plattkofel und durch die „Steinerne Stadt". Gute Kondition erforderlich. An den Wochenenden im Juli und August ist der erste Teilabschnitt bis zur Plattkofelhütte häufig stark frequentiert, es empfiehlt sich daher, die Tour möglichst unter der Woche zu gehen.

Ausgangspunkt	Parkplatz am Sellajoch (gebührenpflichtig), direkt an der Talstation der Stehgondelbahn
Anfahrt	Mit dem Auto oder mit dem Bus z.B. von Kastelruth über St. Ulrich zum Sellajoch
Einkehr	Salei-Hütte, Friedrich-August-Hütte, Plattkofelhütte, Langkofelhütte oder die Comici-Hütte
Karte	Alpenwelt Verlag: Seiser Alm, Nr. 1428 oder Tabacco: Gröden, Seiser Alm, Nr. 05

Die Wanderung startet am Parkplatz direkt neben dem Sellajochhaus auf 2 180 m. Mit Blick auf Langkofel und Plattkofel gehen wir zunächst ein Stück nach links und treffen auf den Weg Nr. 4/557, den Friedrich-August-Weg. Dieser wurde im Jahr 1911 zu Ehren des Sachsenkönigs Friedrich August III. angelegt, der von 1904 bis 1914 mehrere Male in Seis residierte und dabei zahlreiche Wanderungen in den Dolomiten unternahm. Der breite Weg führt anfangs recht steil auf den Bergsattel Rodella, vorbei an der ersten Einkehrmöglichkeit, der Salei-Hütte (2 225 m). Das gewaltige Felsmassiv des Plattkofels zur Rechten und die saftig grünen Wiesen des Durontals zur Linken, gelangt man nach bereits 30 Minuten zur Friedrich-August-Hütte, vor der eine hölzerne Skulptur des „Bergsteigerkönigs" Friedrich August aufgestellt wurde. Seine Hand zeigt Richtung Plattkofel und uns damit den weiteren Weg. Nun ändert sich die Beschaffenheit des Steigs, der breite, geschotterte Weg wird dunkelerdig und ist bei trockenem Wetter gut zu gehen, wird bei Feuchtigkeit allerdings sehr rutschig.

Weiter führt die Route vorbei an der Sandro-Pertini-Hütte (2 300 m) bis zum ersten Etappenziel. Nach etwa 1 Stunde und 45 Minuten Gehzeit erreicht man die Plattkofelhütte auf 2 300 m.

Höhenprofil

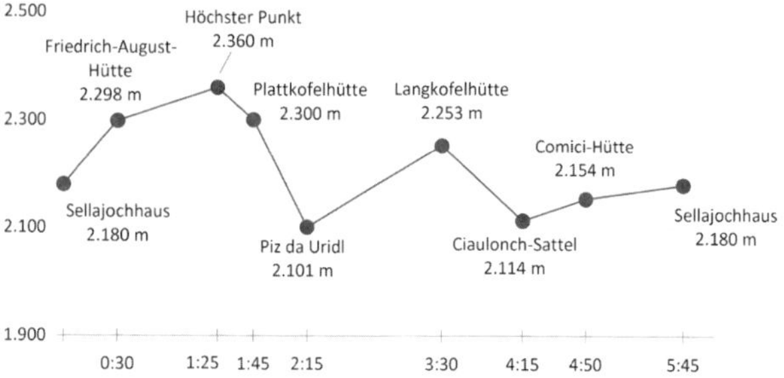

Entlang des Weges genießen Sie immer wieder wunderschöne Ausblicke auf die umliegenden Bergmassive, zum Beispiel auf den hell in der Sonne leuchtenden Gletscher der Marmolata. Von der Plattkofelhütte zweigen gleich mehrere Wege ab: Es ginge hinüber zum Tierser Alpl, der Fortsetzung des Friedrich-August-Weges, hinauf zum Gipfelkreuz des Plattkofels (siehe Tour 5), herunter auf die Seiser Alm und schließlich um Langkofel und Plattkofel herum.
Unser Ziel ist die Umrundung beider Berge und so folgen wir von der Hütte zunächst für wenige Augenblicke der Markierung Nr. 9 und zweigen nach wenigen Minuten rechts auf den Weg Nr. 527 Richtung Langkofelhütte ab. Etwa 25 Minuten später erreichen wir einen besonders schönen Abschnitt der Tour, mit vielen großen Felsen links und rechts des Weges und zahlreichen Alpenrosen. Auf vielen der Felsbrocken wachsen Bäume – ein ungewöhnlicher Anblick. Hier lohnt es sich auch, die umliegenden Wiesen im Auge zu behalten, denn dort zeigen sich oftmals Murmeltiere! Wenige Minuten später ist die Anhöhe Piz da Uridl (Hohes Eck, 2 101 m) erreicht, ein schöner Platz für eine kurze Rast. Nehmen Sie sich einen Moment Zeit und genießen Sie den fantastischen

Ausblick über die Seiser Alm bis hinüber zum Schlern und auf der anderen Seite zum Sass Rigais, zum Piz Duleda, zu den Cirspitzen und der Sellagruppe.

Weiter führt der Steig 527 entlang der gewaltigen West- und Nordflanke des Plattkofels bis zu einer Wegkreuzung am Fuß des Langkofelkars. Der Steig mit der Markierung Nr. 525 führt hier in etwa 25 Minuten auf geschottertem Grund hinauf zur Langkofelhütte auf 2 253 m, dem zweiten Etappenziel unserer Wanderung.

Wer Kräfte sparen und auf den Besuch der Hütte verzichten möchte, bleibt gleich auf dem Weg Nr. 526 in Richtung Comici-Hütte und Sellajoch. Wer sich den Besuch der Hütte nicht entgehen lässt, wandert anschließend einige Minuten auf dem gleichen Weg zurück, bis wieder der Abzweig 526

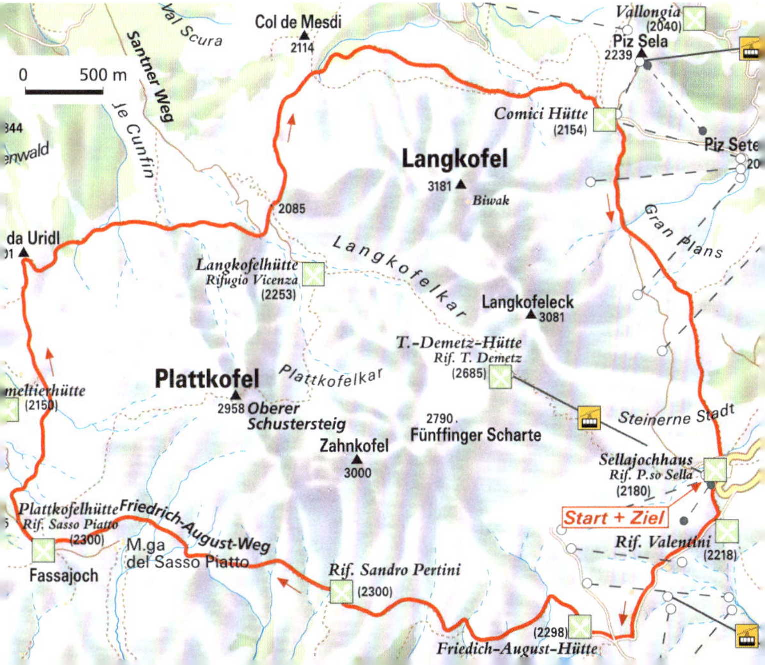

in Richtung Comici-Hütte und Sellajoch erreicht ist. Noch einmal gilt es, einen Gegenanstieg zu bezwingen, hinauf auf den Ciaulonch-Sattel (2 114 m). Auch hier erwartet uns wieder ein besonderer Ausblick über die Ortschaften St. Christina und Wolkenstein im Grödner Tal, hinüber ins Langental und zu den Berggipfeln des Naturparks Puez-Geissler.

Von hier geht es nun zunächst wieder bergab und mitten durch ein steinernes Labyrinth, eine beeindruckende Landschaft mit großflächigem Bewuchs von Alpenrosen. Schnell ändert sich der Charakter des Weges wieder und dieser führt nun teils über Geröll- und Schotterfelder, bis man schließlich nach gut 5 Stunden Gehzeit die Comici-Hütte auf 2 154 m erreicht. Bei gutem Wetter ist sie ein beliebtes Ausflugsziel, da sie vom Parkplatz am Sellajochhaus in unter 1 Stunde zu erreichen ist.

Ab der Comici-Hütte trägt der Weg zwei Bezeichnungen, 526 und 528. Nach wenigen Minuten gabelt er sich, ein Weg führt durch die „Steinerne Stadt“ und der andere, mit einem Kinderwagen entsprechend als kinderwagentauglich gekennzeichnet, um die „Steinerne Stadt“ herum. Einfacher ist die Umgehung, landschaftlich reizvoller auf jeden Fall der Weg hindurch. Das Felssturzgebiet mit üppiger Flora ist unser drittes Etappenziel. Nach einer Gesamtgehzeit von etwa 5:45 Stunden erreichen wir schließlich wieder den Ausgangspunkt der Wanderung, den Parkplatz am Sellajochhaus.

Gewandert am:

In Begleitung von:

Durch Langkofelscharte und „Steinerne Stadt“ um den Langkofel 2

2 685 m, 10,5 km, 4:30 Std., 720 hm/720 hm

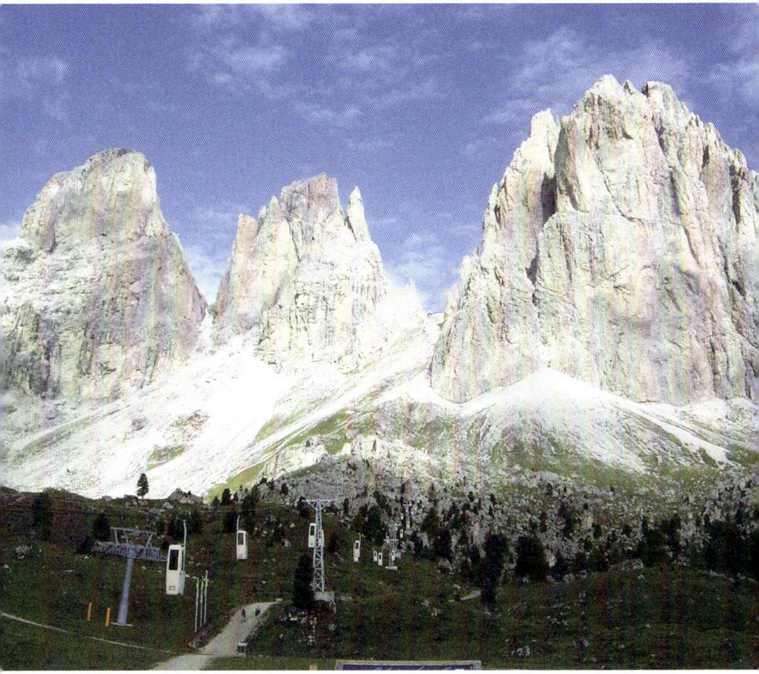

Im Zickzack hinauf in die Langkofelscharte zur Toni-Demetz-Hütte, weiter durch das Langkofelkar zur Langkofelhütte und schließlich rechts um das beeindruckende Massiv des Langkofels herum zur Comici-Hütte geht es durch die „Steinerne Stadt“ zurück zum Sellajochhaus. Statt zu Fuß zur Toni-Demetz-Hütte aufzusteigen, kann auch die Stehgondelbahn genutzt werden. (Zeitersparnis etwa 1:20 Std.) Der Abstieg durch das Langkofelkar erfordert im ersten Drittel absolute Trittsicherheit.

Ausgangspunkt	Gebührenpflichtiger Parkplatz am Sellajoch, direkt an der Bergstation der Stehgondelbahn
Anfahrt	Mit dem Auto bis zum Sellajochaus oder mit dem Bus von Kastelruth über St. Ulrich
Einkehr	Toni-Demetz-Hütte, Comici-Hütte und Sellajochhaus
Karte	Alpenwelt Verlag: Seiser Alm, Nr. I428 oder Tabacco: Gröden, Seiser Alm, Nr. 05

Die Wanderung startet am Parkplatz direkt neben dem Sellajochhaus (2 180 m). Das erste Ziel ist die Toni-Demetz-Hütte in der Langkofelscharte, die man vom Tal aus bereits gut zwischen der Fünffingerspitze und dem Langkofeleck erkennen kann. Wir folgen dem Weg mit der Markierung 525, der bei der Talstation der Stehgondelbahn beginnt. Der Aufstieg zur Toni-Demetz-Hütte dauert etwa 1 ½ Stunden. Möchten Sie an dieser Stelle etwas Zeit und Kräfte sparen, können Sie für den ersten Abschnitt auch die Stehgondelbahn nutzen, die sie in nur etwa 10 Minuten zur Hütte hinaufbringt. Ein kleines Abenteuer ist die Fahrt auf jeden Fall! Auch wenn sie die Bahn nicht nutzen möchten, sollten Sie sich einmal den Einstieg näher anschauen. Die Gondeln bleiben zum Ein- und Aussteigen nämlich nicht stehen! Maximal zwei Personen können in einer Gondel stehend mitfahren. Ein Helfer öffnet die Kabinentür der einfahrenden Gondel, während die beiden Fahrgäste an markierten Stellen ihre Positionen einnehmen. Kommt die Gondel an, verlangt es einen beherzten Schritt, um die Kabine zu betreten und unmittelbar danach folgt der zweite Fahrgast. Nicht selten muss dabei der Helfer mit einem kleinen Schubs nachhelfen, um schließlich die Kabinentüre wieder schließen zu können. Oben an der Bergstation wiederholt sich das Szenario, hier springt man wieder aus der fahrenden Gondel heraus.

Der Fußweg führt in Serpentinen teils recht steil und im oberen Drittel über loses Gestein zur Toni-Demetz-Hütte (2685 m) hinauf und schließlich wieder über 400 Höhenmeter hinab durch das geröllreiche und oft auch sehr windige Langkofelkar zur Langkofelhütte. In den ersten Minuten führt der Abstieg von der Toni-Demetz-Hütte über viele Felsblöcke, wofür es einen sicheren Tritt benötigt! Nach und nach werden die zu bezwingenden Stufen aber niedriger, bis man schließlich über ausgedehnte Geröllfelder nach ca. 50 Minuten die Langkofelhütte auf 2253 m erreicht.

Weiter geht es ein kurzes Stück auf dem Steig 525 bis zur nächsten Wegkreuzung und von dort rechts auf den Weg mit der Markierung 526, der hinüber zum Ciaulonch-Sattel führt. Nun passiert man zunächst die mächtige Nordflanke

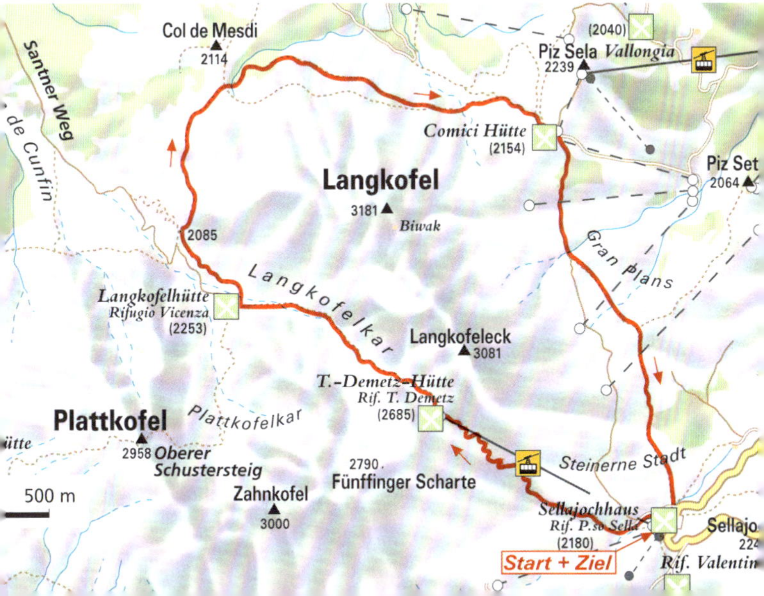

des Langkofels und etwa ab der Comici-Hütte, die man von der Langkofelhütte in rund 1 ½ Std. erreicht, die Ostflanke des Massivs. Während man im Langkofelkar noch über Schutt- und Geröllfelder wanderte, könnte der Unterschied zu jetzt kaum größer sein. Die Tour verläuft nun über blühende und sattgrüne Wiesen, bis man schließlich das beeindruckende Felssturzgebiet der „Steinernen Stadt“ erreicht. Der Pfad schlängelt sich zwischen gewaltigen Felsblöcken

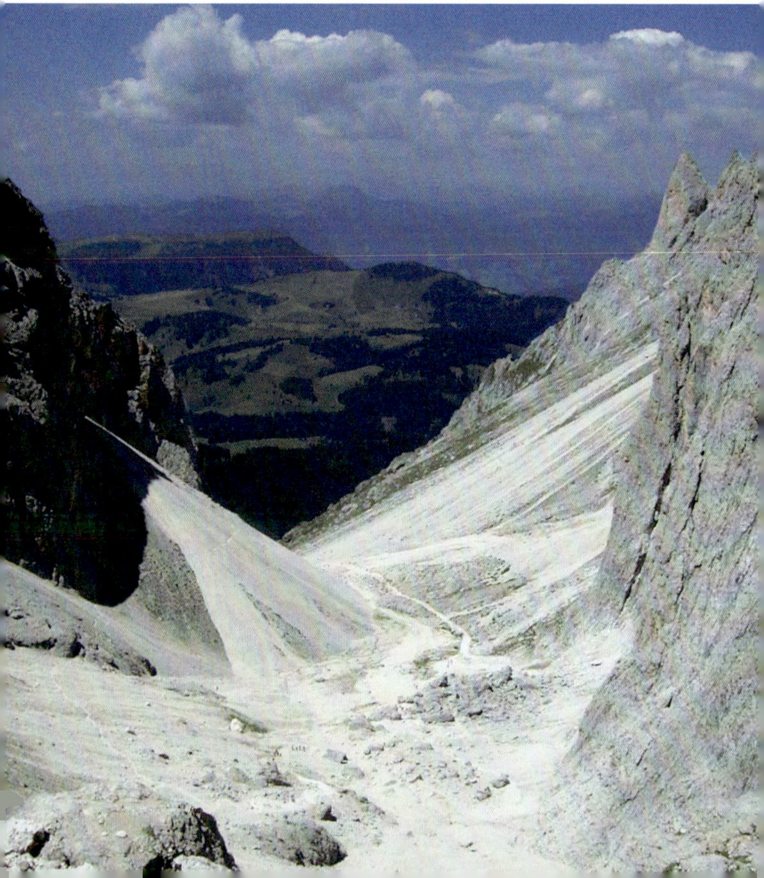

Höhenprofil

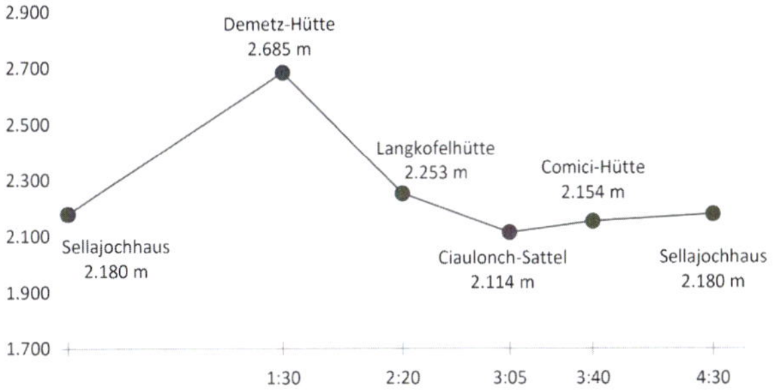

hindurch, die hier in grauer Vorzeit vom Berg abbrachen und eine bizarre, labyrinthähnliche Landschaft formten. Nach einer Gehzeit von etwa 4 ½ Stunden erreichen wir wieder den Ausgangspunkt der Wanderung, das Sellajochhaus.

Gewandert am:

In Begleitung von:

3 *Über die Confinböden zum Langkofel*

2 253 m, 16,6 km, 5:25 Std., 800 hm/800 hm

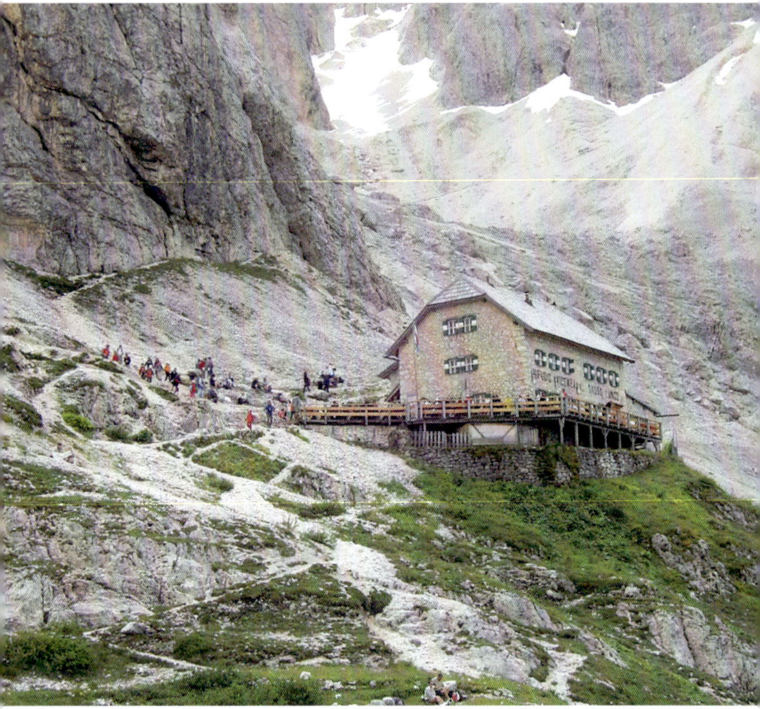

Von Saltria, mitten auf der Seiser Alm, geht es zunächst gemütlichen Weges in östlicher Richtung parallel zur Langkofelgruppe und schließlich über die Confinböden, den Wasserspeicher für das Grödnertal, von den grünen Wiesen hinauf ins geröllhaltige Langkofelkar zur dortigen Langkofelhütte. Weiter entlang der Nordflanke des Plattkofels führt die Tour hinüber zur Zallinger Hütte, vorbei am Gasthof Tirler und wieder zurück nach Saltria.

Ausgangspunkt	Die Siedlung Saltria auf der Seiser Alm
Anfahrt	Von Seis mit der Umlaufbahn oder mit dem Seiser-Alm-Express hinauf nach Compatsch. Anfahrt mit dem Auto ist ebenfalls möglich, der Parkplatz in Compatsch ist gebührenpflichtig. Von Compatsch fährt der Seiser-Alm-Bus bis Saltria. Die Straße nach Compatsch ist von 9 bis 17 Uhr für den Verkehr gesperrt; Ausnahmeregelung für Gäste von Betrieben auf der Seiser Alm. Die Abfahrt ins Tal ist jederzeit möglich.
Einkehr	Radauer Schwaige, Saltner Schwaige, Langkofelhütte, Zallinger Hütte, Almgasthof Tirler
Karte	Alpenwelt Verlag: Seiser Alm, Nr. I428 oder Tabacco: Gröden, Seiser Alm, Nr. 05

Von der Haltestelle Saltria führt der Weg mit der Markierung 30, in Richtung zur Langkofelgruppe schauend, über eine kleine Brücke Richtung Florian-Sessellift und nach 5 Minuten vorbei an der Radauer Schwaige (1 720 m). Der Weg Nr. 30 verläuft auf einer breiten, geschotterten Forststraße in östlicher Richtung quer über die Seiser Alm, über saftige Almwiesen, auf denen Kühe friedlich grasen, und immer wieder durch kurze, schattige Waldabschnitte. Dabei ignorieren wir die Abzweigungen der Wege 7A, 7B und 591, bis wir nach etwa 1:15 Stunden auf einer Lichtung auf den Weg Nr. 525, den Santnerweg, treffen, dem wir von nun an, nach rechts abzweigend, folgen. Der Santnerweg verläuft über die Confinböden, zunächst weiter durch ein Waldstück und danach über Almwiesen. Immer näher kommen wir dem gewaltigen Bergmassiv und kurz bevor wir die Ausläufer des Langkofelkars erreichen, führt der Weg wieder in ein Waldstück und fortan in Serpentinen hinauf bis zur Kreuzung der Wege 526/527. Wir folgen dem Weg Nr. 526

Höhenprofil

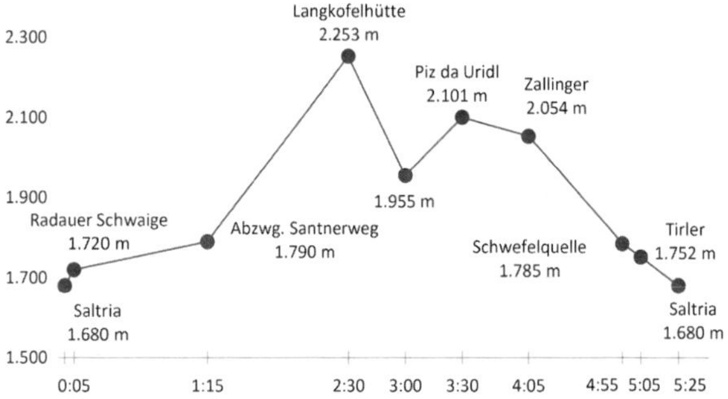

für wenige Meter nach links zur Abzweigung des Weges 525, der in rund 30 Minuten hinauf zur Langkofelhütte (2 253 m) führt.

Nach einer Rast geht es wieder zurück zur Wegkreuzung 526/527. Wir gehen nun nach links weiter und folgen auf dem Steig Nr. 527 dem Wegweiser Richtung Plattkofelhütte. Nach ungefähr einer Stunde ab der Langkofelhütte erreichen wir die Anhöhe Piz da Uridl (Hohes Eck, 2 101 m). Von diesem sonnigen Fleckchen aus hat man nicht nur einen fantastischen Ausblick auf das vor uns liegende Hochplateau der Seiser Alm, sondern es lädt uns förmlich zu einer kurzen Rast oder einem gemütlichen Picknick ein. Nicht selten wird man hierbei von neugierigen Kühen beobachtet, die scheinbar die Aussicht ebenfalls zu schätzen wissen.

Kurz nach der Anhöhe zweigt der Steig 531A nach rechts ab. Die Zallinger Hütte (2 054 m) ist hier angeschrieben und bereits nach 20 Minuten erreicht. Neben der traditionsreichen Hütte steht malerisch das Zallinger Kirchl. Das schlichte, neugotische Kirchlein ließ Karl von Zallinger-Stillendorf 1857 erbauen und ein Jahr später wurde es festlich eingeweiht.

Nun folgt der letzte Abschnitt der Tour. Von der Hütte geht es weiter über den Weg Nr. 9 Richtung Tirler und Saltria, bis man nach 45 Minuten die mystische und sagenumwobene Schwefelquelle erreicht. Ein paar Meter abseits des Weges, versteckt im Wald liegt die schwefelhaltige Quelle, auf die ein Wegweiser hinweist. Dem Quellwasser werden verschiedene, volksheilkundliche Wirkungen zugesprochen. So soll es unter anderem gut für die Haut sein, die Gelenke stärken und die Verdauung fördern.

Der Sage nach lebte in grauer Vorzeit im Waldgebiet „Bosch Curasoa" oberhalb des heutigen Gasthauses Tirler eine Gruppe von Hexen. Benötigten die Menschen im Tal oder auf der Alm Hilfe, kamen die Hexen vorbei und halfen den Menschen. Sie stellten dabei nur eine Bedingung: Niemand durfte sie je in ihrem Wald stören. Leider war die Neugier der Menschen stärker und so schlichen sich einige in den mystischen

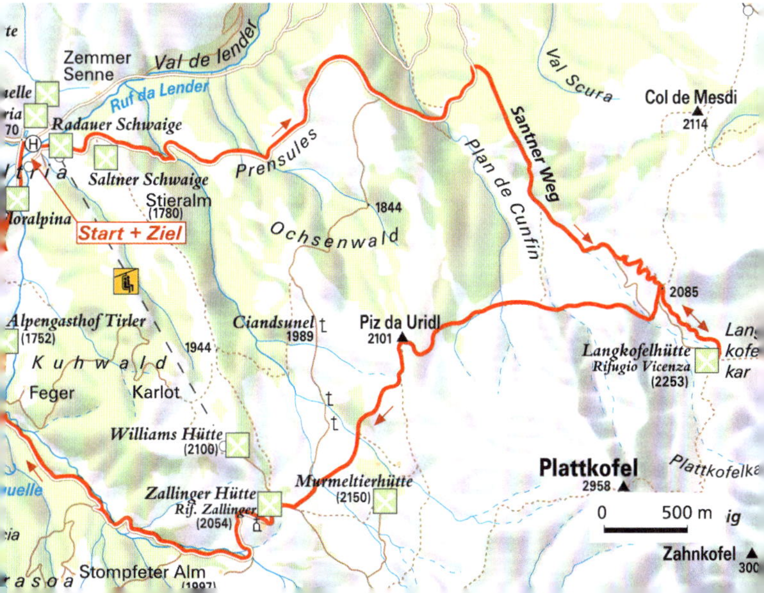

Wald und beobachteten die Hexen bei ihrem Treiben. Diese bemerkten das und waren daraufhin so verärgert, dass sie die frischen Quellen der Umgebung in schwefelhaltige Rinnsale verwandelten und den Wald für immer verließen. Nur die junge Hexe „Curandina“ blieb zurück, um ihr Wissen über die Heilkräfte der Natur mit den Menschen zu teilen.

Vom etwa 10 Minuten entfernten Almgasthof Tirler führt der Barfuß- und Erlebnisweg „Hexenquelle“ über verschiedene Stationen im Wald bis hin zur Schwefelquelle. Die Hexe Curandina begleitet die Menschen dabei und führt sie in die Magie der Natur ein. (www.hotel-tirler.com)

Wenig später führt der Forstweg aus dem Wald hinaus und entlang des Saltria-Baches zum Almgasthof Tirler (1 752 m). Dieser Gasthof wurde im Jahr 2009 von den Leserinnen und Lesern der Tageszeitung „Dolomiten“ zur schönsten Alm Südtirols gewählt.

Vom Gasthof zur Bushaltestelle nach Saltria, dem Start- und Endpunkt dieser Tour, sind es jetzt nur noch rund 20 Minuten auf einer asphaltierten Zugangsstraße.

Gewandert am:

In Begleitung von:

Von Saltria durch das Langkofelkar 4

2685 m, 16,6 km, 6:15 Std., 1150 hm/1150 hm

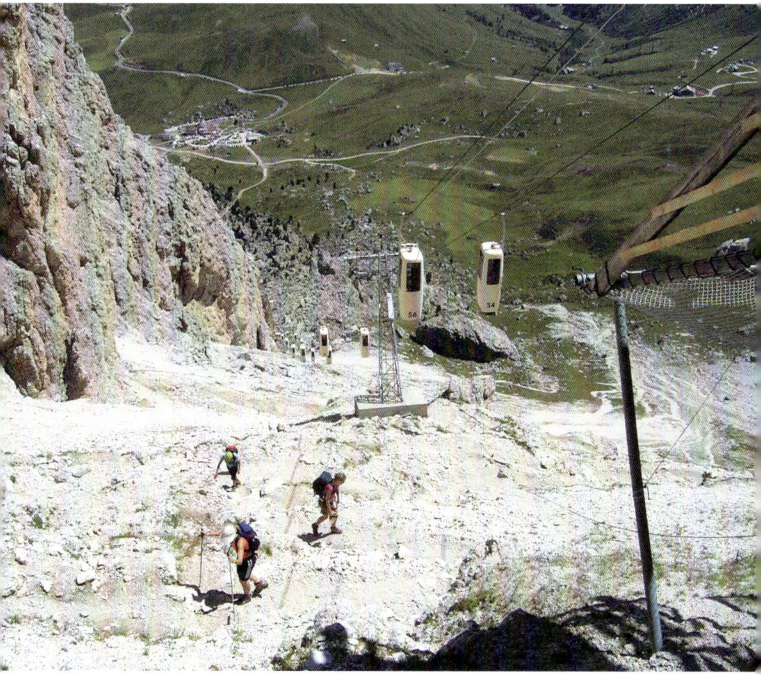

Eine anspruchsvolle Wanderung von Saltria durch das Langkofelkar zur Toni-Demetz-Hütte inmitten der Langkofelscharte. Eine gute Kondition und absolute Trittsicherheit sind für den Aufstieg durch das Kar und den Abstieg zum Sellajoch vonnöten. Der Abstieg zum Sellajoch kann durch die Benutzung der Stehgondelbahn um gut 45 Minuten verkürzt werden. Hinweis: Bei starkem Wind wird der Betrieb der Bahn zeitweise ausgesetzt oder bei zu schlechten Bedingungen auch komplett eingestellt.

Ausgangspunkt	Talstation Florianlift, 3 Minuten von der Bushaltestelle bei der Siedlung Saltria
Anfahrt	Von Seis mit der Umlaufbahn, dem Seiser-Alm-Express oder dem Auto hinauf nach Compatsch und von dort mit dem Bus hinüber nach Saltria. Der Parkplatz in Compatsch ist gebührenpflichtig. Die Straße nach Compatsch ist von 9 bis 17 Uhr für den Verkehr gesperrt; Ausnahmeregelung für Gäste von Betrieben auf der Seiser Alm. Die Abfahrt ins Tal ist jederzeit möglich.
Einkehr	Williamshütte, Langkofelhütte, Toni-Demetz-Hütte, Friedrich-August-Hütte, Sandro-Pertini-Hütte, Plattkofelhütte
Karte	Alpenwelt Verlag: Seiser Alm, Nr. I428 oder Tabacco: Gröden, Seiser Alm, Nr. 05.

Von der Haltestelle Saltria führt der Weg mit der Markierung 30 über eine kleine Brücke in wenigen Minuten hinüber zur Talstation des Florian-Sessellifts. Der Vierersessellift bringt uns in 17 Minuten von 1 700 m direkt zur Williamshütte auf 2 100 m, an der die heutige Tour beginnt.
Von der Hütte geht es zunächst für wenige Meter auf einem Fahrweg mit der Markierung 7A los, bis man nach nur 5 Minuten zur ersten Wegkreuzung gelangt. Rechts ab wandert man hinüber zur Zallinger Hütte und links zweigen die Wege 9/9A und 531 in Richtung Plattkofelhütte ab. Wir halten uns links und zweigen nur 2 Minuten später erneut nach links auf den Weg 531/531A ab. Sie ahnen es vielleicht, keine 5 Minuten später erfolgt die nächste Richtungsänderung, dieses Mal folgen wir dem Weg mit der Markierung 531A nach rechts. Dieser leitet nun auf die Westflanke des Langkofels zu und mündet nach weiteren 20 Minuten Gehzeit in den Steig 527.

Kurz danach ist bereits die Anhöhe Hohes Eck, auch Piz da Uridl, (2 101 m) erreicht. Von hier aus schweift der Blick über die gesamte Seiser Alm hinüber zu den Rosszähnen und dem Schlern auf der einen Seite und gegenüber ins Grödnertal. Ein sehr schöner Platz für eine kurze Rast und zahlreiche Motive für schöne Fotos.

Zur Langkofelhütte (2 253 m) sind es jetzt noch etwa 1:15 Stunden. Mit Erreichen des Langkofelkars zweigt der Steig 525 auf den breiten Weg zur Hütte ab. Die letzte Gelegenheit, um nochmals Kräfte für den nun anstehenden anstrengenden Aufstieg durch das Langkofelkar hinauf zur Toni-Demetz-Hütte zu sammeln und gegebenenfalls die Wasservorräte aufzufüllen. Über 400 Höhenmeter gilt es nun zu überwinden. Immer steiler werdend führt der Weg durch das geröllreiche Kar. Der

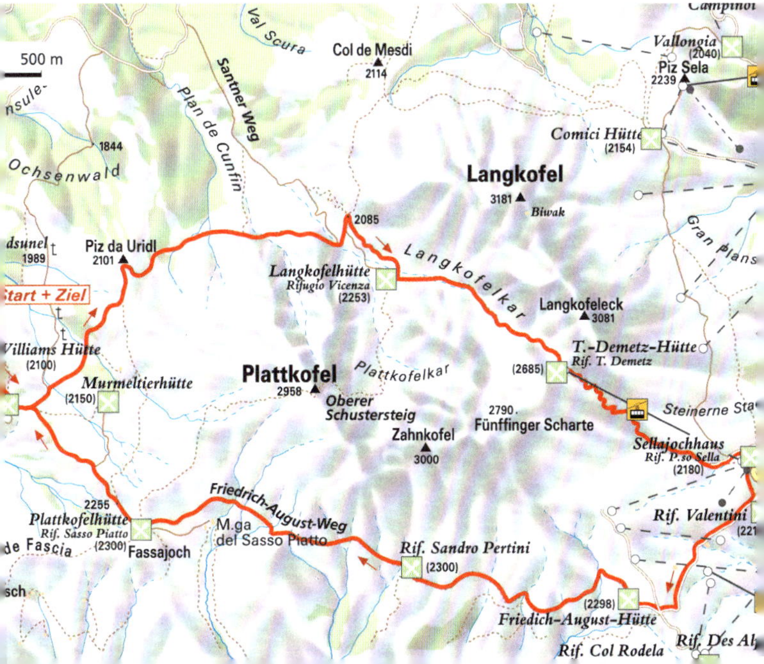

Höhenprofil

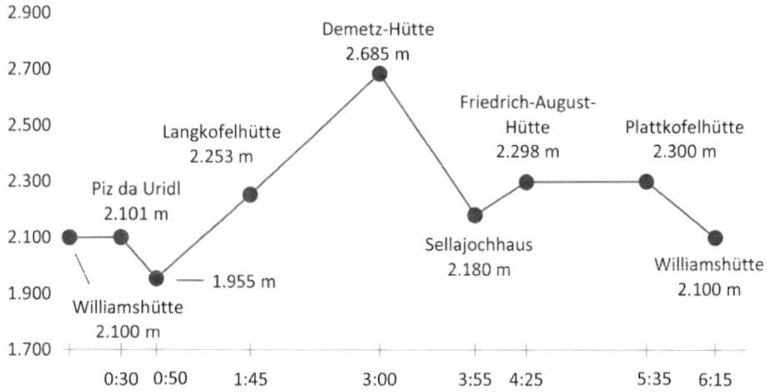

Wind pfeift hier mitunter in starken Böen zwischen den steil emporsteigenden Felswänden hindurch. Nach schneereichen Wintern kann es auch im August durchaus noch vereinzelte Schneefelder geben, die aber ohne Schwierigkeiten zu überqueren sind. Im letzten Abschnitt schlängelt sich der Weg zwischen und über größere Felsbrocken. Auch wenn es keine Kletterpassagen zu überwinden gibt, ist hier ein sicherer Tritt erforderlich.

Geschafft, die Toni-Demetz-Hütte (2685 m) ist erreicht! Nach einer möglichen Einkehr erfolgt der steile Abstieg aus der Langkofelscharte hinunter zum Sellajochhaus. Für den fast 500 Höhenmeter umfassenden Abstieg benötigen Sie zu Fuß etwa eine Stunde und knieschonend mit der Stehgondelbahn ungefähr 15 Minuten, die über einen abenteuerlichen Aus- und Einstieg verfügt. An der Talstation der Umlaufbahn, in unmittelbarer Nähe des Sellajochhauses angekommen, ob zu Fuß oder mit der Bahn, geht es nun auf dem Weg Nr. 4/557, dem westlichen Abschnitt des Friedrich-August-Weges, weiter links am Plattkofel vorbei. Ab dem Sellajoch erreichen Sie in

30 Minuten die Friedrich-August-Hütte und nach einer Stunde die Sandro-Pertini-Hütte. Der Weg führt genau unterhalb der Grohmannspitze (3 126 m), des Zahnkofels (3 000 m) und schließlich des Plattkofel (2 958 m) entlang zur Plattkofelhütte auf 2 300 m. Da dieser Abschnitt vom Sellajoch bis zur Plattkofelhütte einfach zu gehen ist, ist er im Sommer, vor allem an den Wochenenden, sehr stark frequentiert.
Nun folgt der letzte Abschnitt der Tour: zurück nach Saltria auf dem Weg mit den Markierungen 9 und 527. Nach nur 3 Gehminuten zweigt der Weg 527 nach rechts ab, wir aber bleiben auf der Nr. 9 und erreichen nach 30 weiteren Minuten, kurz vor der Zallinger Hütte, eine neuerliche Wegkreuzung. Die Nr. 7/7A führt zur Bergstation des Florianliftes an der Williamshütte. Auch wenn die Zallinger Hütte nicht direkt auf der Route liegt, lohnt der 5-minütige Abstecher. Nach der letzten Rast geht es dann bequem mit dem Lift wieder hinunter nach Saltria, von wo aus Sie mit dem Almbus zurück nach Compatsch gelangen. Möchten Sie zu Fuß absteigen, können Sie stattdessen den Weg 7A nutzen. Von der Williamshütte führt dieser allerdings recht unspektakulär meist am Waldrand, entlang der Skipiste nach Saltria hinab.

Gewandert am:

In Begleitung von:

5 *Über die Comunweiden zum Gipfelkreuz des Plattkofels*

2958 m, 18 km, 7:15 Std., 1290 hm/1290 hm

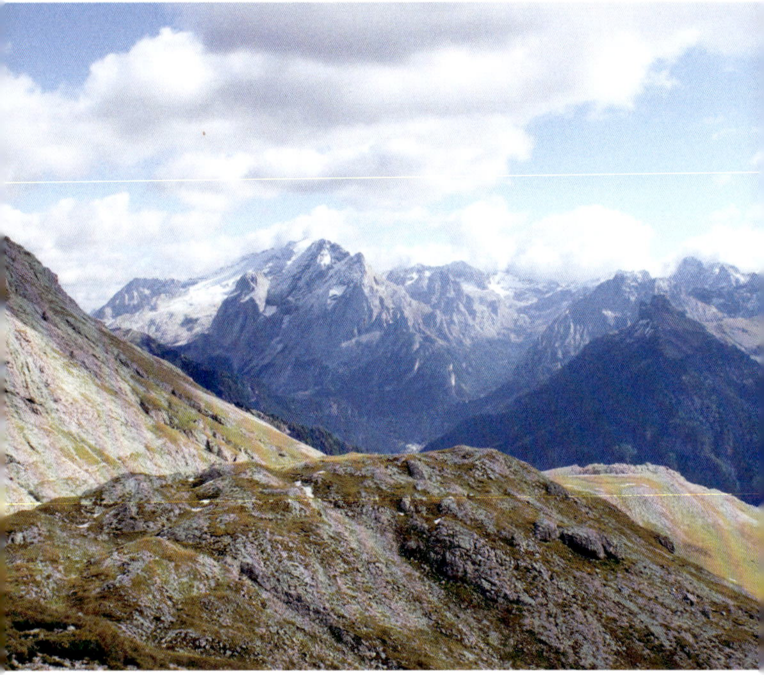

Eine abwechslungsreiche Wanderung von der kleinen Siedlung Saltria auf der Seiser Alm über die lieblichen Comunweiden bis hinüber zur Plattkofelhütte und weiter den schroffen Fels hinauf zum Gipfelkreuz des Plattkofels. Neben einer guten Kondition für die lange Tour sind für den Aufstieg zum Gipfel absolute Trittsicherheit und Schwindelfreiheit erforderlich. Auch im Hochsommer sollte warme Kleidung im Rucksack sein, da es auf dem Gipfel sehr frisch werden kann. Nur bei sicherer und stabiler Wetterlage zu gehen.

Ausgangspunkt	Bushaltestelle bei der Siedlung Saltria
Anfahrt	Von Seis mit der Umlaufbahn, dem Seiser-Alm-Express oder dem Auto hinauf nach Compatsch und von dort mit dem Almbus hinüber nach Saltria. Der Parkplatz in Compatsch ist gebührenpflichtig. Die Straße nach Compatsch ist von 9 bis 17 Uhr für den Verkehr gesperrt; Ausnahmeregelung für Gäste von Betrieben auf der Seiser Alm. Die Abfahrt ins Tal ist jederzeit möglich.
Einkehr	Radauer Schwaige, Murmeltierhütte, Plattkofelhütte oder Zallinger Hütte
Karte	Alpenwelt Verlag: Seiser Alm, Nr. I428 oder Tabacco: Gröden, Seiser Alm, Nr. 05.

Die Wanderung beginnt an der Haltestelle Saltria. Von hier führt der Weg 30 Richtung Monte Pana zunächst über eine kleine Brücke und dann links vorbei an der Talstation des Florian-Sesselliftes und der Radauer Schwaige. Weiter geht es abseits der stark frequentierten Wege auf einer geschotterten Forststraße im Wechsel durch kurze Waldabschnitte und vorbei an großen Weideflächen bis zur Abzweigung des Weges 531, den man nach etwa 45 Minuten Gehzeit erreicht. (Der Weg wurde vor einigen Jahren neu nummeriert, in den Wanderkarten ist er mit der Nummer 531 gekennzeichnet, auf dem Weg selbst findet man z.B. an Bäumen immer wieder noch die alte Markierung 7) Hier geht es nun nach rechts weg, die Plattkofelhütte, unser nächstes Etappenziel, ist hier mit einer Gehzeit von 1:40 Stunden angeschrieben. Der Weg führt genau auf Langkofel und Plattkofel zu, zunächst durch den schattigen und kühlen Ochsenwald und dann über die grünen Wiesen der Comunweiden. Hierbei gewinnen wir zunehmend an Höhe, ohne dass es sonderlich steil würde. Kühe

Höhenprofil

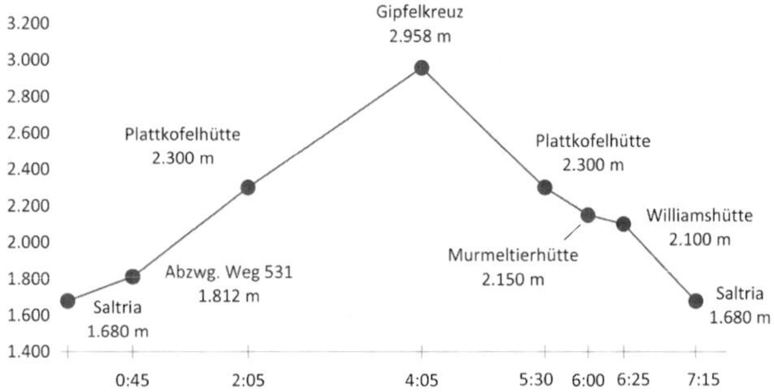

und Pferde bestaunen die Wanderer und lassen sich bereitwillig als willkommenes Fotomotiv vor dem Bergmassiv der Langkofelgruppe fotografieren. Nach etwa 1 ½ Stunden Gehzeit erreichen wir einen weiteren Abzweig, hier ist nun die Zallinger Hütte nach rechts auf Weg 531 mit nur 10 Minuten angeschrieben und nach links geht es auf dem Weg 531A zur Langkofelhütte. Wir bleiben zunächst auf dem Weg 531 in Richtung Zallinger Hütte und zweigen nach etwa 5 weiteren Gehminuten auf den Weg Nr. 9 in Richtung Plattkofelhütte ab. Der Weg wird nun recht steil und so verlangen die nun anstehenden 40 Minuten Aufstieg bis zur Hütte einiges an Kondition.

Wir erreichen die Plattkofelhütte auf 2 300 m nach einer Gesamtgehzeit von knapp über 2 Stunden. Die Gelegenheit für eine kurze Rast in der Hütte oder auf den umliegenden Wiesen sollte man nutzen. Von der Hütte aus hat man eine schöne Aussicht Richtung Westen über die Seiser Alm, zu den Rosszähnen und zum Schlern und gen Süden auf den schneebedeckten Gletscher der Marmolata, dem mit 3 343 m höchstem Berg der Dolomiten.

Der Wegweiser an der Plattkofelhütte gibt an, dass man zum Gipfel weitere 2 Stunden benötigt. Der Steig 527 führt zunächst über grüne Wiesen, doch schon nach wenigen Minuten wandelt sich das Bild und man wandert auf einem Pfad mit lockerem Schotter weiter. Steil geht es nach oben und nicht immer ist der weitere Wegverlauf klar zu erkennen. Achten Sie daher auf die Markierungen, die meist an größeren Felsbrocken angebracht sind. Ganz zum Schluss, wenn das kleine Gipfelkreuz bereits zum Greifen nah ist, gibt es noch eine Stelle, die volle Aufmerksamkeit verlangt. Hier führt der Weg über einen Grat, und eine Felsstufe muss überklettert werden. Das ist nicht übertrieben schwierig, aber es bietet sich an, die Stöcke an dieser Stelle im Rucksack zu verstauen, damit beide Hände frei sind. 2 Minuten später ist das Gipfelkreuz

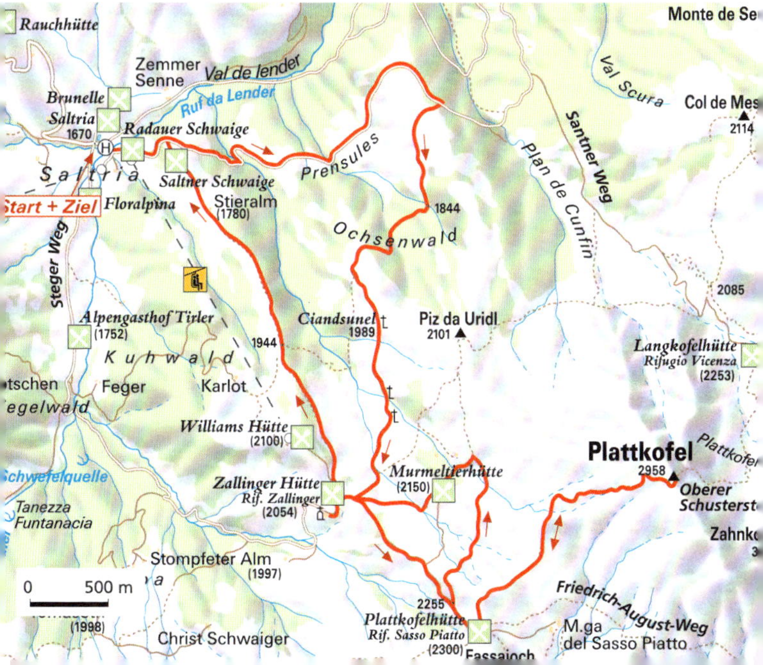

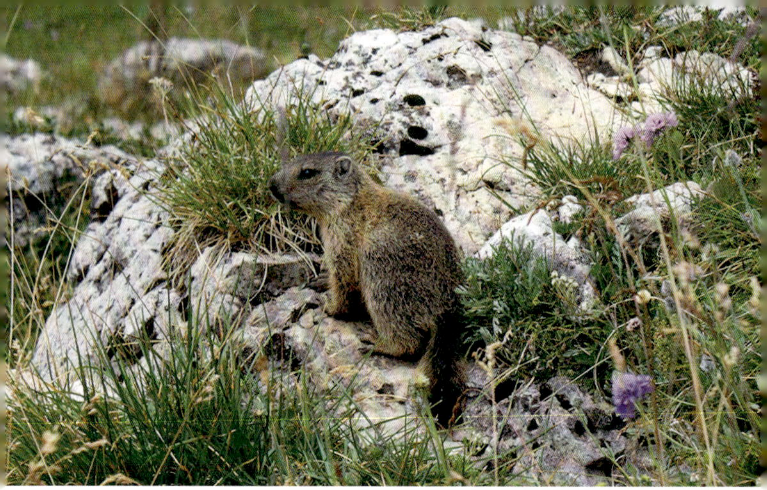

auf 2958 m erreicht und bei hoffentlich schönem Wetter erschließt sich der atemberaubende Ausblick über die Seiser Alm hinüber zum Schlern und zum Rosengarten und auf der anderen Seite hinunter in die Langkofelscharte.
Der Abstieg erfolgt auf demselben Weg und hier gilt noch mehr als beim Aufstieg, dass der Wegverlauf oft schwer zu erkennen ist. Lassen Sie sich Zeit, damit Sie nicht querfeldein über den Schotterhang rumpeln müssen, um den Weg wiederzufinden. Für den Abstieg sollten Sie etwa 1:15 Stunde einplanen.
Wieder an der Plattkofelhütte angekommen, führt der Steig 9/527 ein Stück des Weges zurück, den wir zuvor aufgestiegen sind. Wir folgen also zunächst dem Wegweiser in Richtung Williamshütte/Zallinger Hütte, zweigen dann aber bereits nach wenigen Minuten nach rechts auf den Weg Nr. 527 Richtung Murmeltierhütte ab. Entlang der Westflanke des Plattkofels folgen wir nun dem schmalen Weg für etwa 20 Minuten bis zur Abzweigung zur Murmeltierhütte. Dabei genießen wir immer wieder den fantastischen Ausblick.
Beim Abstieg hinunter zur Murmeltierhütte sollte Sie möglichst leise sein. Auf der mit größeren und kleineren Felsen

übersäten Wiese unmittelbar vor der Murmeltierhütte haben Sie gute Chancen, tatsächlich Murmeltiere anzutreffen, die in diesem Gebiet ihre Höhlen haben. Die Tiere sind Wanderer gewöhnt und so kann man sie mit etwas Glück aus wenigen Metern Entfernung beobachten. Schnelle Bewegungen sollten Sie allerdings vermeiden. Haben Sie einen Hund dabei, zeigen sich die Murmeltiere in der Regel nicht.
Von der romantischen Murmeltierhütte verläuft der Weg 9A in etwa 15 Minuten bis zur Zallinger Hütte (2054 m). Hier lohnt ein Besuch des kleinen, neben dem Gasthaus stehenden Zallinger Kirchls, welches im Jahr 1857 im neugotischen Stil errichtet wurde. Auf dem Weg 7A geht es schließlich zurück in Richtung Williamshütte. Kurz vor der Hütte zweigt der Weg nach rechts ab und verläuft anfangs ein Stück durch den Wald und später entlang der Skipiste steil hinunter zur Saltner Schwaige. In 5 weiteren Gehminuten wandern wir bis zur Haltestelle Saltria. Wenn Sie den Weg 7A nicht zu Fuß gehen wollen, können Sie stattdessen auch den Sessellift an der Williamshütte (2100 m) nutzen und ohne Mühen in etwa 10 Minuten hinunterfahren. Für den Fall, dass Sie sich umentschieden haben, zweigt direkt beim Einstieg in den Lift ein Trampelpfad ab, der nach wenigen Minuten in den offiziellen Weg 7A mündet und hinunter nach Saltria führt.

Gewandert am:

In Begleitung von:

6 *Entlang des Hans-und-Paula-Steger-Weges*

1957 m, 9,8 km, 2:30 Std., 210 hm/380 hm

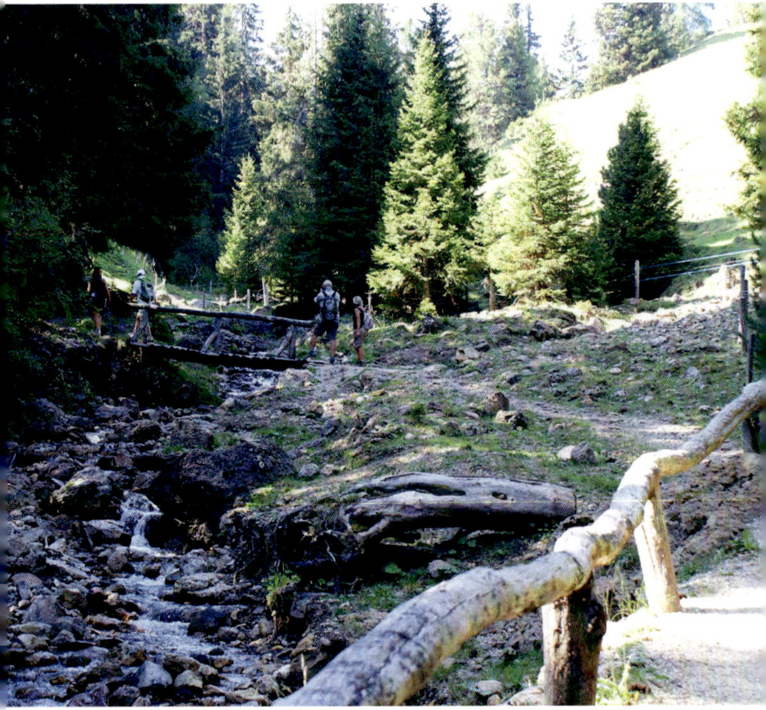

Der Hans-und-Paula-Steger-Weg ist ein Natur- und Kulturweg, der von Compatsch über die Seiser Alm bis nach Saltria führt. Ab dem Wiedner Egg gibt es die Möglichkeit, den Weg abzukürzen und von dort direkt nach Saltria zu wandern. Während man für den ganzen Weg etwa 2 ½ Stunden einplanen muss, benötigt man für die verkürzte Version, die auch mit einem Kinderwagen begangen werden kann, nur etwa die Hälfte der Zeit.

Ausgangspunkt	Zentrum von Compatsch auf der Seiser Alm
Anfahrt	Von Seis mit der Umlaufbahn, dem Seiser-Alm-Express oder dem Auto hinauf nach Compatsch. Der Parkplatz in Compatsch ist gebührenpflichtig. Die Straße nach Compatsch ist von 9 bis 17 Uhr für den Verkehr gesperrt; Ausnahmeregelung für Gäste von Betrieben auf der Seiser Alm. Die Abfahrt ins Tal ist jederzeit möglich.
Einkehr	Laranzer Schwaige, Almgasthof Tirler oder Floralpina
Kurze Variante	(kinderwagentauglich): 4,5 km, 1:15 Std., 58 hm/220 hm
Hinweis	Bei den Tourismusinformationen erhalten Sie kostenlos eine Broschüre zum Hans-und-Paula-Steger-Weg, die von der Hans-und-Paula-Steger-Stiftung herausgegeben wurde.
Karte	Alpenwelt Verlag: Seiser Alm, Nr. 1428 oder Tabacco: Gröden, Seiser Alm, Nr. 05 sowie die Wanderkarte Seiser Alm-Schlerngebiet

Der Hans-und-Paula-Steger-Weg ist ein Gedächtnisweg, der an die naturverbundenen Bergpioniere und Skilegenden Hans und Paula Steger erinnert. Schautafeln entlang des Weges erzählen von Besonderheiten auf der Seiser Alm sowie über das Leben der beiden Stegers. Jede Tafel ist einem eigenen Thema gewidmet, so gibt es Wissenswertes zur Seiser Alm, zu Jägern und Göttern, zu Alm und Naturschutz, zu den Schlernhexen … und zum Abschluss wird die Sage vom „Partschott" und der Entstehung der Seiser Alm erzählt.

Die Wanderung beginnt in der Ortsmitte von Compatsch. Folgen Sie hier dem Wegweiser Hans-und-Paula-Steger-Weg auf Weg 30 in Richtung Saltria, direkt links vorbei an der modernen Kirche im Ort. Der Weg führt nahezu eben parallel zur Fahrstraße nach Saltria und kreuzt diese nach

Höhenprofil

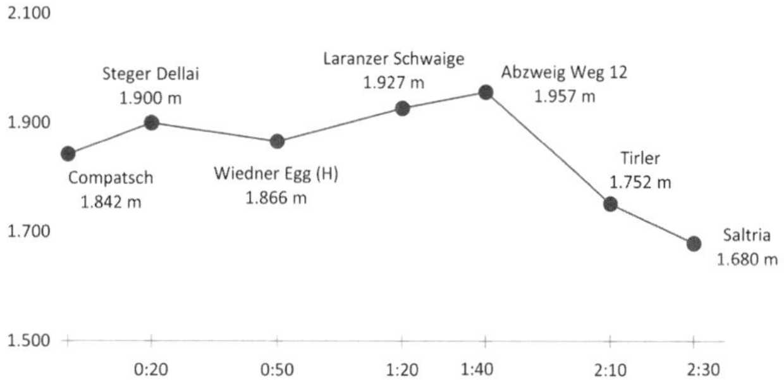

etwa 20 Minuten Gehzeit kurz vor dem Hotel Steger Dellai, dem Sitz der Hans-und-Paula-Steger-Stiftung. Das ehemalige Schutzhaus Dellai wurde nach dem Krieg von dem Paar gekauft und von Grund auf renoviert.

Im Wechsel durch kurze bewaldete Abschnitte und über die grünen Wiesen des Hochplateaus geht es weiter, immer wieder ergeben sich fantastische Ausblicke auf die umliegenden Berge, den Schlern, auf die Rosszähne oder hinüber zum beeindruckenden Massiv von Langkofel und Plattkofel. Die Wiesen sind im Frühjahr mit unzähligen Krokussen übersäht und im Sommer mit alpinen Blumen aller Art. Einige gemütliche Holzbänke laden zu einer kurzen Rast ein, in der wärmenden Frühjahrssonne oder im Hochsommer unter den Schatten spendenden Bäumen. Nach etwa 50 Gehminuten erreichen wir das Wiedner Egg (Bushaltestelle). Wer die Tour nun abkürzen möchte, folgt etwa 25 Minuten dem Weg 30 in Richtung Saltria. Von Compatsch bis zum Wiedner Egg und von hier auf Weg 30 bis Saltria kann der Weg durchgehend auch mit einem Kinderwagen befahren werden. Der eigentliche Hans-und-Paula-Steger-Weg zweigt direkt an der

Haltestelle ab und es folgen Abschnitte, die für Kinderwägen ungeeignet sind.
Wir kürzen den Weg nicht ab und folgen der Beschilderung Hans-und-Paula-Steger-Weg (auch 12A). Wir zweigen nach rechts, in südlicher Richtung ab. Auf einer Forststraße geht es nun etwas bergab und anschließend durch ein bewaldetes Teilstück wieder leicht bergan, bis wir schließlich zur Bergstation des Floralpina-Skiliftes an der Laranzer Schwaige kommen. Direkt an der Hütte zweigt der Weg nach links über die Almwiese ab. Nach einem kurzen Stück entlang eines Baches gelangt man an eine Wegkreuzung und folgt fortan der Markierung 12 in Richtung Saltria. Wenige Minuten später mündet der schmale Weg in eine breite Forststraße ein, die schließlich durch den kühlen Spiegelwald führt. Das Ende des Weges durch den Wald markiert ein großes Gatter mit der Aufschrift „Spiegelwald". Unmittelbar danach kreuzt der Weg Nummer 9, nur steht auf keinem der hier zu findenden

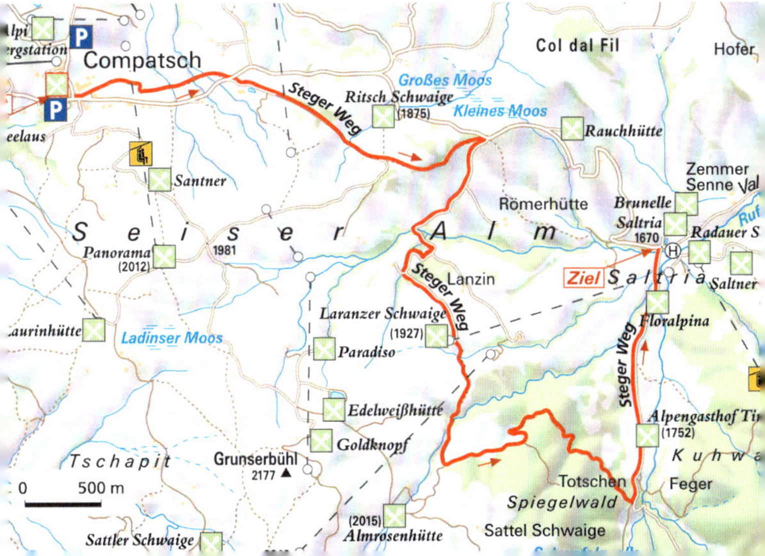

Wegweiser der weitere Verlauf des Hans-und-Paula-Steger-Weges. Nach links geht es zum Gasthof Tirler und nach Saltria, nach rechts zum Tierser Alpl und zur Mahlknechthütte. Wir halten uns links in Richtung Saltria und erreichen wenige Minuten später den Almgasthof Tirler, die Gelegenheit für eine kurze Einkehr. Vom Gasthof führt der Weg Nr. 9 auf einer geteerten Straße in 20 Minuten bis zur Bushaltestelle Saltria, von wo Sie der Bus wieder zurück nach Compatsch bringt. Falls Sie den Wandertag noch nicht beenden möchten, können Sie auch die nachfolgende Tour 7 von Saltria hinüber auf den Piz zur Bergstation St. Ulrich und weiter nach Compatsch anschließen. Für diese zweite Tour benötigen Sie zusätzlich etwa 2:45 Stunden.

Gewandert am:

In Begleitung von:

Von Saltria hinüber auf den Piz 7

2011 m, 9,5 km, 2:45 Std., 390 hm/220 hm

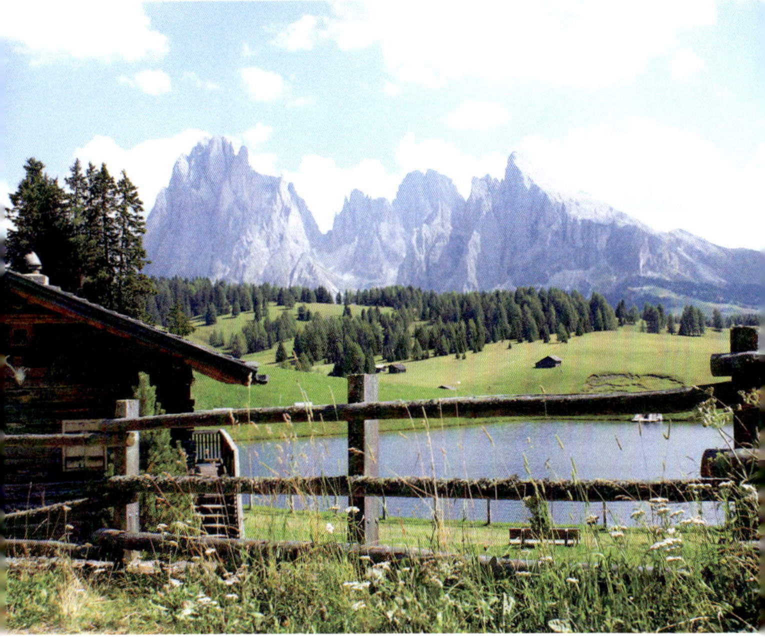

Von Saltria führt diese Tour quer über die Seiser Alm in nördlicher Richtung bis zur Bergstation der Umlaufbahn St. Ulrich – Seiser Alm und weiter gen Westen bis Compatsch. Die landschaftlich sehr reizvolle Stecke verläuft fast ausschließlich über die Blumenwiesen des Hochplateaus. Im Frühjahr und Herbst kann man so jeden wärmenden Sonnenstrahl genießen, im Hochsommer sind schattige und kühle Wegabschnitte rar. Von den Höhen des Piz haben Sie einen fantastischen Panoramablick über die ganze Seiser Alm.

Ausgangspunkt	Die Haltestelle Saltria auf der Seiser Alm
Anfahrt	Von Seis mit der Umlaufbahn, dem Seiser-Alm-Express oder dem Auto hinauf nach Compatsch und weiter mit dem Almbus nach Saltria. Der Parkplatz in Compatsch ist gebührenpflichtig. Die Straße nach Compatsch ist von 9 bis 17 Uhr für den Verkehr gesperrt; Ausnahmeregelung für Gäste von Betrieben auf der Seiser Alm. Die Abfahrt ins Tal ist jederzeit möglich.
Einkehr	Schgaguler Schwaige, Bergstation der Umlaufbahn oder die Contrin Schwaige
Karte	Alpenwelt Verlag: Seiser Alm, Nr. I428 oder Tabacco: Gröden, Seiser Alm, Nr. 05 sowie die Wanderkarte Seiser Alm–Schlerngebiet.

Ausgangspunkt der Wanderung ist die Haltestelle in Saltria. Wir gehen auf dem Weg 9 nach Norden, der Beschilderung Richtung Seilbahn St. Ulrich und Hotel Sonne folgend, direkt zwischen den Hotels Saltria und Brunelle hindurch. Der Weg verläuft einfach und stets leicht ansteigend vorbei an zahlreichen Heuhütten über die Almwiesen, auf denen Kräuter und Blumen wachsen, die genüsslich von Kühen und Pferden abgeweidet werden. Kurz vor dem Hotel Sonne geht es etwas überraschend in eine Senke hinab und auf der anderen Seite wieder hinauf zum Hotel, das wir bereits nach etwa einer Stunde Gehzeit erreichen. Von hier aus folgen wir einer Forststraße, die uns in kaum 5 Minuten zur Schgaguler Schwaige führt, die Gelegenheit für eine kurze Rast, um neue Kräfte für den letzten Anstieg der Tour zur Bergstation der Umlaufbahn zu sammeln.

Mit neuem Schwung geht es auf dem breiten Weg Nr. 9 hinauf auf den Piz, in rund 20 Minuten zum Bergbahngasthaus der Umlaufbahn, die auf einer Länge von 1 680 Metern die etwa 800 Höhenmeter von St. Ulrich herauf überwindet. Auch in diesem Gasthaus gibt es die Möglichkeit einer Einkehr mit einem beeindruckenden Blick auf die uns zu Füßen liegende Seiser Alm, eingerahmt von Langkofel und Plattkofel, den Rosszähnen, der Roterdspitze und natürlich dem Schlern. Es lohnt aber auch ein Blick ins Grödner Tal auf der gegenüberliegenden Seite und auf die umliegenden Berge.

Ab der Bergstation der Umlaufbahn ändert sich die Wegnummer: Weiter geht es auf dem Weg 6A in Richtung Compatsch. Aus dem breiten Forstweg wird nach wenigen Minuten wieder ein schmaler Wanderweg, der zunächst durch ein kleines Waldstück führt und dann absteigend vorbei an der Contrin Schwaige, bis er schließlich kurz vor dem Hotel Icaro in eine asphaltierte Straße, den Weg Nr. 6, einmündet. Kaum 3 Minuten später gelangen wir zu einer weiteren Wegkreuzung, hier halten wir uns links auf dem Weg 3 in Richtung Compatsch, (nicht Richtung Monte Piz) etwa 20 Minuten an der

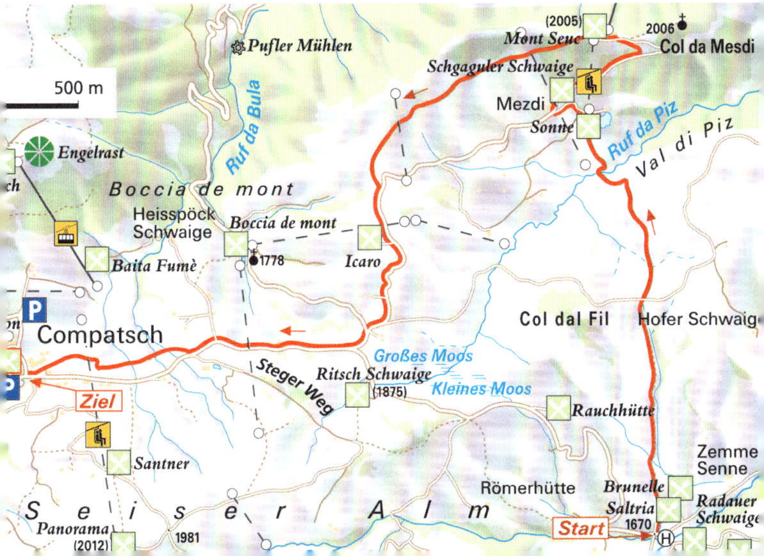

Höhenprofil

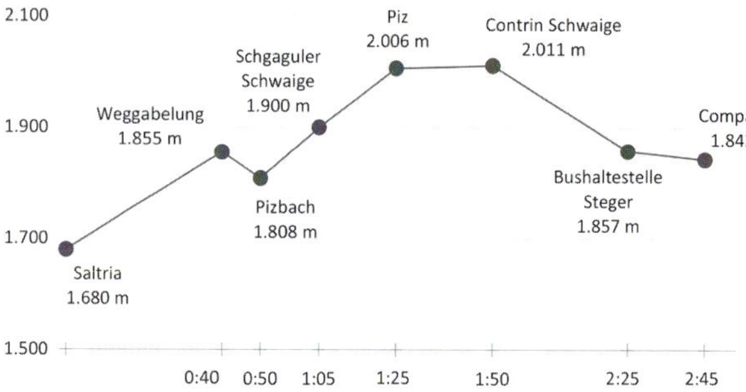

Fahrstraße entlang bis zum Hotel Steger Dellai, wo der Weg die Markierung 30 erhält und nun das letzte Stück bis Compatsch parallel zur Fahrstraße auf angenehmerem Untergrund verläuft. Nach einer Gesamtgehzeit von etwa 2:45 Stunden erreichen wir die Ortsmitte und den Endpunkt der Wanderung.

Gewandert am:

In Begleitung von:

Über die Seiser Alm zur romantischen Edelweißhütte 8

2045 m, 9,7 km, 2:25 Std., 220 hm/220 hm

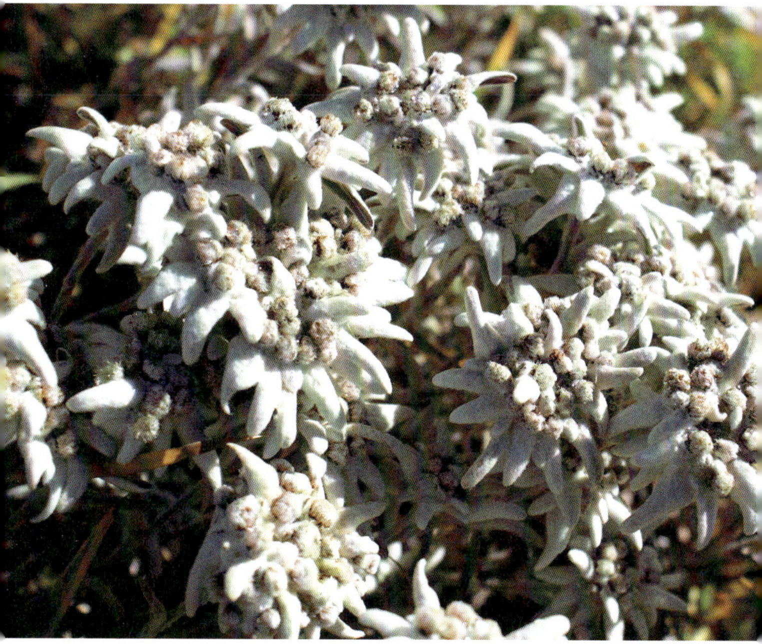

Die kleine, aber sehr gemütliche Edelweißhütte inmitten der Seiser Alm ist das Ziel dieser gemütlichen Wanderung, die in Compatsch beginnt. Ideal für den Nachmittag oder an Tagen, an denen einem nicht der Sinn nach langen und anstrengenden Wanderungen steht. Die Hütte selbst bietet nur wenige Sitzplätze, aber davor stehen auf der Wiese einige Tische und Bänke und laden zum Verweilen ein. Auch ein kleiner Spielplatz und ein Kaninchenstall sind vorhanden. Man genießt die schöne Aussicht und wenn Sie sich genau umsehen, finden Sie bestimmt auch einige Edelweiß.

Ausgangspunkt	Ortsmitte von Compatsch
Anfahrt	Von Seis mit der Umlaufbahn, dem Seiser-Alm-Express oder dem Auto hinauf nach Compatsch. Der Parkplatz in Compatsch ist gebührenpflichtig. Die Straße nach Compatsch ist von 9 bis 17 Uhr für den Verkehr gesperrt; Ausnahmeregelung für Gäste von Betrieben auf der Seiser Alm. Die Abfahrt ins Tal ist jederzeit möglich.
Einkehr	Einkehrmöglichkeiten in Compatsch sowie entlang des Weges im Gasthaus Panorama, der Edelweißhütte und der Bergstation Goldknopf
Kurze Variante	Den Auf- und Abstieg kann man durch Nutzung des Panoramaliftes verkürzen. Von der Bergstation benötigt man etwa 25 Minuten bis zur Edelweißhütte.
Karte	Alpenwelt Verlag: Seiser Alm, Nr. 1428 oder Tabacco: Gröden, Seiser Alm, Nr. 05 sowie die Wanderkarte Seiser Alm–Schlerngebiet

Die Wanderung zur Edelweißhütte beginnt in der Ortsmitte von Compatsch und führt zunächst auf dem Weg 7/10 auf einer asphaltierten Straße bergan. Nach etwa 10 Minuten zweigt nach rechts der Weg 10 ab, wir bleiben aber auf der Straße mit der Markierung 7 und wandern weiter bergauf, vorbei am Hotel Santner und kurz vor dem Zerfall stehenden Heuhütten bis zu einer weiteren Wegkreuzung kurz vor dem Gasthaus Panorama. Wir bleiben weiter auf Weg 7, auf dem wir in 20 Minuten die kleine Edelweißhütte erreichen. Von Compatsch bis zur Edelweißhütte sollte man eine gute Stunde Gehzeit einplanen. An der Hütte können wir bei einer verdienten Rast das hoffentlich schöne Wetter und die zahlreichen Edelweiß genießen, die wir hier auf der Wiese sehen, bevor es dann schließlich wieder auf den Weg nach Compatsch geht.

Für den Rückweg wandern wir zunächst für wenige Minuten auf dem Weg 7 zurück, auf dem wir gekommen sind. Dieses Mal biegen wir aber an der ersten Wegkreuzung nach links auf den Weg 2b/2 Richtung Panorama ab. Nun ändert sich der Charakter des Weges, waren wir eben noch auf der Fahrstraße unterwegs, führt er nun auf einem schmalen Pfad quer über eine Almwiese. Die Wiese ist an manchen Stellen sehr feucht und so verläuft der Weg teils über kleine Stege, damit wir bei unserer Wanderung keine nassen Füße bekommen. An anderen Stellen federt der Boden unsere Schritte deutlich spürbar ab.
Immer wieder können wir bei dieser Tour die Aussicht über die Seiser Alm genießen und uns an den blütenreichen Almwiesen erfreuen. Nach weiteren 10 Gehminuten erreichen wir schließlich die Bergstation Panorama (2015 m).

Tipp: Vor dem Gasthaus ist eine kleine Plattform aufgebaut, auf der ein Fernrohr montiert ist. Es handelt sich hierbei um ein digitales Gerät, das anzeigt, welchen Gipfel Sie gerade im Blick haben. Schauen Sie hinüber zur Rosszahnscharte oder auf der anderen Seite zum Plattkofel, wird Ihnen sogar der Weg hinauf angezeigt.
An der Bergstation geht es auf Weg Nr. 6 in Richtung der Gostner Schwaige, Ritsch-Schwaige und Tuene-Hütte. Der Weg führt weiter quer über die Seiser Alm und durch ein kleines

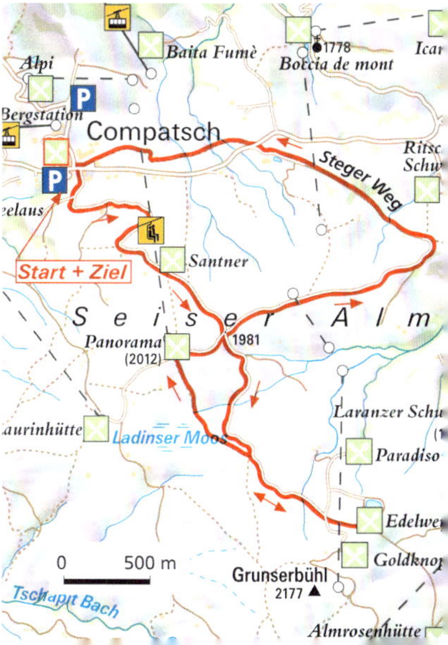

Höhenprofil

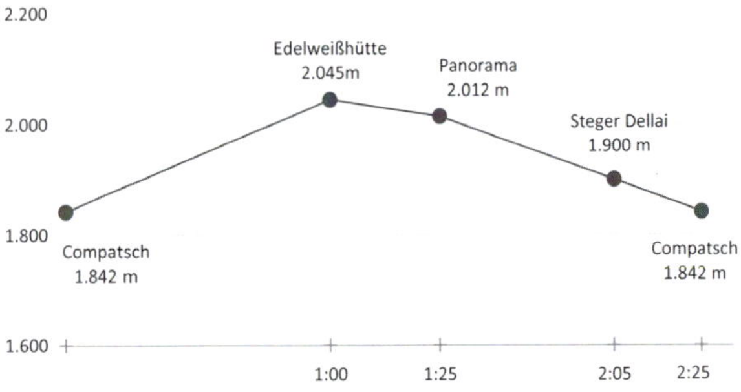

Waldstück in östlicher Richtung, bis dieser schließlich auf den Weg 30 trifft. Hier gehen wir nach links weiter in Richtung Compatsch und erreichen den Parkplatz nach einer Gesamtgehzeit von etwa 2 ½ Stunden.

Gewandert am:

In Begleitung von:

Über die Rosszahnscharte zum Tierser Alpl 9

2 490 m, 19,4 km, 5:50 Std., 880 hm/880 hm

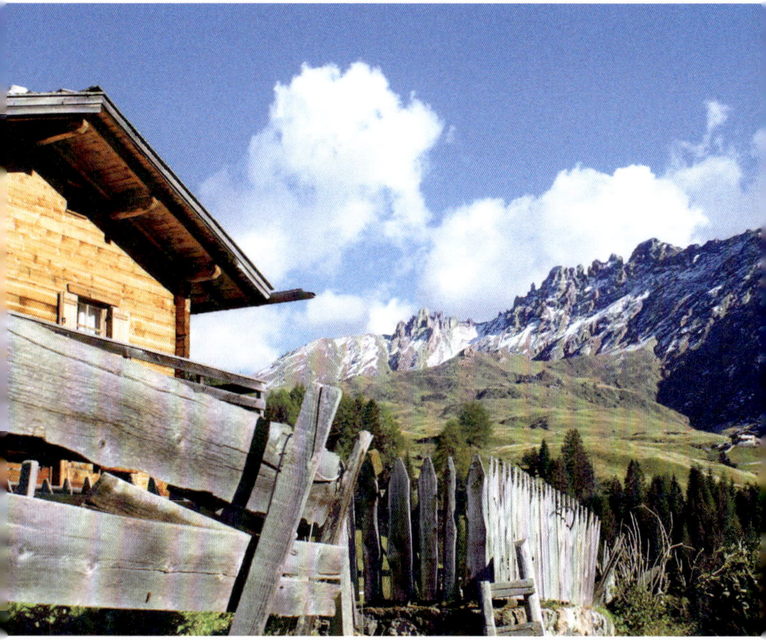

Eine kontrastreiche Wanderung von den grünen Wiesen der Seiser Alm hinüber zu den schroffen Felsen der Rosszähne und durch die Rosszahnscharte zum Schutzhaus Tierser Alpl. Anschließend führt der Weg wieder aus der kargen Felslandschaft heraus quer über die Seiser Alm und vorbei an zahlreichen Einkehrmöglichkeiten bis zum Parkplatz Spitzbühel, welcher Start- und Endpunkt der Tour ist. Der Weg durch die Rosszahnscharte ist gut ausgebaut und bietet geübten Wanderern keine Schwierigkeiten. Eine gute Kondition und Trittsicherheit sind vonnöten.

Ausgangspunkt	Bushaltestelle bzw. Parkplatz Spitzbühel
Anfahrt	Mit dem Seiser-Alm-Express oder dem Auto hinauf bis Spitzbühel. Der Parkplatz Spitzbühel ist kostenfrei. Die Straße nach Compatsch ist von 9 bis 17 Uhr für den Verkehr gesperrt. Ausnahmeregelung für Gäste von Betrieben auf der Seiser Alm. Die Abfahrt ins Tal ist jederzeit möglich.
Einkehr	Tierser Alpl, Almrosen-Hütte, Mahlknechthütte, Laurinhütte, Bergstation Spitzbühel
Kurze Variante	Von der Bergstation Spitzbühel hinunter zum Parkplatz kann auch der Lift genommen werden, Zeitersparnis gut 30 Minuten
Karte	Alpenwelt Verlag: Seiser Alm, Nr. I428 oder Tabacco: Gröden, Seiser Alm, Nr. 05 sowie die Wanderkarte Seiser Alm – Schlerngebiet

Die Tour beginnt auf dem kostenfreien Parkplatz P1 Spitzbühel. Direkt auf dem Parkplatz befindet sich auch die Bushaltestelle des Alm-Express. Zu Fuß geht es in etwa 20 Minuten vom Parkplatz auf dem Weg 4 vorbei am Hotel Seelaus bis hinauf nach Compatsch und weiter bergan auf der Fahrstraße mit der Markierung 7/10, Richtung Bergstation Panorama. An der ersten Wegkreuzung an den Appartements Bernard halten wir uns, auf der Straße bleibend, links und erreichen nach weiteren 30 Minuten die Bergstation des Panoramaliftes. Nun folgen wir dem Weg 2 über die Wiesen der Hochalm in Richtung Rosszahnscharte und Tierser Alpl. Schritt für Schritt nähern wir uns dem Aufstieg durch die Rosszahnscharte, der Weg, der in Serpentinen hinaufführt, ist deutlich zu erkennen. Man wandert steil auf dem steinigen Pfad bergan. Auf dem höchsten Punkt der Scharte bietet eine Sitzgelegenheit die Möglichkeit einer kleinen Rast, bevor es dann in weiteren 10–15 Minuten auf der anderen Seite hinunter zum Tierser Alpl geht. Das Schutzhaus wurde vom Tierser Bergführer Max Aichner in den Jahren 1957 bis 1963 erbaut und im Lauf der Zeit immer wieder erweitert, zuletzt im Sommer 2015.

Vom Tierser Alpl geht es weiter in südlicher Richtung auf dem Weg Nr. 4 Richtung Plattkofelhütte und Mahlknechthütte auf einem Forstweg steil hinunter. Es folgen innerhalb weniger

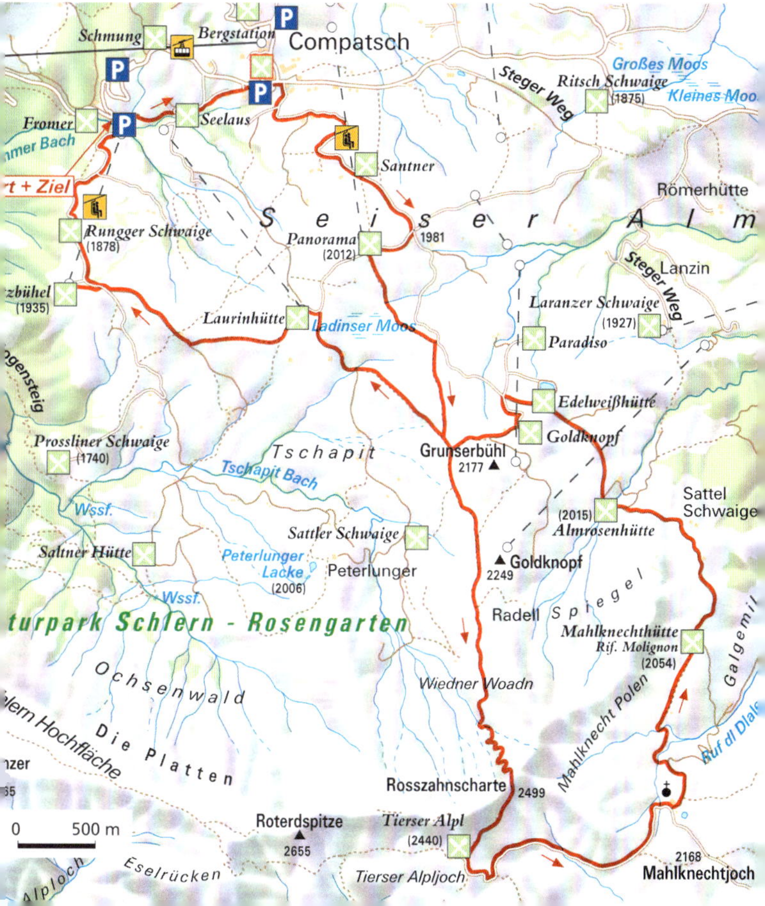

Höhenprofil

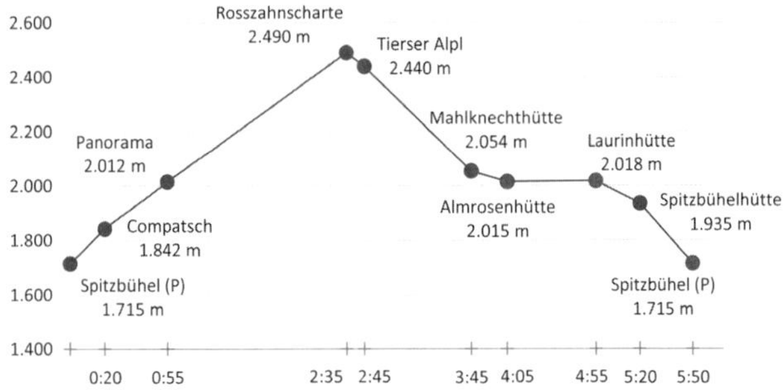

Minuten gleich drei Wegkreuzungen, wo die Mahlknechthütte, unser nächstes Etappenziel, angeschrieben ist. Beim ersten Abzweig halten wir uns links und biegen auf die Nummer 8 ab. Wenige Minuten danach folgen wir erneut dem Weg nach links und wandern nun auf dem Weg 7/8, um erneut wenig später wieder nach links auf Weg 7 weiterzugehen.
Etwa nach einer Stunde vom Tierser Alpl aus, erreichen wir die Mahlknechthütte (2 054 m) und folgen weiter dem Weg 7, der uns vorbei an der Almrosenhütte (2 015 m) führt. Kurz unterhalb des Hotels Goldknopf (2 087 m) geht es nach links auf 2A weiter, vorbei am Hotel bis zur nächsten Wegkreuzung, bei der wir uns zunächst rechts halten, um nur wenige Meter danach nach links auf den Weg 13A Richtung Laurinhütte abzuzweigen – einer weiteren Einkehrmöglichkeit auf 2 018 m.
Der Weg ist sehr abwechslungsreich, teils wandern wir auf der Fahrstraße, die hinunter nach Compatsch führt, teils geht es über schmale Wanderpfade und breite Forstwege und nach der Laurinhütte auch ein kurzes Stück weit über einen Steg, der uns vor nassen Schuhen beim Gang über die feuchten

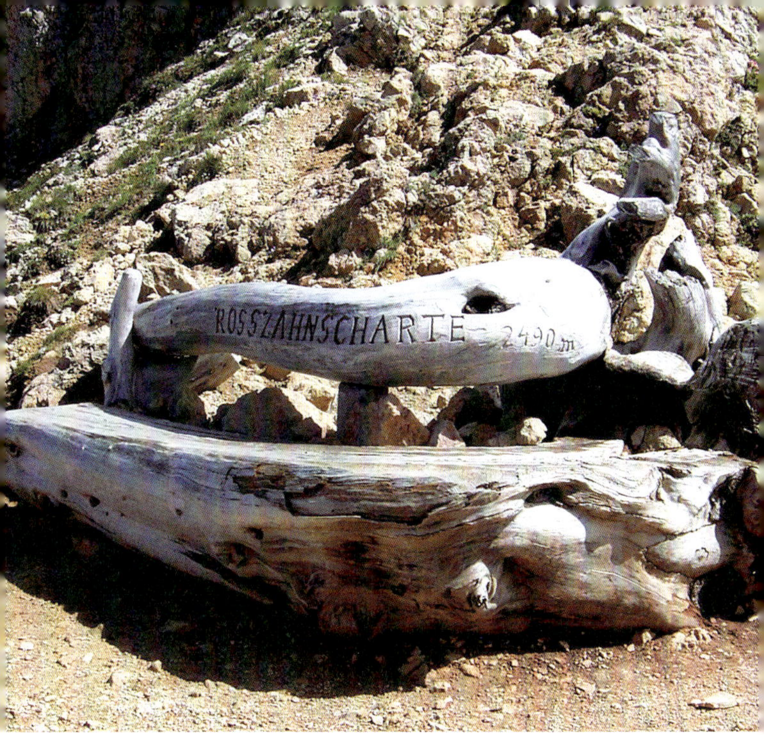

Wiesen bewahrt. Das nächste Ziel ist die Spitzbühelhütte, die wir auf den Wegen 6/5B und 5 nach weiteren rund 30 Gehminuten erreichen und die gut ausgewiesen ist. An der Hütte gibt es nun zwei Möglichkeiten, die Tour fortzusetzen, entweder zu Fuß hinab auf dem Weg 5 über eine asphaltierte Zufahrtsstraße in etwa 30 Minuten zum Parkplatz oder knieschonend mit dem Lift in nur 10 Minuten.

Gewandert am:

In Begleitung von:

10 *Von Seis zur Schlernbödelehütte und zur Prossliner Schwaige*

1 817 m, 14,2 km, 5:00 Std., 880 hm/880 hm

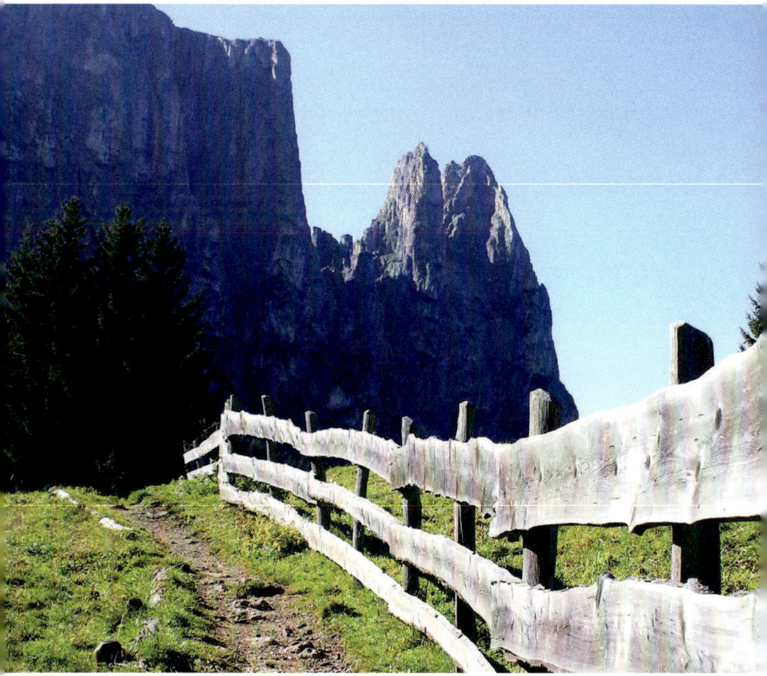

Vom Parkplatz der Umlaufbahn in Seis geht es durch den Hauensteiner Wald zunächst hinauf zur Ruine Hauenstein und weiter unterhalb der Santner- und der Euringer-Spitze bis zur Schlernbödelehütte. Den Schlern im Rücken, genießt man von hier einen wunderbaren Ausblick über die Seiser Alm. Über die Prossliner Schwaige am Rand der Seiser Alm führt die Tour anschließend über den Prossliner Steig wieder hinab zum Parkplatz, wo die erlebnisreiche Rundwanderung ihren Anfang genommen hat.

Ausgangspunkt	Bushaltestelle bzw. Parkplatz der Umlaufbahn in Seis
Anfahrt	Mit dem Linienbus oder dem Auto zum kostenfreien Parkplatz der Umlaufbahn
Einkehr	Schlernbödelehütte, Prossliner Schwaige und Pizzeria an der Umlaufbahn
Karte	Alpenwelt Verlag: Seiser Alm, Nr. 1428 oder Tabacco: Gröden, Seiser Alm, Nr. 05 sowie die Wanderkarte Seiser Alm–Schlerngebiet

Start der Wanderung ist der große Parkplatz an der Umlaufbahn in Seis, die hinauf auf die Seiser Alm führt. Der Weg mit der Markierung 8 beginnt ganz oben in der rechten Ecke des Parkplatzes, wo häufig Camper ihre Wohnmobile abgestellt haben. Der Weg führt also zunächst über den Parkplatz und dann auf einem breiten Forstweg hinauf durch den Wald. Nach wenigen Minuten erreicht man bereits die erste Abzweigung nach Seis (Weg 1), die wir links liegen lassen und weiter auf dem Forstweg nach oben wandern, bis wir erneut nach wenigen Minuten eine Wegkreuzung erreichen. Hier folgen wir nun dem Weg 3 durch den Hauensteiner Wald Richtung Ruine Hauenstein, die nach einer Gehzeit von etwa 40 Minuten erreicht ist. In der Burg lebte einst der Sänger, Dichter und Komponist Oswald von Wolkenstein. Ein kurzer Besuch der Ruine lohnt sich. Auf verschiedenen Schautafeln erfahren Sie einige interessante Sachverhalte zur Geschichte der Burg.

Über den Weg 3A, der unterhalb der Burgruine abzweigt, geht es nun weiter durch den Wald – anfangs noch recht gemütlich und fast eben, bis wir die Abzweigung des Steigs 1 erreichen. Durch ein aus einem Baumstamm bestehendes „Tor" geht es auf dem Weg 1 nun immer steiler hinauf. Noch einmal gelangen wir an eine Abzweigung, geradeaus würde es auf dem

Weg 1A zur Prossliner Schwaige gehen, wir biegen aber rechts ab, um auf Steig 1 zu bleiben. Das nächste Etappenziel, die Schlernbödelehütte, ist von hier noch eine Stunde entfernt. Wir wandern weiter in einigen Serpentinen steil durch den kühlen Wald hinauf, bis wir schließlich die Hütte auf 1 693 m erreichen. Vom Parkplatz der Umlaufbahn bis zur Hütte galt es, bereits fast 700 Höhenmeter zu überwinden. Genießen Sie bei einem erfrischenden Getränk den Ausblick über die Seiser Alm und sammeln Sie neue Kräfte für den nächsten Abschnitt der Wanderung, hinüber zur Prossliner Schwaige.
Unmittelbar neben der Schlernbödelehütte führt der Weg 1 in Richtung Schlernhaus vorbei an einer Kapelle, in der den im Schlerngebiet verunglückten Menschen gedacht wird. Erinnerung und Mahnung zugleich, die Berge niemals zu unterschätzen, auch wenn man auf vergleichsweise einfachen Wegen unterwegs ist.

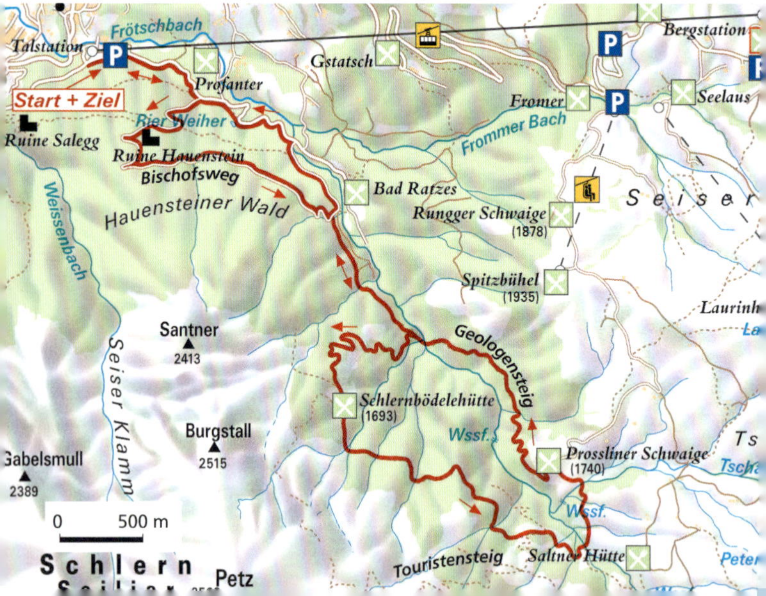

Höhenprofil

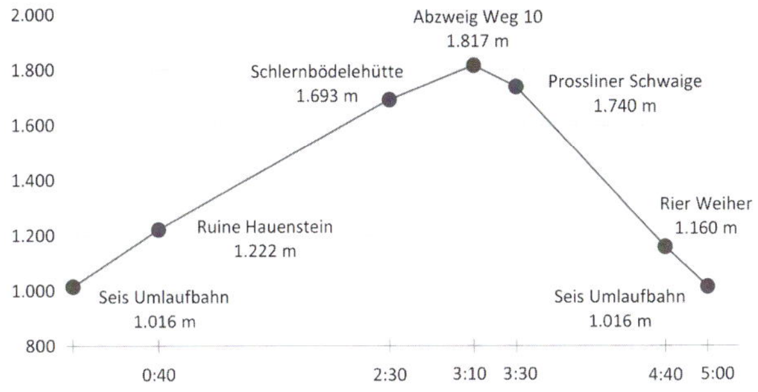

Etwa eine Stunde benötigen wir hinüber zur Prossliner Schwaige – zunächst weiter auf der 1, später auf der 10. Der Pfad durch den Wald ist nun bei Weitem nicht mehr so steil und einfacher zu gehen. Die Prossliner Schwaige liegt am Rand der Seiser Alm auf 1 740 m.

Der Rückweg erfolgt über den Prossliner Steig, der die Markierung 1A trägt. Der Steig führt vorbei an Wasserfällen und auf einer kleinen Brücke über den Frötschbach, bis wir wieder zum Abzweig des Weges Nr. 1 gelangen, an dem wir beim Aufstieg zur Schlernbödelehütte weitergegangen sind. Wir gehen ab hier also ein Stück den gleichen Weg, den wir gekommen sind, Richtung Bad Ratzes zurück und weiter hinunter der Markierung 1, später 8 folgend zum Parkplatz der Seis-Seilbahn.

Gewandert am:

In Begleitung von:

11 *Puflatschumrundung*

2 174 m, 9,7 km, 2:40 Std., 340 hm/340 hm

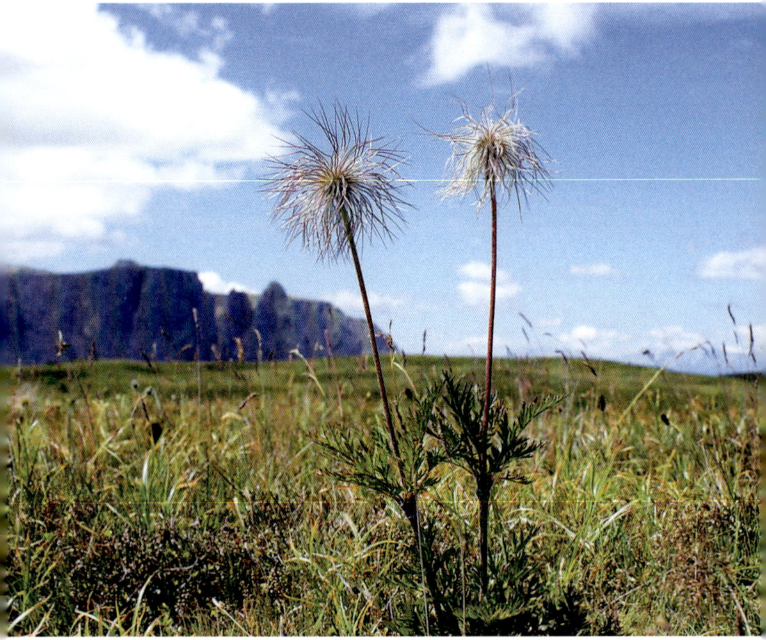

Vom Parkplatz im Ortszentrum, oder falls Sie mit der Umlaufbahn von Seis heraufgefahren sind, von der Bergstation des Liftes, geht es zunächst steil hinauf auf den Puflatsch. In einem großen Bogen umrundet man dann die Hochfläche, vorbei an den sagenumwobenen Hexenbänken und einigen Aussichtspunkten, die einen hervorragenden Panoramablick auf die Seiser Alm, über das Grödner Tal und auf die umliegenden Berge ermöglichen. Möchten Sie sich den Auf- und Abstieg ersparen, können Sie durch Nutzung des Liftes die Wanderung um etwa eine Stunde verkürzen.

Ausgangspunkt	Ortsmitte in Compatsch
Anfahrt	Von Seis mit der Umlaufbahn, dem Seiser-Alm-Express oder dem Auto hinauf nach Compatsch. Der Parkplatz in Compatsch ist gebührenpflichtig. Die Straße nach Compatsch ist von 9 bis 17 Uhr für den Verkehr gesperrt; Ausnahmeregelung für Gäste von Betrieben auf der Seiser Alm. Die Abfahrt ins Tal ist jederzeit möglich.
Einkehr	Puflatschhütte, Arnikahütte, Bergstation Puflatsch
Kurze Variante	Durch die Verwendung des Liftes auf den Puflatsch können Sie die Wanderung um etwa eine Stunde verkürzen. Gehen Sie in diesem Fall die Tour einfach in umgekehrter Richtung von der Bergstation nach rechts der Beschilderung „PU“ (Puflatschumrundung) folgend.
Karte	Alpenwelt Verlag: Seiser Alm, Nr. I428 oder Tabacco: Gröden, Seiser Alm, Nr. 05 sowie die Wanderkarte Seiser Alm–Schlerngebiet

Auf einem schmalen Sträßchen mit der Wegmarkierung 14 wandern wir zunächst von der Ortsmitte links in nördlicher Richtung an einigen Hotels und der Bergstation der von Seis heraufkommenden Umlaufbahn vorbei. Steil geht es bergan, wobei wir den ersten Abzweig nach rechts Richtung Gasthaus Puflatsch (Bergstation) ignorieren und weiter auf der Straße hinauf Richtung Puflatschhütte wandern. Kurz vor der Puflatschhütte schnaufen wir tief durch, denn ab hier wird der Weg einfacher und verläuft nicht mehr so steil. Man gelangt an eine Weggabelung, der Weg 14 geht nach rechts weg, wir wandern jedoch geradeaus und folgen ab jetzt der Markierung „PU“ (Puflatschumrundung). Vorbei an der Puflatschhütte geht es fortan stets am Rand der Hochfläche über idyllische Almwiesen. Nach etwa einer Stunde gemütlicher Wanderung über einen auf weiten Strecken meist ebenen Weg, erreicht man die Arnikahütte auf 2 062 m. Der Rundweg PU führt auf einem schmalen Pfad links an der Hütte vorbei, zunächst ein Stück bergauf hinüber zum Aussichtspunkt Gollerspitz, an dem ein großes Wetterkreuz steht. Hier fällt der Blick hinab ins Grödner Tal und auf das Dorf Kastelruth.

10 Minuten später gelangt man zu den Hexenbänken, einer Felsformation, die mit ein bisschen Fantasie wie Stühle und Bänke aussieht, auf denen es sich die Schlernhexen immer mal wieder bequem gemacht haben sollen. Kurz nach den Hexenbänken ist mit 2 174 m der höchste Punkt des Puflatsch erreicht und wieder 10 Minuten später stehen wir am Filln-Kreuz (2 130 m) und genießen das beeindruckende Dolomitenpanorama.

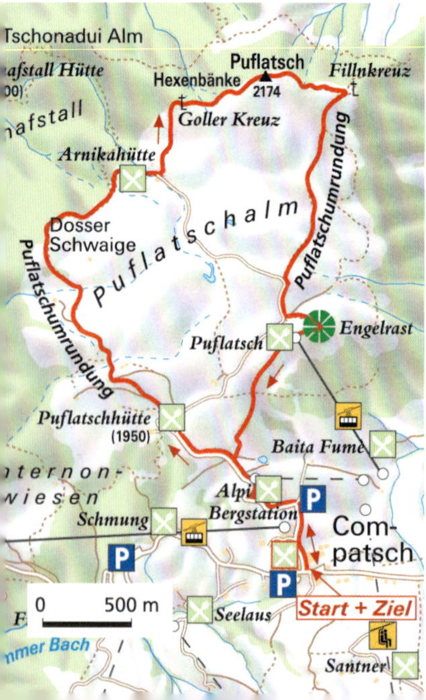

Entlang des Weges gibt es einige Sitzgelegenheiten, die zum gemütlichen Verweilen bestens geeignet sind, aber natürlich kann man sich auch zum Picknicken auf die Wiese setzen. Weiter wandern wir nun hinüber zum Gasthaus Puflatsch an der Bergstation des Liftes. Neben dem Gasthaus ist die Aussichtsplattform Engelrast. Auf Informationstafeln sind dort alle umliegenden Gipfel eingezeichnet und benannt.

Höhenprofil

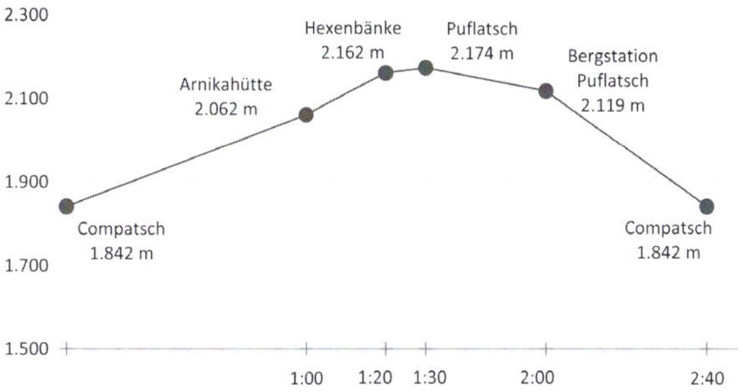

Am Gasthof vorbei, der Markierung PU folgend und später über die kleine Straße (Markierung 14) geht es schließlich wieder hinunter nach Compatsch.

Gewandert am:

In Begleitung von:

12 *An den Hexenstühlen vorbei auf den Puflatsch und zur Marinzenhütte*

2 119 m, 14,6 km, 5:30 Std., 970 hm/970 hm

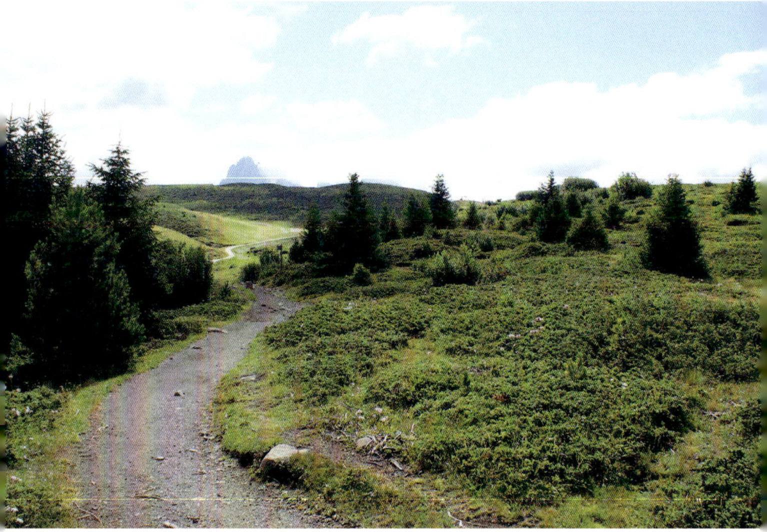

Mitten im Wald oberhalb von Kastelruth gibt es einen mystischen Ort. Ein Felsblock, der die Form zweier Stühle hat – die Hexenstühle. Bis heute ist ungeklärt, wie diese entstanden sind oder wer sie errichtet hat. Saßen hier in grauer Vorzeit Hexen oder wurden an diesem Ort okkulte Rituale abgehalten? Vorbei an den Hexenstühlen geht es zur Schafstallhütte und fortan steil durch den Wald hinauf auf das grüne Plateau des Puflatsch. Auf dem Rückweg statten wir der Marinzenhütte einen Besuch ab und gelangen durch den Wald wieder zurück zum Ausgangspunkt der Wanderung. Die Wege sind gut ausgebaut, für den Anstieg auf den Puflatsch wird Kondition benötigt, denn es gilt bis zur Arnikahütte über 850 Höhenmeter zu überwinden.

Ausgangspunkt	Parkplatz am Sportplatz Wasserebene oberhalb Kastelruths
Anfahrt	Mit dem Auto direkt zum Sportplatz Wasserebene
Einkehr	Schafstallhütte, Puflatschhütte, Arnikahütte, Bergstation Puflatsch, Marinzenhütte
Karte	Alpenwelt Verlag: Seiser Alm, Nr. 1428 oder Tabacco: Gröden, Seiser Alm, Nr. 05 sowie die Wanderkarte Seiser Alm–Schlerngebiet

Direkt am Sportplatz Wasserebene oberhalb des Dorfes Kastelruth beginnt die Wanderung. Die Schilder am Parkplatz weisen den Weg. Es geht bergauf, der Fahrstraße mit der Markierung 8 folgend, in Richtung Schafstall und Puflatsch. Bereits nach wenigen Minuten verlassen wir das kleine Sträßchen und der Weg zweigt in den Wald ab. Nach etwa einer halben Stunde erreichen wir die Hexenstühle. Am frühen Morgen, wenn die ersten Sonnenstrahlen den Weg zwischen den Bäumen hindurch finden und die umliegenden Steine und Felsen, die mit einer dicken, tiefgrünen Moosschicht überwachsen sind, anstrahlen, herrscht eine besonders geheimnisvolle und mystische Stimmung und man kann sich gut vorstellen, welche Bedeutung dieser Ort für die Bewohner vor langer Zeit gehabt haben mag.

Der Pfad führt weiter durch den dichten Wald und nicht immer ist der Wegverlauf gleich zu erkennen. Achten Sie auf die Markierungen an den Bäumen. Wenige Minuten vor der Schafstallhütte mündet der Weg in einen Forstweg und nach einer Gehzeit von etwa 50 Minuten treffen wir an der Schafstallhütte (1 500 m) ein. Vorbei an der Alm folgt man, am Zaun entlanggehend, weiter dem Wegweiser Puflatsch. Von nun an wird der Weg deutlich steiler und wir gewinnen rasch an Höhe. In zahlreichen Kehren schlängelt sich der Pfad durch den Wald hinauf, bis wir auf einer Lichtung auf die unbewirtschaftete Tschonadui-Hütte treffen. Eine gute Gelegenheit für eine kurze Rast und das Sammeln neuer Kräfte für den weiteren Aufstieg, denn es geht recht steil weiter, bis wir schließlich die Hochfläche erreichen und der Steig in den Puflatsch-Rundweg mündet. Nach links führt uns der Rundweg nach wenigen Minuten zur Arnikahütte.

Von der Hütte folgt man nun in südöstlicher Richtung dem Weg 14 zum Gasthof Puflatsch, an dem sich auch die Bergstation des Puflatsch-Liftes befindet. Auf der Hochfläche können wir immer wieder das wunderschöne Panorama genießen. Langkofel und Plattkofel auf der einen Seite, die liebliche Seiser Alm zu Füßen und den majestätisch thronenden Schlern auf der anderen Seite.

Neben der Bergstation (2 119 m) befindet sich die Aussichtsplattform Engelrast, an der Schautafeln die Namen der

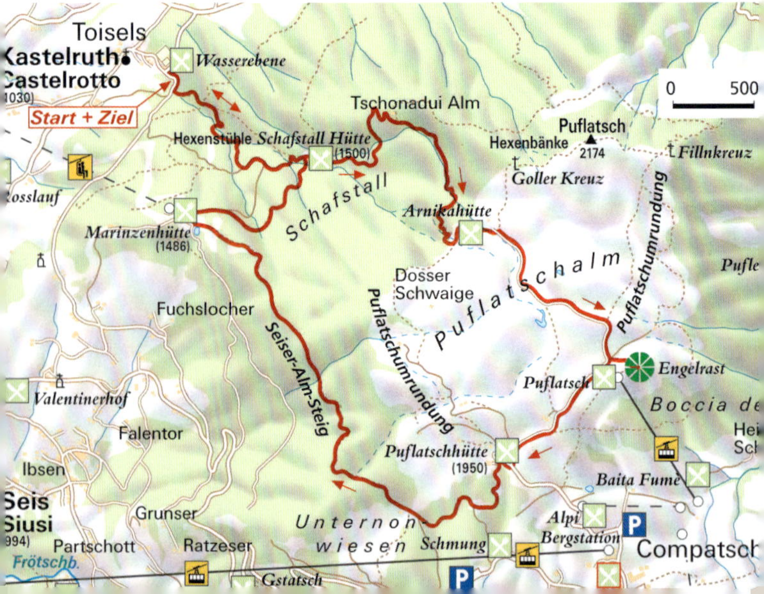

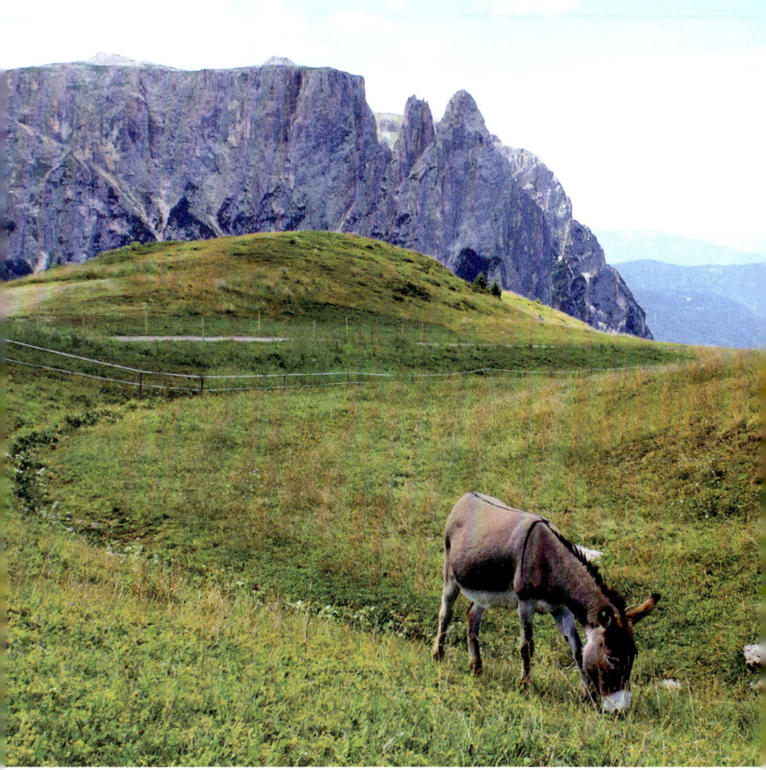

umliegenden Berggipfel ausweisen. Auf der schmalen Straße mit der Markierung 14 geht es schließlich hinunter zur Puflatschhütte (1 950 m). Über den Seiser-Alm-Steig, anfangs auf Weg 12B, später auf 12 geht es von der Hütte durch den Wald und über malerische Lichtungen über 460 Höhenmeter hinab zur Marinzenhütte (1 486 m). Die schön gelegene Hütte kann von Kastelruth auch mit einem Sessellift erreicht werden und ist daher bei Schönwetter stets gut besucht. Zahlreiche Ziegen laufen auf dem Gelände umher und lassen sich gern streicheln, sind mitunter aber recht frech und springen schon mal auf die Sitzbänke oder versuchen an den Proviant der Wanderer zu gelangen. Hier befindet sich ein Spielplatz,

Höhenprofil

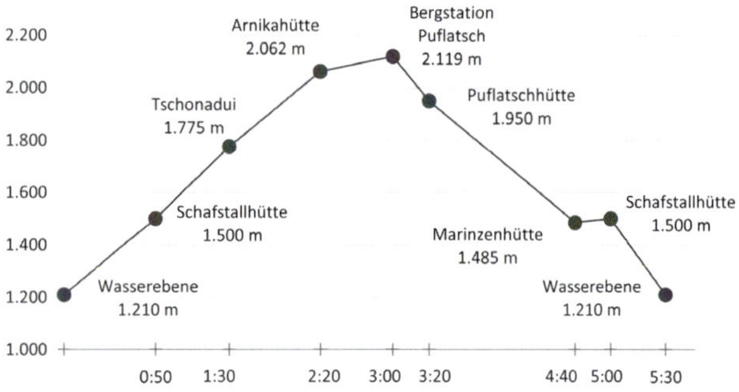

sodass die Hütte auch für Kinder interessant ist und ein lohnendes Ausflugsziel darstellt.

Weiter geht die Wanderung auf dem Weg 9 in 20 Minuten hinüber zur Schafstallhütte (1 500 m) und von dort über den Weg mit der Markierung 8 zurück, auf dem wir am Morgen gekommen sind, wieder vorbei an den Hexenstühlen zum Sportplatz Wasserebene. Hier endet die heutige Wanderung.

Gewandert am:

In Begleitung von:

Kleine Seiser-Alm-Tour 13

2055 m, 9,9 km, 2:20 Std., 230 hm/230 hm

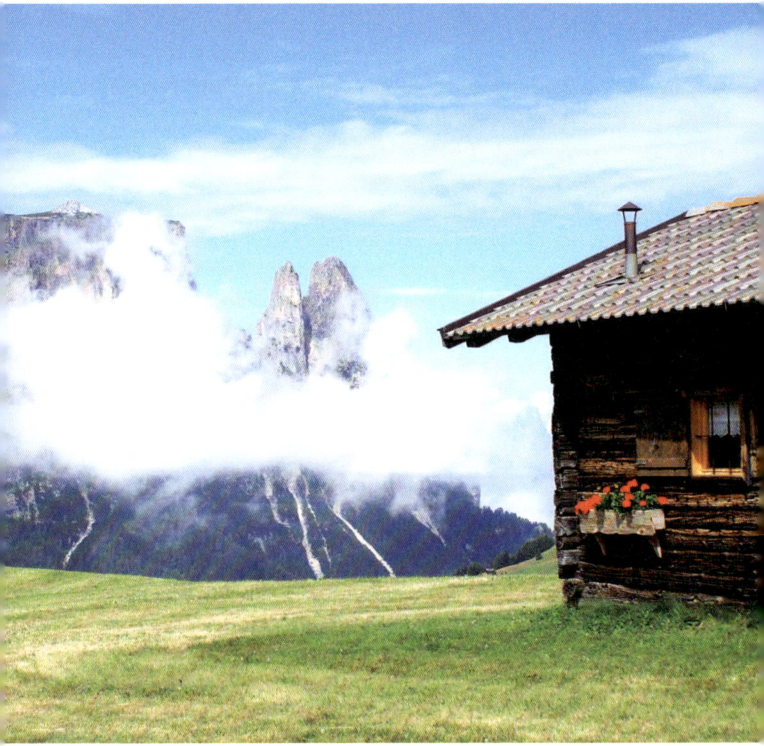

Eine gemütliche Wanderung zur Sattler Schwaige quer über die größte Hochalm Europas und zurück über die Laurinhütte nach Compatsch. Die aussichtsreiche Tour bietet keine besonderen Schwierigkeiten und ist auch für Kinder geeignet. Da die Wanderung mit einer Gehzeit von kaum 2½ Stunden recht kurz ist, kann sie problemlos auch für den Nachmittag eingeplant werden.

Ausgangspunkt	Ortsmitte Compatsch
Anfahrt	Von Seis mit der Umlaufbahn, dem Seiser-Alm-Express oder dem Auto hinauf nach Compatsch. Der Parkplatz in Compatsch ist gebührenpflichtig. Die Straße nach Compatsch ist von 9 bis 17 Uhr für den Verkehr gesperrt; Ausnahmeregelung für Gäste von Betrieben auf der Seiser Alm. Die Abfahrt ins Tal ist jederzeit möglich.
Einkehr	Sattler Schwaige und Laurinhütte
Karte	Alpenwelt Verlag: Seiser Alm, Nr. I428 oder Tabacco: Gröden, Seiser Alm, Nr. 05 sowie die Wanderkarte Seiser Alm–Schlerngebiet

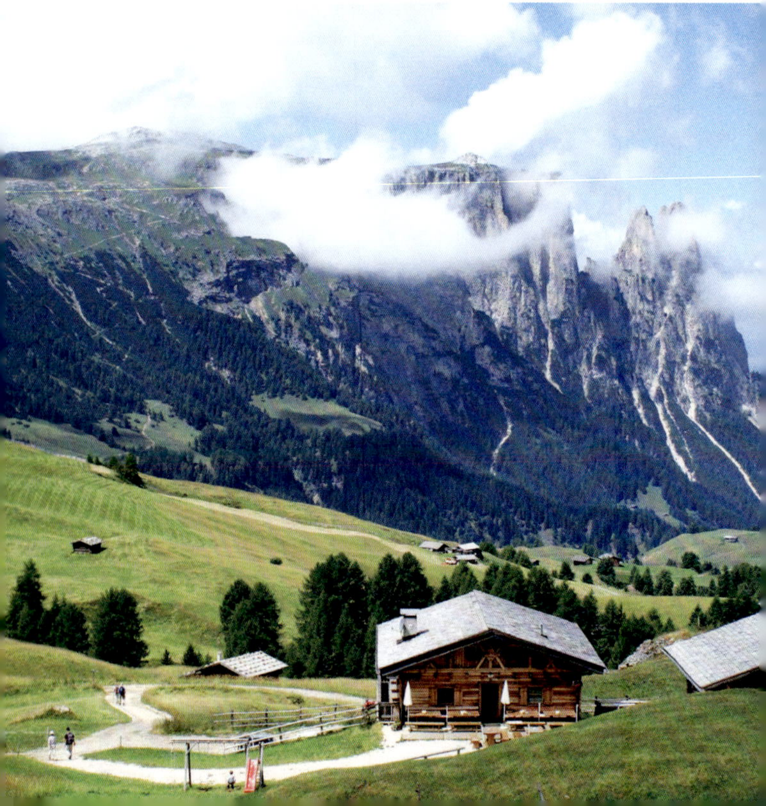

Von der Ortsmitte der Siedlung Compatsch wandert man zunächst auf der schmalen Fahrstraße mit der Markierung 7/10 nach rechts den Berg hinauf. Bei der ersten Abzweigung nach kaum 10 Minuten, auf Höhe der Appartements Bernard wenden wir uns links auf den Weg 7 und folgen weiter dem Verlauf der Straße. Das erste Ziel, die Bergstation Panorama ist hier mit einer Gehzeit von 30 Minuten angeschrieben. Weiter, stets leicht steigend, passiert man das Hotel Santner, bis man schließlich kurz vor der Bergstation die Straße und somit den Weg 7 nach rechts verlässt und auf Weg 6 nach nur 3 Minuten die Bergstation erreicht. Direkt vor dem Haus zweigt der Weg 2 ab, die Sattler Schwaige kann von hier sowohl über Steig 2 als auch über Weg 6 erreicht werden. Wir folgen Weg 6 Richtung Schlernhaus.

10 Minuten später gelangt man zum nächsten Abzweig, Weg 6 führt nun weiter zur 5 Minuten entfernten Laurinhütte auf 2018 m. Wir halten uns jedoch links und folgen der Beschilderung zur Sattler Schwaige, die hier auf Weg 13 mit 20 Minuten angeschrieben ist. Den Schlern zur Rechten wandern wir auf einem gut ausgebauten Weg leicht ansteigend direkt auf die Rosszähne und die Rosszahnscharte zu und erreichen schließlich nach einem letzten kurzen Anstieg die schön gelegene Schwaige.

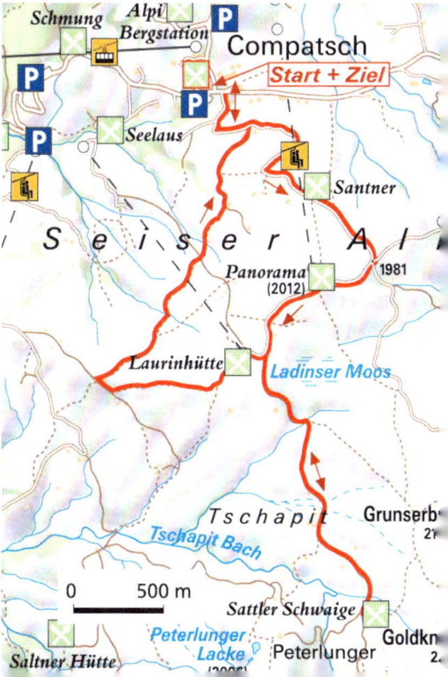

Höhenprofil

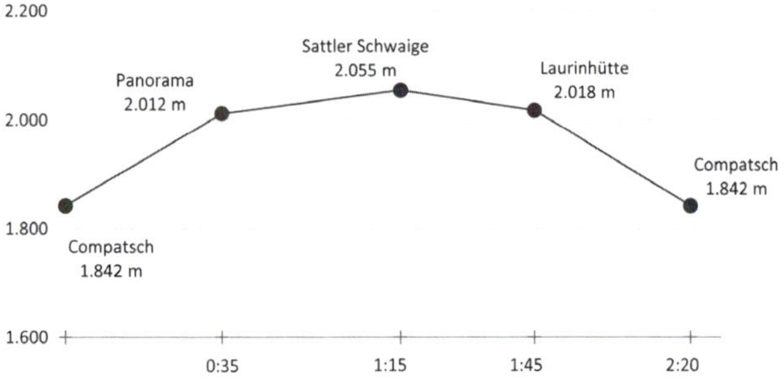

Für den Rückweg folgt man bis zur Laurinhütte dem Hinweg. Die Hütte liegt direkt neben der Bergstation eines Sesselliftes, der allerdings nur im Winter in Betrieb ist. Über die Ausläufer des Ladinser Mooses verläuft der Weg 6 weiter teils auf einem Holzsteg. Kurz danach biegt man nach rechts auf den Weg 5B in Richtung Spitzbühelhütte ab und ein paar Minuten später erneut nach rechts auf Weg 10 in Richtung Compatsch. Ohne große Mühen geht es nun stetig auf einem breiten Forstweg bergab, direkt auf den gegenüberliegenden Puflatsch zu. Bei den Appartements Bernard mündet der Weg schließlich wieder in die Fahrstraße, der man nun nach links folgt. 10 Minuten später ist die Ortsmitte und somit der Endpunkt der kleinen Seiser-Alm-Tour erreicht.

Gewandert am:

In Begleitung von:

Durch die Bärenfalle auf den Schlern 14

2563 m, 19,8 km, 7:30 Std., 1370 hm/1720 hm

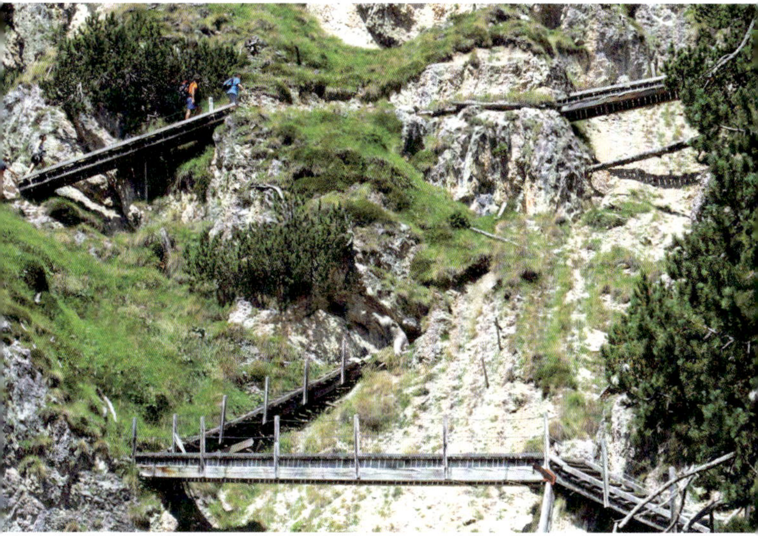

Eine sehr lange Tagestour, die viel Kraft und Ausdauer erfordert. Von Weißlahnbad geht es zunächst sehr steil fast 900 Höhenmeter durch die Bärenfalle hinauf auf den Tschafatschsattel. Der Weg wird nun einfacher und verläuft am Rand des Thomastals hinüber zum Schlernhaus. Ein Abstecher zum Gipfelkreuz darf natürlich nicht fehlen, bevor es auf einem langen Abstieg auf dem sehenswerten Prügelsteig durch die Schlernschlucht hinuntergeht und weiter über die Tuffalm zum Völser Weiher und schließlich nach Völs am Schlern. Starten Sie diese Wanderung früh am Tag, um dem erhöhten Gewitterrisiko am Nachmittag aus dem Weg zu gehen und vor Einbruch der Dämmerung wieder im Tal zu sein.

Ausgangspunkt	Parkplatz und Bushaltestelle Weißlahnbad
Anfahrt	Mit dem Auto zum gebührenfreien Parkplatz Weißlahnbad oder mit dem Bus der Linie 176 bis zur Haltestelle Weißlahnbad
Einkehr	Schlernhaus, Moarbodenhütte, Sesselschwaige, Tuffalm, Gasthaus am Völser Weiher und in Völs am Schlern
Hinweis	Starten Sie die Wanderung früh am Tag, um ausreichend Zeitreserven zu haben
Karte	Alpenwelt Verlag: Seiser Alm, Nr. 1428 oder Tabacco: Gröden, Seiser Alm, Nr. 05 sowie die Wanderkarte Seiser Alm–Schlerngebiet

Die Tour startet direkt an der Bushaltestelle Weißlahnbad der Linie 176 Tiers–Seis und dem dort befindlichen Parkplatz. Beginnen Sie die Wanderung möglichst früh am Morgen und rechnen Sie zu den 7 ½ Stunden reiner Gehzeit großzügige Pausenzeiten hinzu. Unmittelbar an der Haltestelle beginnt der Weg 2 in Richtung Bärenfalle und Schlernhaus. Gleich von Beginn an verläuft der Weg recht steil in zahlreichen Serpentinen durch den Wald hinauf, bis man nach etwa 25 Minuten das sagenumwobene Tschetterloch erreicht. Es handelt sich hierbei um eine Naturhöhle, die mit entsprechender Kenntnis und Ausrüstung auch begangen werden kann. Ein Schild am Eingang der Höhle weist darauf hin, dass diese früher als „Unterschlupf für verfolgte Christen" gedient habe.
Weiter führt der Weg durch den Kiefernwald, bis man schließlich den Einstieg zu einer Schlucht erreicht. Am Morgen, wenn noch keine Sonnenstrahlen den Boden erreichen, kann es hier recht frisch werden. Links und rechts ragen die steilen Felswände empor, während wir immer weiter auf einem inzwischen steinigen Pfad bergauf wandern. Etwa nach zwei Drittel des Weges zum Tschafatschsattel erreichen wir einen sehr

interessanten Wegabschnitt. Mehrere Treppen, Brücken und Stege führen von Fels zu Fels und erleichtern den Aufstieg. Kurz nach den ersten Übergängen kommt es unweigerlich zur Begegnung mit einem Bären. Er ist zum Glück friedlich, denn er ist lediglich aus einem alten Baumstamm geschnitzt. Nach guten 2 Stunden ist schließlich das erste Etappenziel, der Tschafatschsattel, erreicht. Die Gelegenheit für eine kurze Rast, einen erfrischenden Schluck Wasser oder eine kleine Stärkung. An dieser Stelle könnten Sie die Tour erheblich verkürzen, indem Sie auf dem Weg 9 zur Sesselschwaige absteigen. Unser Weg führt aber weiter mit der Markierung 2 am Südhang des Thomastals entlang. Der Weg wird nun deutlich

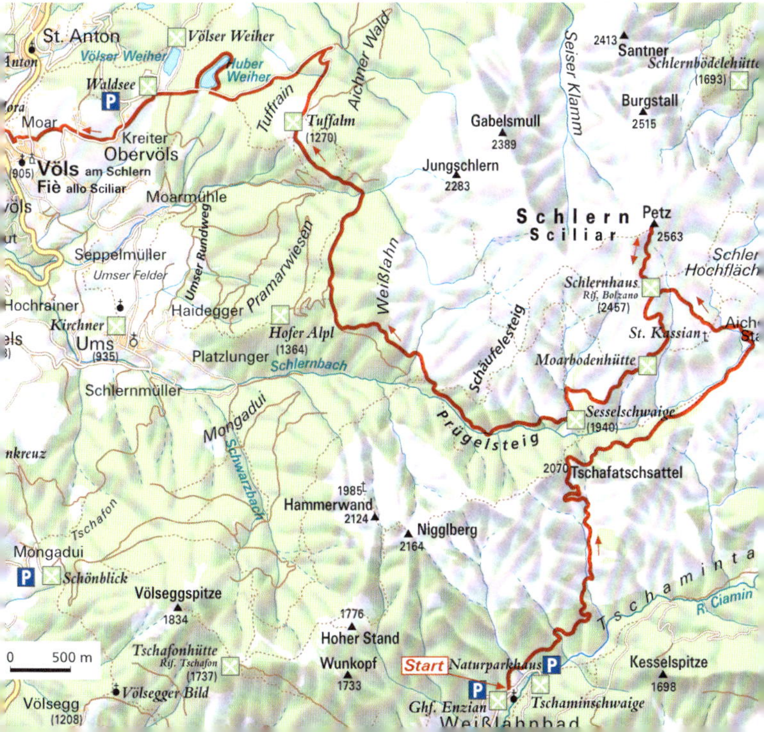

Höhenprofil

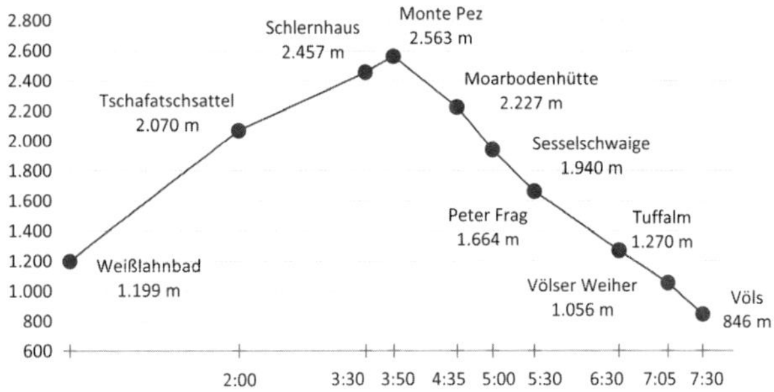

einfacher und steigt nur noch mäßig steil an. Mit etwas Glück können Sie auf dem gegenüberliegenden Hang Murmeltiere sehen und hin und wieder zeigen sich auch Gämsen.

Am Talschluss steigt der Weg nun wieder etwas an und kurz danach können wir in der Entfernung schon das Schlernhaus erkennen. Ein kleiner Tipp: Achten Sie auf die Vegetation, denn entlang des Weges können Sie Edelweiß entdecken. (Das Edelweiß steht auch in Südtirol unter Naturschutz und darf nicht gepflückt werden.) Über die grünen Wiesen der Hochfläche nähern wir uns schließlich aus südöstlicher Richtung dem Schutzhaus auf 2457 m, welches wir etwa nach einer Gehzeit von etwas über 3 ½ Stunden erreichen. Falls die Kräfte noch ausreichen und das Wetter die Fernsicht begünstigt, sollten Sie sich den Aufstieg zum Gipfelkreuz nicht entgehen lassen. Auf schottrigem Grund zweigt der Weg zum Gipfel genau gegenüber dem Eingang zum Schutzhaus ab. Etwa 20 Minuten dauert der Aufstieg zum Gipfelkreuz (2563 m). Oben erwartet Sie eine überragende Panoramasicht auf die umliegenden Berge und die Seiser Alm.

In knapp 15 Minuten geht es dann hinunter zum Schlernhaus und von dort folgt man dem Weg 1 Richtung Sesselschwaige und Völs am Schlern. Über die Wiesen, vorbei an grasenden Kühen, erreicht man etwa eine halbe Stunde später die Moarbodenhütte (2 227 m, Einkehrmöglichkeit) und weitere 25 Minuten später die Sesselschwaige auf 1 940 m. Weiter auf Weg 1 wandern wir nun über den Prügelsteig, der seinen Namen den zahlreichen Lerchenprügeln verdankt, die für den Bau der vielen kleinen Brücken über den Schlernbach verwendet wurden. Auf diesem Weg durch die kühle Schlernschlucht treiben die Bauern im Frühjahr das Vieh auf das Hochplateau und im Herbst wieder herunter in die Winterunterkünfte.

Auf Höhe des Bildstocks Peter Frag zweigt rechts der Schäufelesteig hinauf auf den Schlern ab, wir bleiben hier und auch wenige Minuten danach beim Abzweig der Wege 3B/7 auf dem Weg 1 Richtung Völs am Schlern und müssen noch einmal ein paar Meter hinaufsteigen, bevor der Weg dann schließlich durch den Wald bergab bis hinüber zur Tuffalm (1 270 m) führt. Von der Sesselschwaige bis zur Tuffalm ist man etwa 1,5 Stunden unterwegs. Auf dem Weg 1B, einer breiten, geschotterten Forststraße wandert man nun in 25 Minuten hinab zum Huber Weiher und in weiteren 10 Minuten bis zum Völser Weiher. Am südlichen Ende des Völser Weihers geht der Weg 1 weiter und führt in etwa 20 Minuten bis nach Völs, zum Endpunkt dieser langen Bergwanderung.

Gewandert am:

In Begleitung von:

15 *Durch das liebliche Tschamintal auf den Schlern*

2 550 m, 19,9 km, 7:30 Std., 1 580 hm/1 580 hm

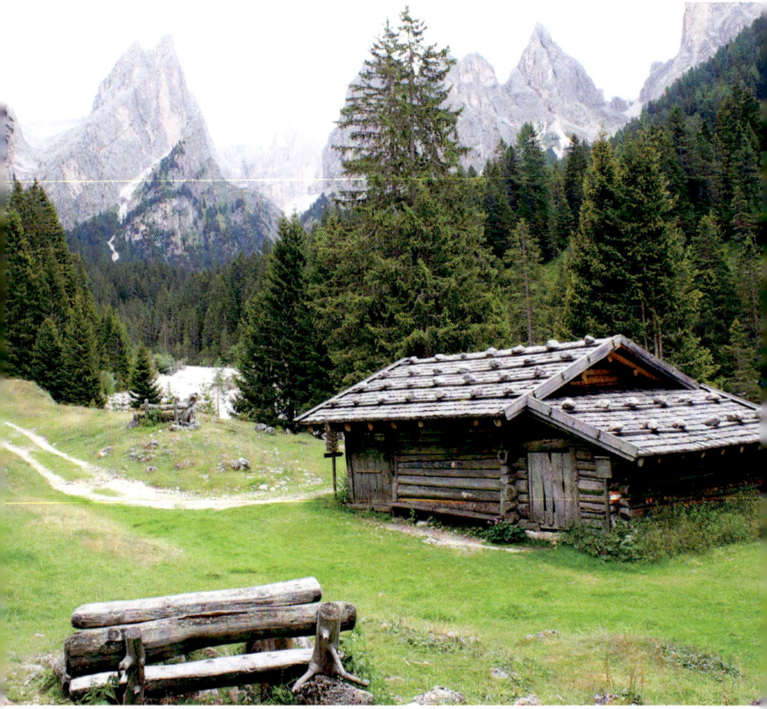

Im Tschamintal geht es durch das Bärenloch, dann hinauf zum Schutzhaus Tierser Alpl und anschließend von den Rosszähnen über die Hochfläche des Schlern hinüber zum Schlernhaus. Der Abstieg erfolgt über das Thomastal und durch die Bärenfalle hinunter nach Weißlahnbad. Eine sehr lange Tagestour, die Trittsicherheit und eine gute Kondition voraussetzt und die aufgrund ihrer Länge früh am Tag gestartet werden sollte.

Ausgangspunkt	Parkplatz und Bushaltestelle Weißlahnbad
Anfahrt	Mit dem Auto zum gebührenfreien Parkplatz Weißlahnbad oder mit dem Bus der Linie 176 bis zur Haltestelle Weißlahnbad
Einkehr	Tschamin-Schwaige, Tierser Alpl und Schlernhaus
Karte	Alpenwelt Verlag: Seiser Alm, Nr. 1428 oder Tabacco: Gröden, Seiser Alm, Nr. 05 sowie die Wanderkarte Seiser Alm–Schlerngebiet

Die Wanderung startet direkt an der Bushaltestelle Weißlahnbad der Linie 176 Tiers–Seis, und dem dort befindlichen Parkplatz. Da die Tour recht lang ist, das Gewitterrisiko am Nachmittag zunimmt und man natürlich auch vor Einbruch der Dunkelheit wieder zu Hause sein möchte, sollten Sie möglichst früh am Morgen starten und zu den 7 ½ Stunden reiner Gehzeit großzügige Pausenzeiten hinzurechnen. Unmittelbar an der Haltestelle beginnt der Weg 6. Er verläuft zunächst der Straße entlang nach Osten in Richtung Naturparkhaus, Tschamin-Schwaige und Tierser Alpl (3:50 Stunden). Man überquert nach 5 Minuten den Tschaminbach und folgt nun dem Weg 3, der neben der Tschamin-Schwaige in den Wald hineinführt. Der Weg verläuft steiler werdend durch den dunklen Wald und mündet nach einer guten halben Stunde auf einen breiten Forstweg, dem man links weiter folgt. Das Tierser Alpl ist hier auf Weg 3 mit 3:10 Stunden angeschrieben. Nach etwa 45 Minuten des Weges gelangt man an die Quelle „Zum schwarzen Letten“, die hier entspringt. Dem Wässerchen wird eine besonders lang anhaltende Frische nachgesagt. Man kreuzt nun den Tschaminbach und erreicht wenige Minuten später eine sonnige Lichtung, den Schaferleger. Kurz nach einer weiteren Überquerung des Baches gelangt man zur Quelle am Hohen Steg. Sie war lange

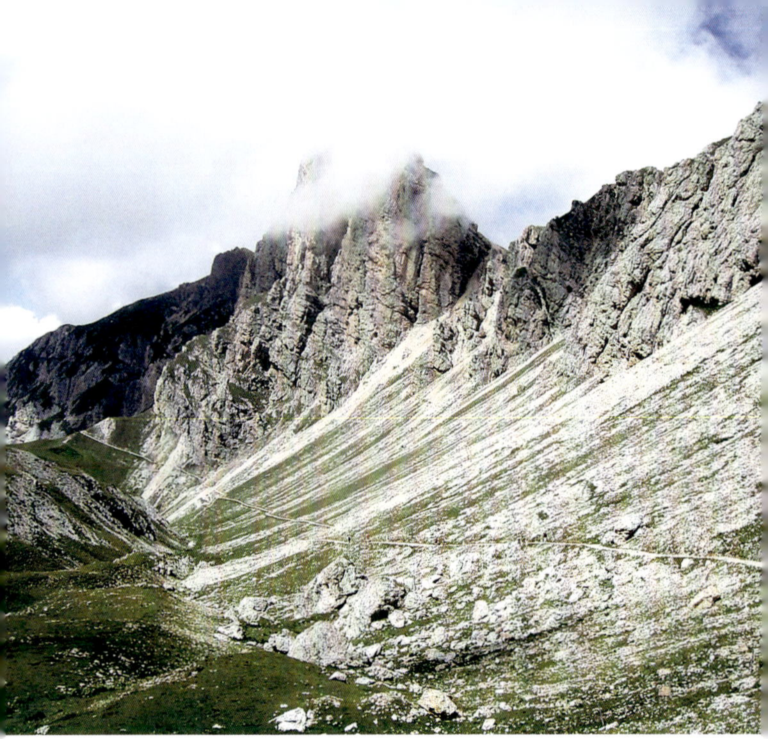

verschüttet und wurde bei Wegarbeiten wieder freigelegt. Auch dieser Quelle wird eine heilende Wirkung nachgesagt.
Nach etwa 1 ½ Stunden betritt man eine weitere Lichtung, den Rechten Leger. Hier steht zwar eine Hütte, diese ist aber nicht bewirtschaftet. Auf der Lichtung sind ein paar Tische und Bänke zum Rasten und Jausnen aufgestellt. Am frühen Morgen, wenn die Sonne den Boden erwärmt, steigt weißer Nebel von der Wiese auf und verleiht dem Ort eine geheimnisvolle Aura. Im Hintergrund ist der Rosengarten mit den Grasleitenspitzen zu sehen.
Der Weg wird nun wieder etwas steiler und zweigt zum Talschluss nach links zum Tierser Alpl (Markierung 3) und rechts zur Grasleitenhütte (Markierung 3A) ab. Wir folgen

dem Weg 3, der nun immer steiler nach oben führt, und durchsteigen schließlich das Bärenloch. Auch wenn das Bärenloch nicht als Klettersteig ausgewiesen ist, gibt es ein paar Stellen, die mit einem Drahtseil gesichert sind. Die kniffligen Passagen sind für geübte und trittsichere Wanderer kein Problem. Der Steig durch die Bärenfalle mündet schließlich in den Weg 4, der das Tierser Alpl im Osten mit dem Schlernhaus im Westen verbindet. Etwa 15–20 Minuten benötigt man nun noch für den leichten Anstieg zum Schutzhaus Tierser Alpl. Beim Schutzhaus lohnt übrigens ein Blick dahinter, denn dort befindet sich eine kleine Kapelle, in der am Kirchtag auch eine heilige Messe abgehalten wird, die mit einem zünftigen Hüttenfest einhergeht.

Mit frischen Kräften geht es nun an die Überquerung der Schlernhochfläche. Vom Tierser Alpl folgt man dem Weg 4.

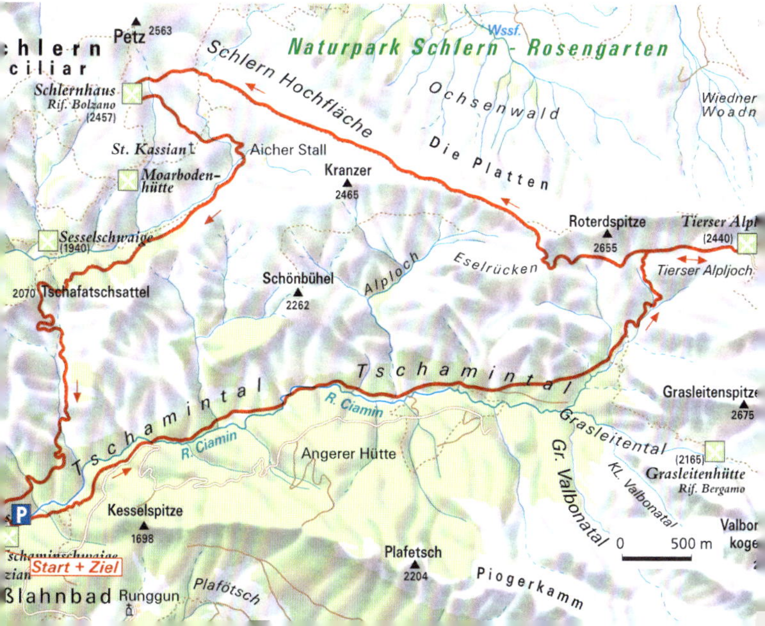

Höhenprofil

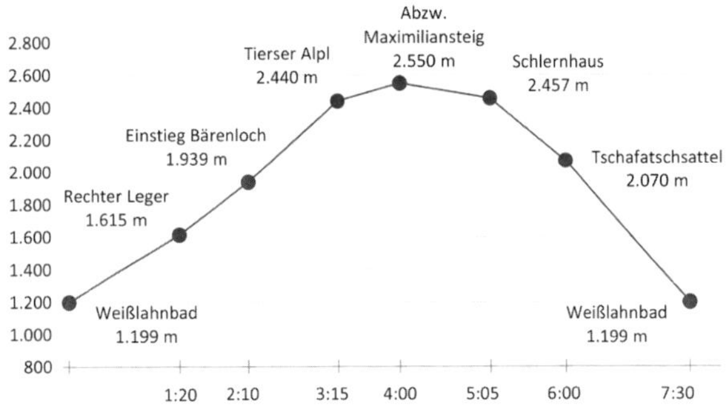

Dabei gehen wir zunächst am Fuß der Rosszähne ein Stück auf dem Weg zurück, den wir gekommen sind, vorbei am mächtigen Gipfel der Roterdspitze. Einige Meter weiter oben verläuft im Gipfelbereich der Maximilian-Klettersteig parallel zum Weg 4. Schaut man hinauf, kann man an manchen Stellen wagemutige Kletterer erkennen (nur für Geübte mit entsprechender Ausrüstung zu begehen). Verläuft der Weg anfangs noch recht gemütlich, steigt er nun nochmals an und es gilt, einige Höhenmeter in mehreren engen Serpentinen zu überwinden. Oben angekommen, ist das Schlernhaus bereits zu erkennen. Nun können wir wieder durchatmen, denn fortan geht es einige Zeit bergab, bevor es kurz vor dem Schlernhaus nochmals einen leichten Gegenanstieg zu bewältigen gibt. Vom Tierser Alpl zum Schlernhaus benötigt man nicht ganz 2 Stunden.

Auch wenn die Tour bis hierher schon recht lang war, ein kurzer Abstecher hinauf zum Gipfelkreuz des Schlern sollten Sie sich dennoch nicht entgehen lassen. Gegenüber dem Eingang zum Schutzhaus geht der Weg zum Gipfel hinauf, der mit 20 Minuten angeschrieben und in dieser Zeit auch zu schaffen ist. Oben angekommen genießen Sie ein fantastisches Dolomitenpanorama und einen ungestörten Blick hinab auf die Seiser Alm.

Bei einem Besuch des Gipfels sind für den Abstieg weitere 15 Minuten einzuplanen, ingesamt also ca. 35 Minuten der Gesamtgehzeit hinzuzurechnen.

Das nächste Ziel ist der Tschafatschsattel. Wieder zurück beim Schlernhaus führt der Weg 2 Richtung Tiers und Hammerwand über die Almwiesen und später durch das Thomastal. Der Weg ist einfach und bereitet wenig Mühen. Anfangs geht es bergab und schließlich fast eben hinüber bis zum Tschafatschsattel. An den Hängen des Thomastals leben einige Murmeltiere, vielleicht bekommen Sie eines zu Gesicht? Schließlich beginnt der letzte Abschnitt der Wanderung: Es geht vom Tschafatschsattel über die Bärenfalle hinunter nach Weißlahnbad. Der Weg ist steil und man benötigt etwa 1 ½ Stunden hinunter. Genau am Parkplatz und der Bushaltestelle tritt der Weg aus dem Wald heraus. Eine lange, aber sehr abwechslungsreiche und eindrucksstarke Wanderung geht hier zu Ende.

Gewandert am:

In Begleitung von:

16 *Über den Schäufelesteig zum Monte Pez*

2563 m, 21 km, 8:20 Std., 1600 hm/1600 hm

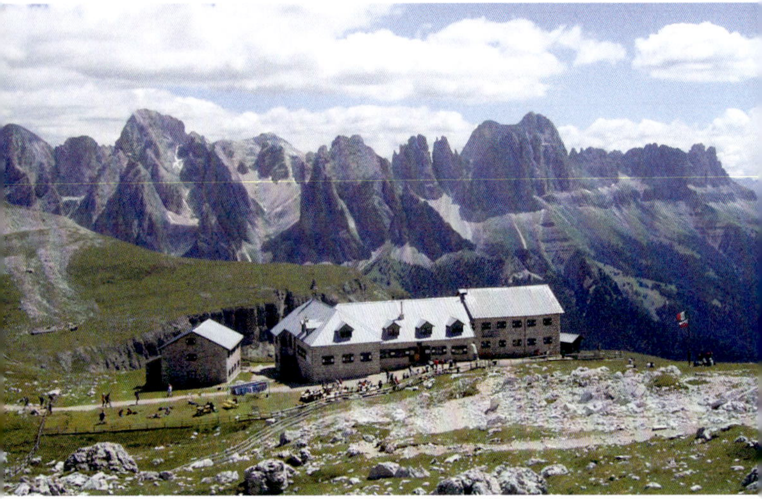

Die längste Tour in diesem Buch, nur für geübte und wirklich ausdauernde Bergfreunde. Keine Klettersteige und auch keine seilgesicherten Abschnitte, aber es gilt 1600 Höhenmeter auf einer Strecke von rund 21 Kilometern zu überwinden. Die Wanderung beginnt am Völser Weiher und führt über den steilen Schäufelesteig bis zum Schlernhaus und weiter zum Gipfelkreuz. Am Schäufelesteig hat man eine beeindruckende Aussicht auf den Rosengarten, auf die naheliegende Hammerwand und hinab in den Talkessel auf die Landeshauptstadt Bozen. Der Rückweg erfolgt über den Tschafatschsattel zur Sesselschwaige und über das Hofer Alpl wieder zurück zum Völser Weiher. Auch diese Tour sollten Sie früh am Tag starten, um das verfügbare Tageslicht voll ausnutzen zu können.

Ausgangspunkt	Völser Weiher
Anfahrt	Mit dem Auto zum gebührenpflichtigen Parkplatz am Weiher oder mit dem Bus der Sonderlinie vom Kreisverkehr Völs über St. Anton (fährt nur von Mitte Juni bis Anfang September)
Einkehr	Gasthaus am Völser Weiher, Tuffalm, Schlernhaus, Sesselschwaige und Hofer Alpl
Karte	Alpenwelt Verlag: Seiser Alm, Nr. 1428 oder Tabacco: Gröden, Seiser Alm, Nr. 05 sowie die Wanderkarte Seiser Alm–Schlerngebiet

Die Wanderung startet am Völser Weiher, von wo man auf Weg 1 zunächst vorbei am Huber Weiher zur Tuffalm wandert und von dort weiter auf der 1 Richtung Schlernhaus. Von der Tuffalm geht man zunächst quer über die Almwiese und erkennt dann zwei Wege, die in den Wald hineinführen. Der obere der beiden ist die 1 und diesem folgen wir. Auf einem Forstweg, der stetig ansteigt, wandern wir nun durch den Wald und bleiben dabei stets auf Weg 1, bis wir schließlich zur Wegkreuzung Putzes Egg gelangen. Von da führt der Forstweg, der nun die Markierung 7 trägt, hinüber zur Tschafonhütte. Wir verlassen hier den Forstweg, bleiben aber weiter auf dem Weg 1 in Richtung Sesselschwaige und Schlern. Der Weg durch den Wald wird nun steiler und nach etwa 2 Stunden kommt man zum Bildstock „Peter Frag“. Von hier zweigt der Schäufelesteig (Markierung 3) nach links ab. Fortan geht es steil den Berg hinauf, die Bäume werden immer kleiner und weniger, die Luft dünner. Rechts kommen die Hammerwand und der Tschafon ins Blickfeld und dahinter ist der Rosengarten zu sehen. Je höher man steigt, desto mehr Edelweiß und Enzian wachsen auf den Wiesen der

Höhenprofil

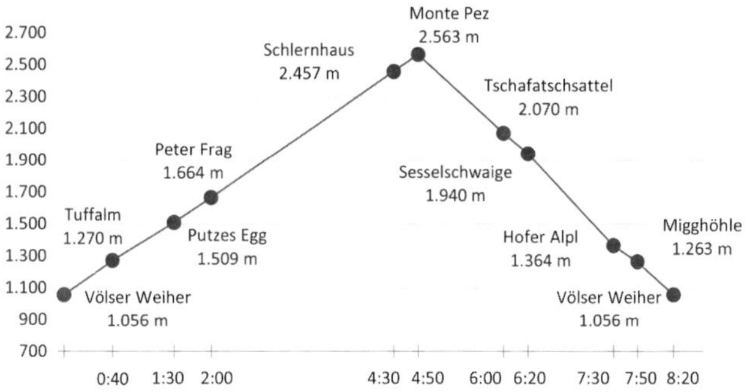

Schlernalm. Zwei- oder dreimal spielt einem die Landschaft einen Streich, man denkt, man habe den höchsten Punkt erreicht, nur um dann festzustellen, dass es dahinter doch noch einen weiteren Hügel zu erklimmen gilt. Irgendwann taucht am Horizont dann aber doch das Schlernhaus auf und eine gute halbe Stunde später ist dieses dann auch erreicht. Vom Völser Weiher bis zum Schlernhaus sind 4 ½ Stunden Gehzeit einzuplanen. Bei schönem Wetter lohnt es, sich noch einmal zu motivieren und auch noch die letzten Meter hinauf zum Gipfelkreuz in Angriff zu nehmen. Kaum 20 Minuten dauert dieser letzte Anstieg.

Nach dem Gipfelsieg hat man sich wahrlich eine Stärkung im Schlernhaus verdient, welches im Jahr 1885 von der Sektion Bozen des Deutschen und Oesterreichischen Alpenvereins eröffnet wurde und heute im Besitz des Club Alpino Italiano (CAI) ist. Bereits seit 1979 wird das Haus mit großem Engagement und Gastlichkeit von der Familie Gasser geleitet. In den hellen und stets gepflegten Gasträumen kann man sehr gut essen oder sich bei einem kühlen Getränk erfrischen. Der Rückweg steht an, dieser führt unterhalb des Schlernhauses auf Weg 2 hinüber zur Sesselschwaige. Dieser Weg ist sehr einfach zu gehen, er verläuft zunächst abwärts über die Alm in südöstlicher Richtung und wendet sich später in großem Bogen südwestlich. Fast eben oder nur mit leichter Steigung entlang des Thomastals geht es weiter bis zu einem Abzweig ohne Wegnummer, der durch den Talgrund hinüber zur Sesselschwaige führt. Dieser Abzweig ist in vielen Karten noch nicht eingezeichnet, sollten Sie ihn verpassen, wäre das aber nicht weiter schlimm, denn dann können Sie einfach weiter bis zum Tschafatschsattel gehen und von dort auf Weg 9 hinüber zur Sesselschwaige wandern. Der neue Abzweig spart etwa 20–25 Gehminuten ein.

Von der Sesselschwaige führt schließlich der Prügelsteig hinunter durch die wildromantische Schlernschlucht. Der Steig ist ein weiterer Höhepunkt auf dieser Tour. Über den Schlernbach, der durch die Schlucht fließt, wurden fünf Brücken aus Lärchenprügeln gebaut, die den Auf- und Abstieg

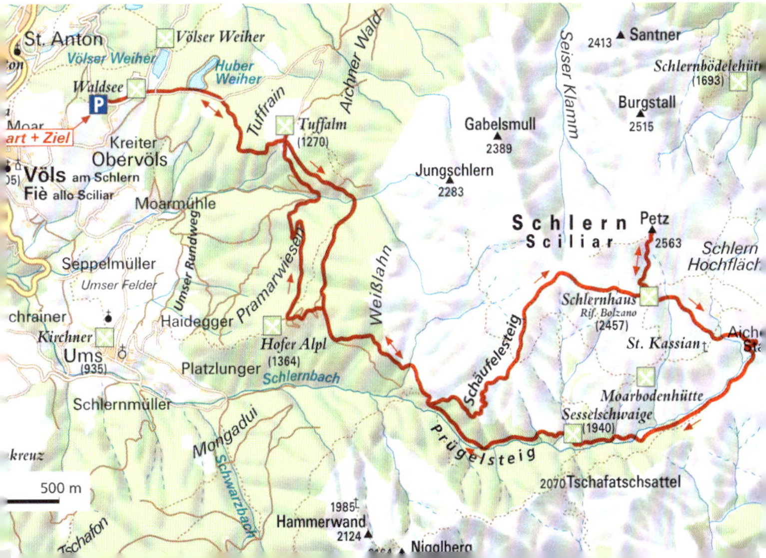

erleichtern. Die Bauern führen über diesen Weg ihre Kühe im Frühjahr hinauf auf das Hochplateau und beim Almabtrieb Anfang Oktober wieder hinunter in die Ställe. Der Steig, der bereits 1994 einmal bei einem Unwetter durch den Schlernbach zerstört und danach wieder aufgebaut wurde, wurde in den Jahren 2011 und 2012 aufwendig saniert. Wir halten uns stets auf dem Weg 1 bis zum Abzweig des Weges 3, der in 10 Minuten hinunter zum Gasthaus Hofer Alpl (1 364 m) führt. Auf Weg 8 geht es auf einem breiten Forstweg weiter Richtung Völs am Schlern. Nach etwa 20 Minuten verlässt man den Weg nach rechts und folgt fortan der Markierung 8B in Richtung Völser Weiher. Kaum eine Minute später gelangt man schon an den Abzweig zur Migg-Höhle. In dieser lebte einige Zeit der Einsiedler Franz Mich, sie liegt nur 2 Minuten abseits des Weges unterhalb eines großen Felsbrockens und kann besichtigt werden. Der Weg ist ausgeschildert. Noch heute liegen in der Höhle einige Einrichtungsgegenstände, die „Migg", wie er von den Einheimischen genannt wurde, dort zurückließ.

Zur Tuffalm sind es von der Höhle kaum 10 Minuten. Nun auf dem Weg 8B und später über den Weg 1 durch den Wald, erreicht man schließlich wieder den Huber Weiher und kurz danach den Völser Weiher.

Gewandert am:

In Begleitung von:

Vom kleinen Kirchlein in Ums bis zum Schlerngipfel 17

2563 m, 17 km, 7:35 Std., 1630 hm/1630 hm

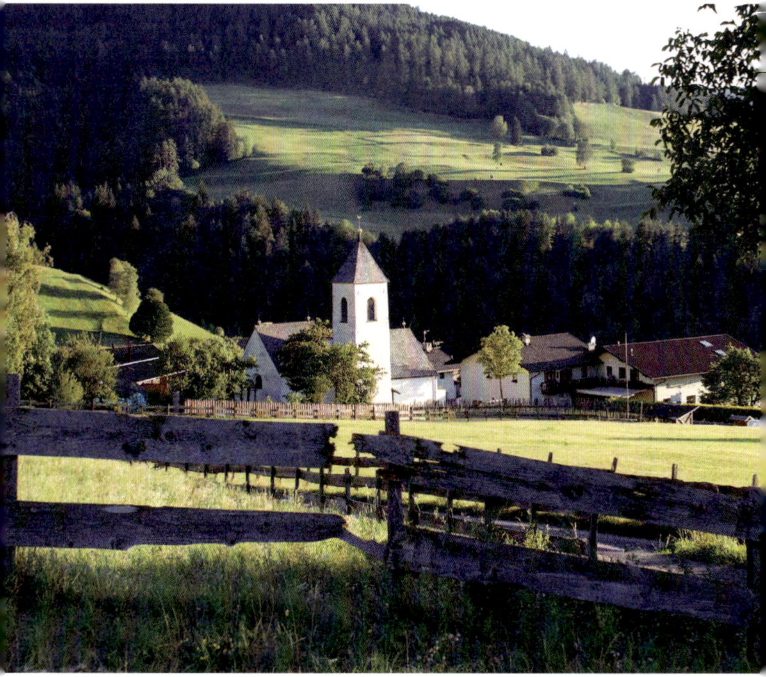

Über 1600 Höhenmeter im Auf- und Abstieg umfasst diese Bergtour, die im verträumten Dörfchen Ums beginnt. Steil geht es zunächst hinauf zum Hofer Alpl und weiter durch die Schlernschlucht, vorbei an der Sesselschwaige bis ganz hinauf zum höchsten Punkt des Schlerns auf den Monte Pez auf 2563 m. Die abwechslungsreiche Tour führt durch die Wälder bei Ums, durch die mächtige Schlernschlucht und über ausgedehnte Almwiesen zum Gipfel. Die Wege sind stets gut zu gehen und bieten keine besonderen Schwierigkeiten.

Ausgangspunkt	Das kleine Kirchlein in Ums
Anfahrt	Mit dem Auto zum Parkplatz direkt neben der Kirche oder mit dem Bus der Linie 176 Tiers–Seis, Haltestelle Ums. Die Haltestelle befindet sich direkt bei der Kirche.
Einkehr	Gasthof Kircher in Ums, Hofer Alpl, Sesselschwaige, Moarbodenhütte und Schlernhaus
Karte	Alpenwelt Verlag: Seiser Alm, Nr. I428 oder Tabacco: Gröden, Seiser Alm, Nr. 05 sowie die Wanderkarte Seiser Alm–Schlerngebiet

Die Wanderung auf den Schlern beginnt beim kleinen Kirchlein St. Martin in Ums, auf 935 m Höhe. Direkt neben der Kirche, in der ein sehr schöner Barockaltar aus dem Jahr 1683 zu sehen ist, befindet sich ein Parkplatz, sowie die Bushaltestelle der Linie 176 Seis–Tiers. Der Weg mit der Nr. 3 führt uns zum ersten Etappenziel, dem Hofer Alpl. Steil geht es zunächst vom Kirchlein über eine schmale, asphaltierte Straße bergan. Nach ca. 15 Minuten führt der Weg über eine kleine Almwiese in den Wald und weiterhin sehr steil bis zum Hofer Alpl, welches man nach einer guten Stunde Gehzeit erreicht. Dieser erste Teilabschnitt erfordert bereits eine gute Kondition und so kommt die bewirtschaftete Hütte auf 1 364 m für einen ersten Zwischenstopp vielleicht schon ganz gelegen. Von der gemütlichen Terrasse des Gasthauses genießt man einen wunderschönen Blick auf die Ortschaft Völs und auf den Ritten, ein weitläufiges Plateau, und bei guter Sicht sogar bis hinüber zur Ortlergruppe.

Weiter geht es vom Gasthaus Hofer Alpl auf dem Weg 3 durch den Wald. Wiederholt kreuzen wir hierbei einen breiten, geschotterten Wirtschaftsweg. Kurz nach der vierten Überquerung treffen wir auf den Prügelsteig. An dieser Stelle ändert der Weg seine Nummer, und man geht nach rechts weiter und folgt fortan der Markierung 1. Nach etwa 5 Minuten Gehzeit gabelt sich der Weg. Hier, am „Putzes Egg“ zweigt rechts der Weg Nr. 7 ab, der zur Hammerwand führt. Wir halten uns aber links und bleiben auf dem Weg Nr. 1, dem Prügelsteig, Richtung Schlernhaus und Sesselschwaige, der nun direkt unterhalb des Jungschlern, eines der Schlerngipfel, entlangführt. Der Prügelsteig besteht aus einigen kleinen Brücken, die aus Lerchenprügeln gebaut wurden. Der sehenswerte Weg wird oft auch als Prügelweg, Knüppelweg oder auch Knüppelsteig bezeichnet.

Nach weiteren 20 Minuten erreichen wir den Einstieg zum Schäufelesteig „Peter Frag“ mit der Wegmarkierung 3. Der Schäufelesteig ist eine weitere Variante, wie Sie zum Schlerngipfel gelangen können, allerdings erfordert dieser Weg

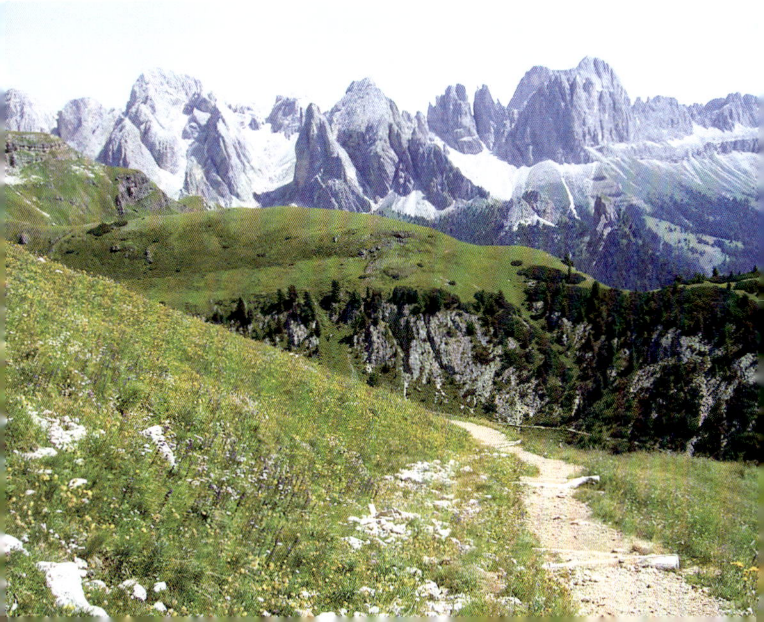

Höhenprofil

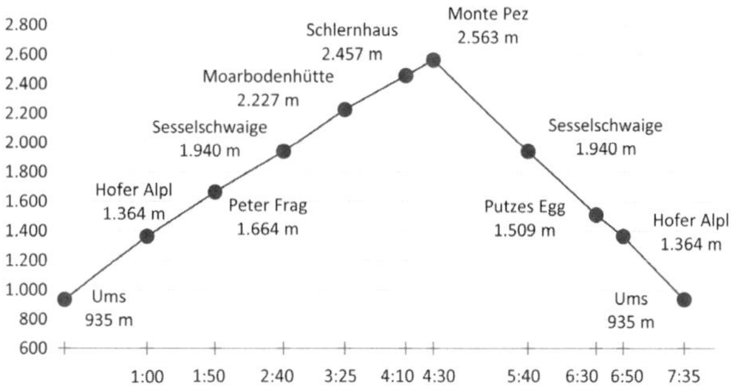

besondere Trittsicherheit und eine gute Kondition. Wir bleiben heute auf dem Prügelsteig mit der Markierung 1, der uns durch die kühle Schlernschlucht führt und erreichen nach etwa einer halben Stunde unser zweites Etappenziel, die Sesselschwaige. Fast 600 Höhenmeter wurden bereits seit dem Hofer Alpl (1 364 m) überwunden, die Sesselschwaige liegt auf 1 940 m.

Frisch gestärkt nach einem großen Glas frischer Kuhmilch, einem kühlen Bier oder einer kleinen Mahlzeit, geht es weiter auf dem Weg Nr. 1 dem Gipfel entgegen. Nicht ganz 1 ½ Stunden benötigt man von der Sesselschwaige bis zum Schlernhaus. Der gut ausgebaute Weg führt von Süden ans Schlernhaus in 2 457 m heran. Auf dem Weg passiert man kurz nach der Moarbodenhütte ein mächtiges Wetterkreuz und gleich danach geht nach rechts ein kurzer Stichweg zur Kapelle St. Kassian ab. Sie ist dem heiligen Kassian, dem ersten Bischof von Säben und Verkünder des Evangeliums, geweiht. Den kleinen Abstecher zur Kapelle sollte man sich nicht entgehen lassen. Etwa 4 ½ Stunden Gehzeit von Ums bis zum Schlernhaus sollte man insgesamt einplanen.

Im Jahr 1885 eröffnete die Sektion Bozen des Deutschen und Oesterreichischen Alpenvereins ein Schutzhaus auf dem Schlern. 1903 wurden das Schutzhaus und das daneben stehende Gasthaus zum Schlernhaus vereinigt. Heute ist es im Besitz des Club Alpino Italiano (CAI). Von hier hat man einen wunderschönen Ausblick auf den gegenüberliegenden Rosengarten, den schneebedeckten Gletscher der Marmolata, hinunter auf die Seiser Alm, hinüber zur Sellagruppe und auf Lang- und Plattkofel.

Das Schlernhaus ist aber noch nicht der Höhepunkt der Wanderung. Noch einmal geht es etwas mehr als 100 Höhenmeter hinauf bis zum Schlerngipfel, dem Monte Pez in 2 563 m Höhe. Direkt gegenüber dem Eingang zum Schlernhaus zweigt der Weg zum Gipfel ab, der laut Wegweiser in 20 Minuten über ein Geröllfeld zu erreichen ist. Ganz oben erwartet Sie ein stattliches Gipfelkreuz und eine atemberaubende Aussicht auf die umliegenden Bergmassive der Dolomiten.

Der Rückweg über die Hochalm nach Ums erfolgt auf dem Hinweg. Man geht also auf dem Weg 1 zurück bis zur Sesselschwaige und durch die Schlernschlucht. Kurz nach dem

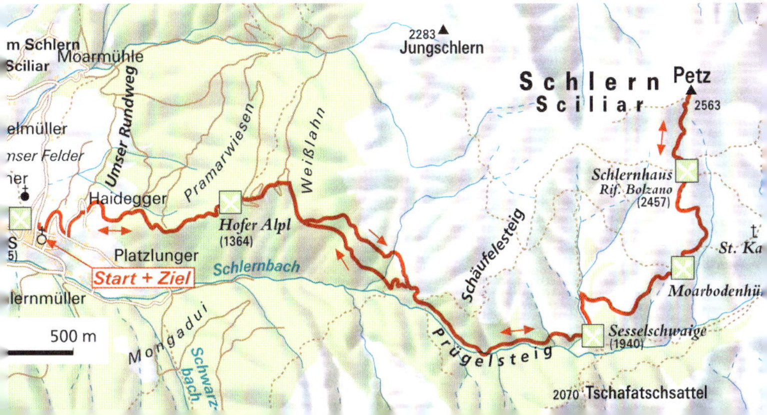

Bildstock „Peter Frag“ zweigt man links auf den Weg 3B ab. Dieser verläuft die ersten Minuten recht steil und steinig hinunter, bevor es wieder einfacher nach rechts auf dem Weg 7, einem breiten Forstweg in Richtung Ums und Hofer Alpl, weitergeht. Weg 7 mündet wenig später wieder in den Weg 1 ein, den wir am Morgen hinaufgewandert sind. Nur wenig später verlässt man den Forstweg und folgt nach links dem Weg 3, der in 10 Minuten zum Hofer Alpl führt. Nun ist es fast geschafft, es folgt lediglich noch der etwa 40-minütige Abstieg auf Weg 3 nach Ums. Der komplette Abstieg vom Schlernhaus nach Ums dauert rund 3 Stunden.

Gewandert am:

In Begleitung von:

18 Auf dem Touristensteig zum Schlernhaus

2457 m, 15,8 km, 5:50 Std., 1100 hm/1100 hm

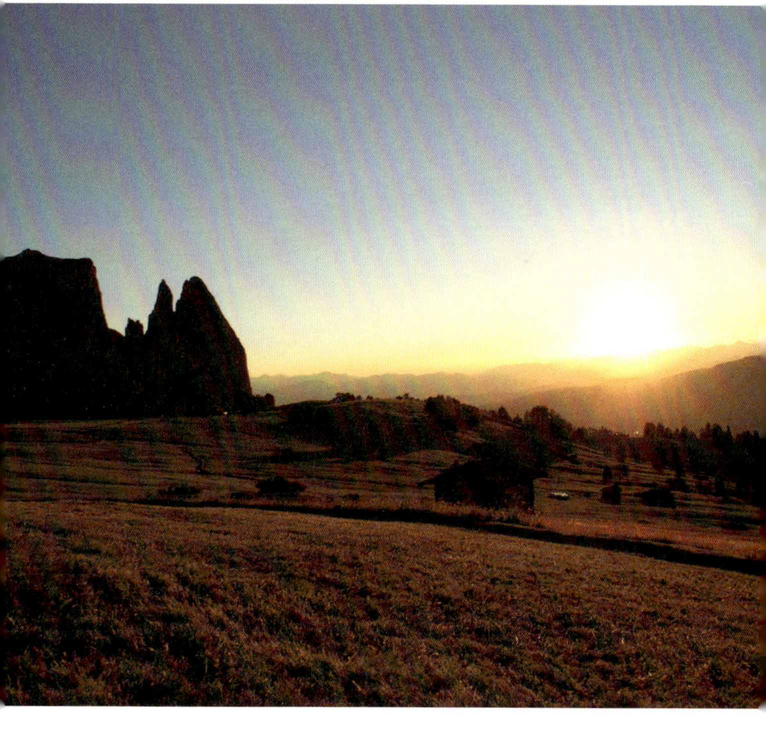

Der schnellste und zugleich einfachste Weg auf den Schlern führt über den Touristensteig. Von Spitzbühel über die Alm zur Saltner Hütte und von dort hinauf auf das Hochplateau. Lassen Sie sich aber von der Bezeichnung „Touristensteig“ nicht täuschen, denn auch dieser Weg ist steil und erfordert Kraft und Ausdauer. Die Tour kann durch die Nutzung des Liftes vom Parkplatz Spitzbühel zur Spitzbühelhütte (und später wieder herunter) um eine gute Stunde verkürzt werden.

Ausgangspunkt	Parkplatz P1 Spitzbühel
Anfahrt	Von Seis mit dem Seiser-Alm-Express oder dem Auto hinauf zum gebührenfreien Parkplatz P1 Spitzbühel. Direkt am Parkplatz befindet sich auch die Bushaltestelle Spitzbühel. Die Straße ist von 9 Uhr bis 17 Uhr für den Verkehr gesperrt; Ausnahmeregelung für Gäste von Betrieben auf der Seiser Alm. Die Abfahrt ins Tal ist jederzeit möglich.
Einkehr	Rungger Schwaige, Spitzbühelhütte, Saltnerhütte, Schlernhaus, Prossliner Schwaige
Karte	Alpenwelt Verlag: Seiser Alm, Nr. I428 oder Tabacco: Gröden, Seiser Alm, Nr. 05 sowie die Wanderkarte Seiser Alm–Schlerngebiet

Der Parkplatz P1 Spitzbühel ist der Start- und Zielpunkt dieser hochalpinen Wanderung auf das Wahrzeichen Südtirols. Vom Parkplatz folgt man zunächst einem schmalen Sträßchen mit der Wegmarkierung 5 an der Rungger Schwaige vorbei zur Spitzbühelhütte. Der Spitzbühel ist aufgrund seiner günstigen Thermik ein beliebter Startplatz für Gleitschirm- und Drachenflieger. Für diesen ersten Teilabschnitt benötigt man etwa 35 bis 40 Minuten. Bis hierher können Sie auch den Lift nutzen, der direkt am Parkplatz startet und Sie ohne Mühen in einer Viertelstunde bis zur Spitzbühelhütte bringt.
Weiter geht es auf einem breiten Forstweg (Nr. 5) in südlicher Richtung. Das Schlernhaus und die Saltner Hütte sind hier bereits auf den Wegweisern angeschrieben. Der Forstweg verläuft zunächst fast eben, bis er dann aber nach einigen Minuten nach unten abfällt. Die Saltner Hütte, die man nach etwa einer halben Stunde ab der Spitzbühelhütte erreicht, liegt rund 100 Meter tiefer. Unmittelbar nach der Saltner Hütte überquert man den Frötschbach und steigt auf

dem Touristensteig in etwa 2 Stunden in zahlreichen Kehren steil hinauf auf den Schlern. Zum Schlernhaus gelangt man schließlich nach einer Gehzeit von etwas mehr als 3 Stunden. Die gemütlichen Gasträume und die gute Küche laden zu einer verdienten Stärkung oder einem erfrischenden Getränk ein. Wer noch über Kraftreserven und Motivation verfügt, erreicht in etwa 20 Minuten noch den höchsten Punkt des Schlern, den Monte Pez mit 2563 m.
Der Abstieg erfolgt zunächst über die gleiche Route. Vom Schlernhaus geht es also in östlicher Richtung auf Weg 1 über den Touristensteig hinunter zur Seiser Alm. Nachdem man die Almwiese kurz vor der Saltner Hütte erreicht hat, zweigt man nun aber links auf den Weg 1 Richtung Schlernbödelehütte ab, um wenige Minuten danach nach rechts

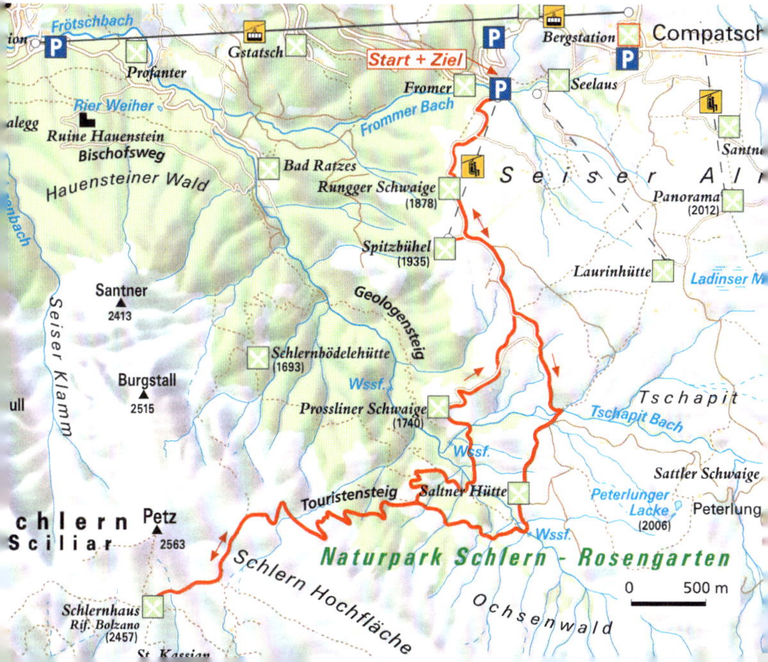

Höhenprofil

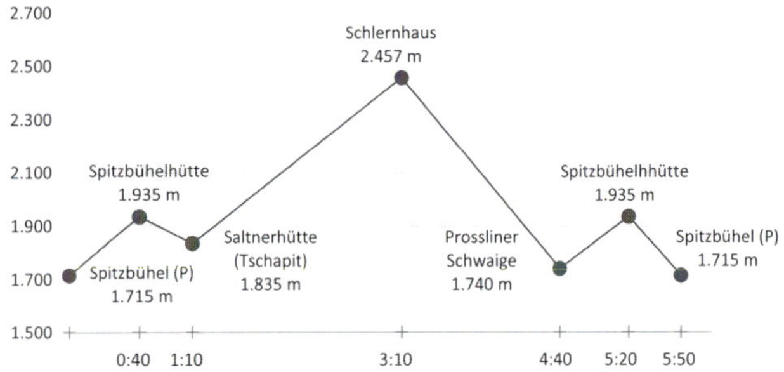

auf den Weg 10 zur Prossliner Schwaige weiterzuwandern. 1 ½ Stunden benötigt man in etwa vom Schlernhaus bis zur Prossliner Schwaige.

Da das nächste Etappenziel, die Spitzbühelhütte, etwa 200 Meter höher liegt als die Prossliner Schwaige, wird klar, dass es nun erst einmal wieder bergauf geht. Die ersten Minuten verlaufen auf einer schmalen Straße, bevor der Weg unvermittelt nach links abgeht und einen Hang hinaufführt. Oben angekommen geht es die letzten Minuten bis zur Spitzbühelhütte gemütlichen Schrittes weiter. Nun haben Sie wieder die Wahl, das letzte Stück bis zum Parkplatz in etwa 30 Minuten auf der kleinen Straße hinunterzuwandern oder mit dem Lift nach unten zu schweben.

Gewandert am:

In Begleitung von:

Über die Schlernhochfläche zum Tierser Alpl 19

2550 m, 21 km, 6:50 Std., 1130 hm/1130 hm

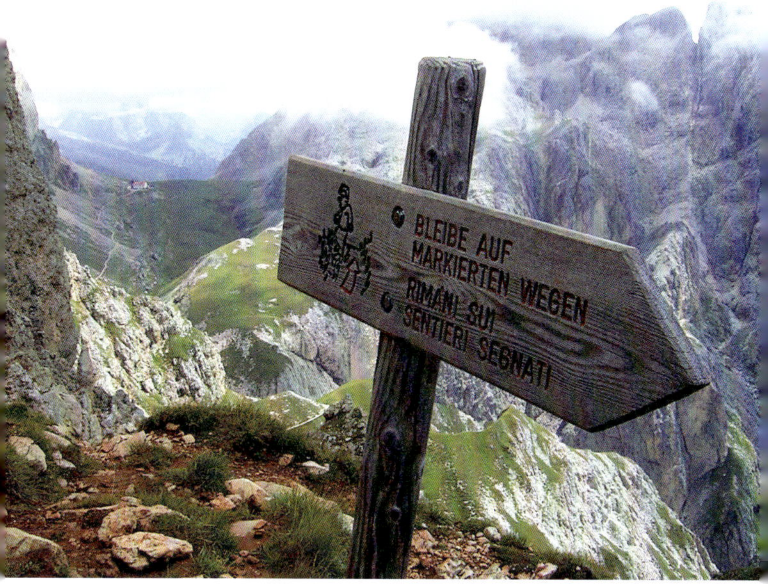

Eine ganz besondere und kontrastreiche Rundwanderung. Zunächst geht es auf den Schlern und über seinen Rücken in 2 Stunden weiter bis zum Tierser Alpl unterhalb der zerklüfteten Rosszähne. Über die Rosszahnscharte verlassen wir schließlich die raue Felslandschaft und wandern über liebliche Almwiesen wieder zurück zum Ausgangspunkt. Kontrollieren Sie vor Antritt der Wanderung nicht nur Ihre Ausrüstung, sondern auch Ihren Fotoapparat. Ist der Akku voll und auf der Speicherkarte noch genügend Platz? Einen Mangel an reizvollen Fotomotiven gibt es auf dieser Wanderung wahrlich nicht.

Ausgangspunkt	Ortsmitte in Compatsch
Anfahrt	Von Seis mit der Umlaufbahn, dem Seiser-Alm-Express oder dem Auto hinauf nach Compatsch. Der Parkplatz in Compatsch ist gebührenpflichtig. Die Straße nach Compatsch ist von 9 bis 17 Uhr für den Verkehr gesperrt; Ausnahmeregelung für Gäste von Betrieben auf der Seiser Alm. Die Abfahrt ins Tal ist jederzeit möglich.
Einkehr	Saltner Hütte, Schlernhaus, Tierser Alpl, Gasthaus Panorama
Karte	Alpenwelt Verlag: Seiser Alm, Nr. 1428 oder Tabacco: Gröden, Seiser Alm, Nr. 05 sowie die Wanderkarte Seiser Alm–Schlerngebiet

Los geht's am Parkplatz oder der Bushaltestelle im Ortszentrum (nur 2 Minuten von der Bergstation der Umlaufbahn entfernt). Zunächst geht man auf der kleinen Straße bergan, der Markierung 10 in Richtung Saltner Hütte (1:10 Std.) folgend. Nach 10 Minuten erreicht man die erste Wegkreuzung. Hier, direkt an den Appartements Bernard, verlassen wir die Straße nach rechts und folgen weiter der Markierung 10. Eben noch auf der Straße gehen wir nun auf einem breiten Forstweg leicht ansteigend weiter quer über die Seiser Alm, bis man schließlich an eine weitere Wegkreuzung gelangt. Hier gehen die Wege 5A und 5B nach links und rechts ab. Wir verlassen an dieser Stelle den Forstweg und gehen geradeaus über die Wiese bergab auf dem Weg 10 direkt auf den Schlern zu. Nach kurzer Zeit gelangt man an eine weitere Abzweigung, hier hält man sich links auf dem Weg 5, weiterhin in Richtung der Saltner Hütte, die man schlussendlich nach etwas mehr als einer Stunde erreicht. Hinter der Hütte führt der Weg über den Frötschbach und anschließend beginnt der Touristensteig, der uns zunächst über eine Wiese und später über Stock und Stein nach oben auf das Plateau des Schlern führt. Oben, im inzwischen baumlosen Terrain angekommen, benötigt man noch etwa 15–20 Minuten bis zum Schlernhaus, wobei man etwa nach der Hälfte der Zeit am Abzweig des Weges 4 vorbeikommt, der uns später über den Schlernrücken zum Tierser Alpl führen wird. Noch sind wir aber am Schlernhaus und falls keine Wolken die Aussicht stören, lohnt ein Abstecher zum Gipfelkreuz. Bei der Angabe der Gesamtgehzeit für diese Wanderung ist ein möglicher Ausflug zum Gipfel nicht eingerechnet. Möchten Sie zum Gipfel, müssen Sie für den Aufstieg 20 Minuten und für den

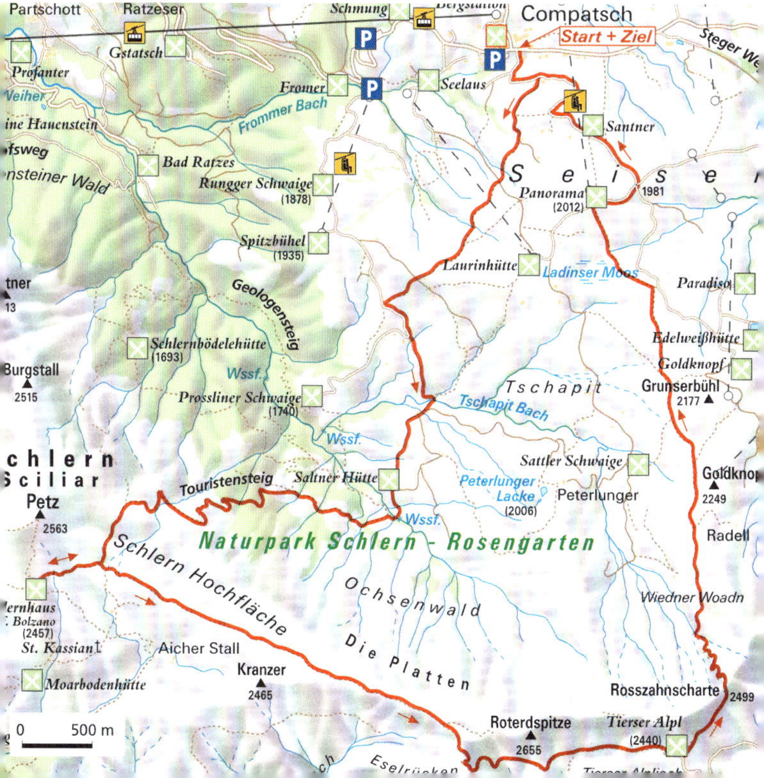

Höhenprofil

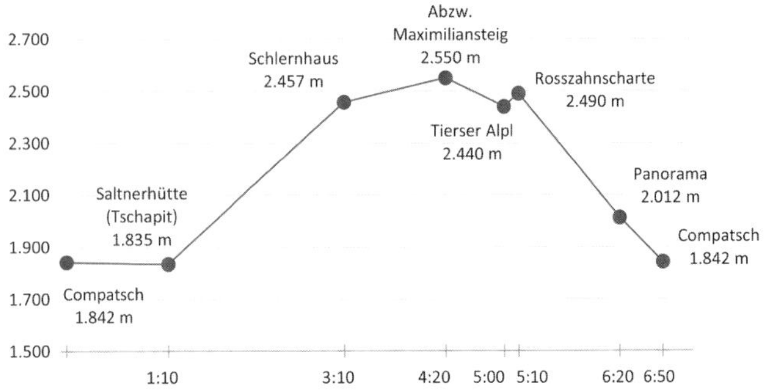

Abstieg 15 Minuten hinzurechnen, zuzüglich ein paar Minuten Verweildauer an der Spitze.

Nun machen wir uns auf den Weg zum Tierser Alpl. Hierzu geht man etwa 10 Minuten zurück auf dem Weg 1 und zweigt dann nach rechts auf den Steig 4 ab. Das Tierser Alpl ist hier mit 1:40 Stunde angeschrieben. Zunächst geht es leicht bergab, ehe der Weg auf der gegenüberliegenden Seite nach und nach steiler und steiniger wird. Unterhalb der Roterdspitze erreichen wir den höchsten Punkt des Weges und plötzlich taucht am Horizont das einladende, rote Dach des Tierser Alpl auf. Es geht nun ein Stück bergab und nachdem man die Abzweigung zum Bärenloch passiert hat, verläuft der Weg nur noch schwach ansteigend hinüber zum Schutzhaus unterhalb der mächtigen Rosszähne. Quasi aus allen Himmelsrichtungen führen Wege hierher, sodass das Tierser Alpl bei gutem Wetter meist auch gut besucht ist.

Nach einer gemütlichen Rast erfolgt nun der Abstieg durch die Rosszahnscharte. Nur 10 Minuten ist der Einstieg in die Scharte auf Weg 2 entfernt. Im Zick-Zack geht es steil durch

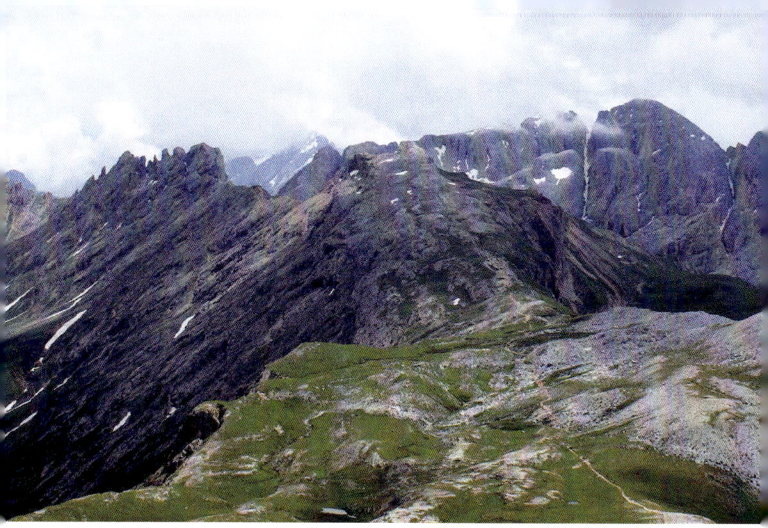

die Scharte hinunter auf die weitläufigen Wiesen der Seiser Alm. Der Weg 2 führt über das Ladinser Moos und daher teils über flache Stege. An Stellen, an denen keine Bretter auf dem Weg liegen, federt der Boden nach. Schritt für Schritt nähern wir uns dem Gasthaus Panorama. Sollten die Füße nach der langen Tour schwer geworden sein, können Sie hier die Wanderung abkürzen und mit dem Panoramalift hinunter nach Compatsch fahren. Die Bergstation des Liftes befindet sich am Gasthaus. Ansonsten wandern Sie gemütlich in 30 Minuten auf dem Weg 7 zurück nach Compatsch.

Gewandert am:

In Begleitung von:

20 *Vom alten Bauerndorf Ums auf den Tschafon*

1834 m, 14,7 km, 5:15 Std., 970 hm/970 hm

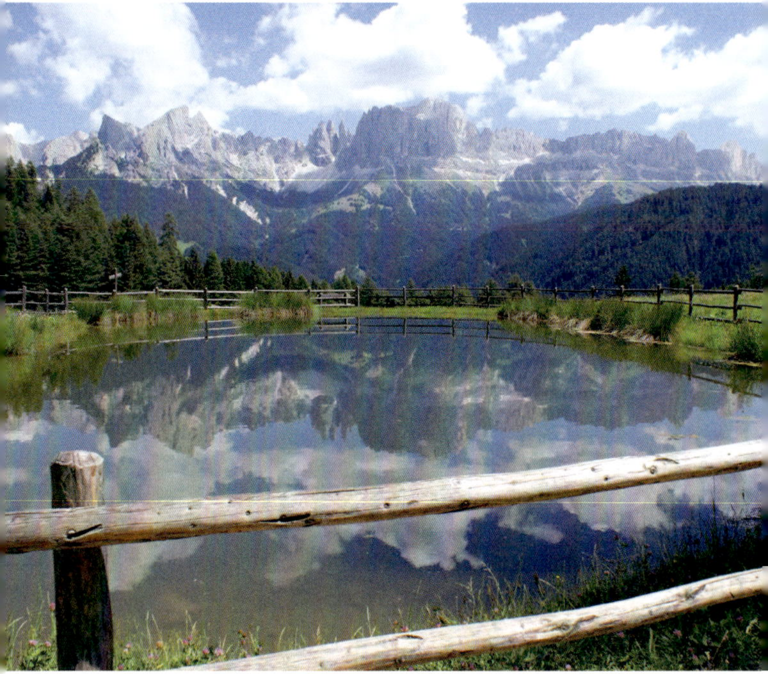

Eine schöne Wanderung vom alten Bauerndorf Ums über die Tschafonwiese nach Schönblick und weiter über die Sauböden unterhalb der mächtigen Tschafonwände hinauf zur sehr schön gelegenen Tschafonhütte. Natürlich darf ein Abstecher zur 20 Minuten entfernten Völseggspitze nicht fehlen. Die Rundwanderung, die keine nennenswerten Schwierigkeiten aufweist, kann um insgesamt fast 1 ½ Stunden verkürzt werden, wenn man als Start- und Zielort nicht Ums, sondern den Gasthof Schönblick wählt.

Ausgangspunkt	Ums
Anfahrt	Mit dem Auto zum gebührenfreien Parkplatz in Ums direkt neben der Kirche oder mit dem Bus der Linie 176 Seis–Tiers, Haltestelle Ums
Einkehr	Gasthaus Kircher in Ums, Gasthaus Schönblick, Tschafonhütte
Kurze Variante	Start und Ziel beim Gasthof Schönblick. Parkmöglichkeit 5 Minuten vom Gasthof entfernt. Keine Anbindung an den öffentlichen Nahverkehr. Die Gehzeit reduziert sich bei dieser Variante um etwa 1 ½ Stunden.
Karte	Alpenwelt Verlag: Seiser Alm, Nr. I428 oder Tabacco: Seiser Alm–Schlerngebiet

Der Bus der Linie 176 von Seis nach Tiers hält in Ums genau gegenüber der kleinen Kirche St. Martin und hier befindet sich auch ein Parkplatz. Man geht zunächst rechts an der Kirche vorbei, leicht bergab und folgt nach einer Minute der Fahrstraße (Markierung 10) nach links hinunter zum Sägewerk. Direkt beim Sägewerk verlassen wir die Straße und überqueren den Schlernbach. Der Weg führt nun leicht ansteigend auf einem breiten Forstweg in den Wald hinein. Nach einigen Minuten zweigt der Weg 10 auf der Tschafonwiese nach links ab, geht den Hang hinauf und mündet oben wieder in ein kleines Waldstück. Etwa nach einer Stunde wandert man über eine Wiese von unten an den Parkplatz Mongadui heran und betritt hier wieder eine asphaltierte Straße, die in weniger als 10 Minuten hinauf zum Gasthof Schönblick führt. Auf der Terrasse des Gasthauses ist übrigens eine Schautafel angebracht, der Sie die Namen der am Horizont sichtbaren Berge entnehmen können. An schönen Tagen genießen Sie den Ausblick zur Brentagruppe, Ortlergruppe und Texelgruppe.

Höhenprofil

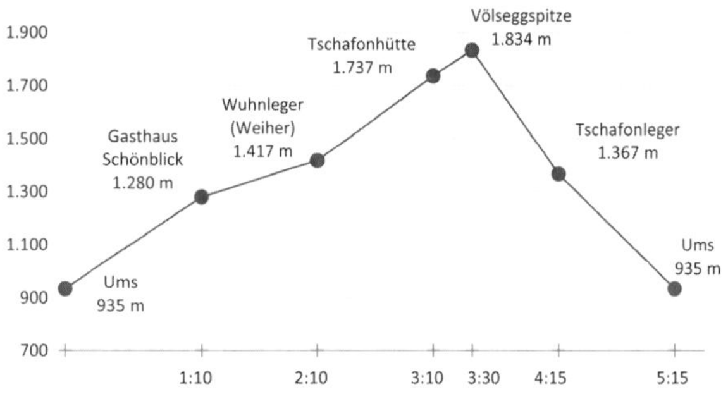

Beim Gasthaus zweigen einige Wege ab, wir halten uns rechts auf Weg 6 Richtung Weißlahnbad, Tiers, Völsegg. Dieser verläuft ohne Mühen durch den Wald bis zum Bildstock Völsegg. Hier halten wir uns links weiter auf Weg 6, um schließlich nach wenigen Metern erneut nach links auf den Weg 4B in Richtung St. Sebastian abzubiegen. Es geht immer wieder durch Wald und auf farnbewachsenen Almwiesen über die sogenannten Sauböden direkt unterhalb der mächtigen Tschafonwände entlang. An einigen Stellen kann man von hier schon das mächtige Wetterkreuz hoch droben an der Völseggspitze erkennen. Bis dieses erreicht ist, sind allerdings noch einige Höhenmeter zu überwinden. Nach der Querung einer weiteren Lichtung gelangt man schließlich erneut an eine Wegkreuzung, die 4A führt herunter nach St. Sebastian. Hier hält man sich links auf Weg 4 Richtung Wuhnleger und wandert auf einem breiten Forstweg bergan. Nach etwas über 2 Stunden Gehzeit ab Ums gelangt man an den Brandschutzweiher direkt am Wuhnleger. Darin spiegeln sich der Rosengarten und der Latemar – ein wunderbares Fotomotiv. Außerdem bietet das die Gelegenheit für eine kurze Verschnaufpause auf einer der Sitzgelegenheiten, die hier am Waldrand aufgestellt wurden.

Der Steig Nr. 4 führt vom Weiher zu Anfang über die Wiese und später ein Stück durch den Wald steil nach oben. Erst wenn man im oberen Drittel die sehr steile Versorgungsstraße zum zweiten Mal quert, wird der Weg wieder einfacher. Auf einem schmalen Pfad steigt man nun weiter stetig, aber nicht mehr so steil entlang der Tschafonwände nach oben. Die Tschafonwände liegen an der Südseite des Berges und an heißen Tagen heizt sich dieser Wegabschnitt stark auf. Schließlich, nach einigen Kehren, ist die Tschafonhütte auf 1 737 m erreicht, nach etwa einer Stunde Gehzeit seit dem Weiher.

Hinter der Hütte geht der Weg 9 zur Völseggspitze ab, die Sie in etwa 20 Minuten erreichen. Anfangs wandert man eher gemütlich durch den Wald, später dann ein paar Minuten steiler. Oben am Wetterkreuz angekommen, genießen Sie einen schönen Ausblick auf die Berge und auch direkt auf die im Talkessel liegende Landeshauptstadt Bozen. Zurück zur Hütte gelangen Sie in einer Viertelstunde und spätestens jetzt haben Sie sich eine Pause verdient. Die Tschafonhütte wird seit über 50 Jahren von Familie Lunger betrieben und bietet hausgemachte Südtiroler Küche. Zwei eigene Kühe liefern frische Milch, die zu Butter, Topfen und Joghurt verarbeitet wird.

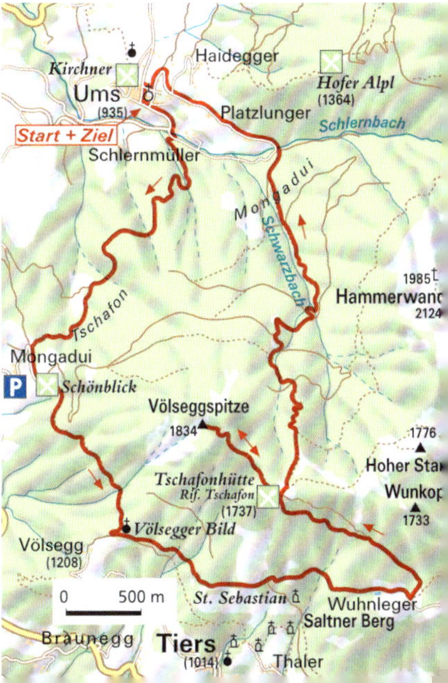

Hausgemachter Hollerblütensaft oder naturtrüber Apfelsaft stillen den Durst. Besonders zu empfehlen sind auch die frischen Bio-Salate aus dem hauseigenen und sehenswerten Gemüsegarten. An schönen Tagen findet man vor der Hütte einen gemütlichen Sitzplatz und wenn es mal nicht so schön sein sollte, drinnen im großen und hellen Gastraum. Im Herbst kann man sich an kalten Tagen am gemütlichen Ofen wieder aufwärmen.
In nördlicher Richtung auf Weg 4 geht es schließlich weiter durch den Wald nach Ums und zum Gasthof Schönblick. Die erste Abzweigung, die nach wenigen Minuten zum Hofer

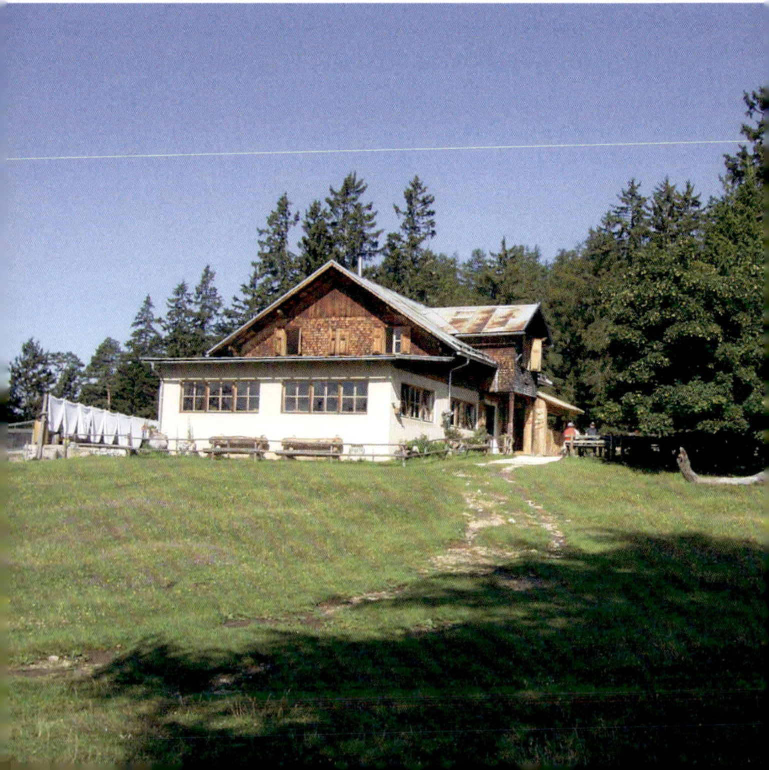

Alpl (Markierung 7) abgeht, ignorieren wir und wandern weiter bis zur nächsten Wegkreuzung. Wer sein Auto beim Gasthof Schönblick abgestellt hat, geht hier nun nach links auf den Weg 7A und erreicht in ca. 40 Minuten den Parkplatz. Nach Ums folgt man hingegen weiterhin dem Weg 4. Wenige Minuten später kommt bereits die nächste Wegkreuzung, hier geht es nochmals nach links Richtung Schönblick, dieses Mal auf Weg 7 und dann geradeaus weiter auf der 4 nach Ums. Der Ort ist hier mit einer Entfernung von einer Stunde angeschrieben. Durch den Hammerwald verläuft der Wanderweg über den Tschafonleger und vorbei an einer unbewirtschafteten Forsthütte steil nach unten. Kurz vor dem Ortseingang überquert man schließlich den Schlernbach und passiert unmittelbar danach einen Hühnerhof. Ab hier verläuft der letzte Teil der Strecke der Straße entlang hinunter zum Parkplatz im Ortszentrum.

Gewandert am:

In Begleitung von:

21 Von Weißlahnbad zum mächtigen Gipfelkreuz der Hammerwand

2 124 m, 13,4 km, 6:00 Std., 1 200 hm/1 200 hm

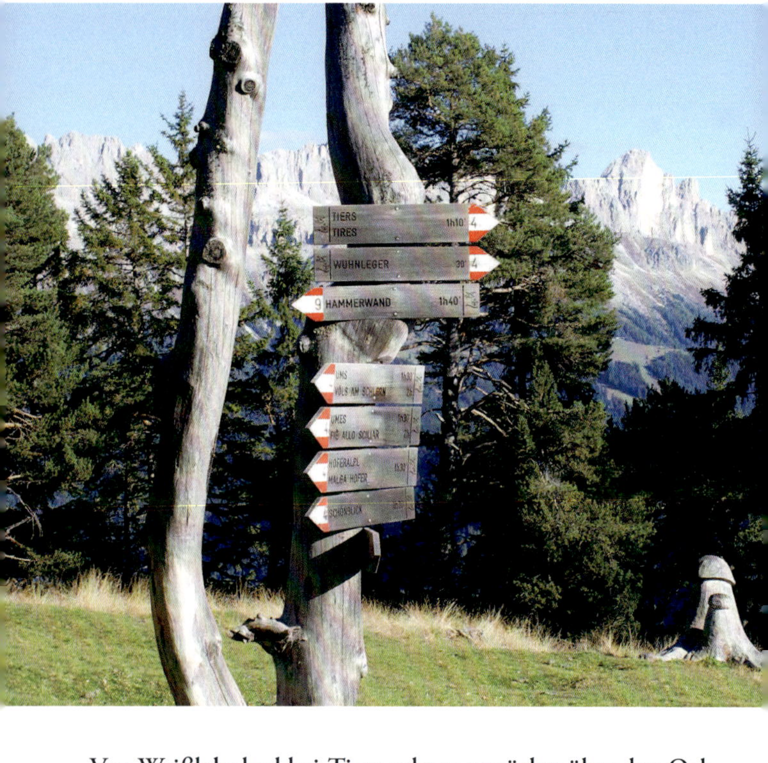

Von Weißlahnbad bei Tiers geht es zunächst über den Ochsenboden hinauf zur Tschafonhütte und von dort auf steilem Weg weiter bis zum Gipfelkreuz der Hammerwand. Ungewöhnlich: Das Gipfelkreuz steht nicht auf dem höchsten Punkt der Hammerwand, sondern etwa 15 Gehminuten entfernt, auf einem weiter unten liegenden Gipfel. Am Kreuz befindet sich ein Gipfelbuch. Für die Aufstiegsmühen entlohnt ein fantastischer Ausblick.

Ausgangspunkt	Weißlahnbad
Anfahrt	Mit dem Auto zum gebührenfreien Parkplatz in Weißlahnbad, oder mit dem Bus der Linie 176 Seis–Tiers bis zur Haltestelle Weißlahnbad/Wanderparkplatz
Einkehr	Tschafonhütte
Karte	Alpenwelt Verlag: Seiser Alm, Nr. I428, oder Tabacco: Seiser Alm–Schlerngebiet

Am Wanderparkplatz und der Bushaltestelle in Weißlahnbad beginnt die Tour. Man wandert zunächst auf dem Weg 4A/6 gen Westen in Richtung Wuhnleger. Bei der ersten Weggabelung hält man sich rechts und bleibt weiter auf dem Weg 4A. Auf einem breiten Forstweg geht es durch den Wuhnwald bergauf. Nach etwa 40 Minuten Gehzeit erreicht man schließlich den Wuhnleger und eine weitere Wegkreuzung, bei der wir uns abermals rechts halten und weiter auf dem Weg 4A, später 4, gehen. Der Weg wird nun deutlich steiler und der Aufstieg anstrengender. Wenige Minuten später verlässt man den steilen Wirtschaftsweg und zweigt auf Höhe eines Bildstockes nach rechts auf einen schmalen Pfad in den Wald ab. Es geht steil hinauf, bis der Weg einen Knick nach links macht und man schließlich den Wirtschaftsweg quert. Der steilste Teil bis zur Tschafonhütte ist nun geschafft. An den Tschafonwänden entlang führt der Weg weiter und immer wieder ergeben sich wunderschöne Ausblicke auf den Rosengarten und das Latemarmassiv. Noch ein paar Kehren und schließlich führt der Weg unterhalb der Tschafonhütte auf eine große Lichtung.

An den Tischen und Bänken, die vor der Hütte stehen, geht es vorbei und auf Weg 9 zur etwa 20 Minuten entfernten Völseggspitze auf 1834 m. Zunächst wandert man auf

Höhenprofil

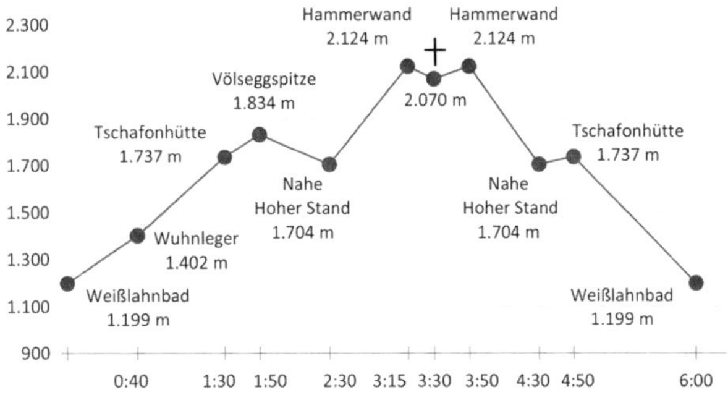

weichem Waldboden, später wird der Weg steiniger und steiler. Nach einer Verschnaufpause und einem traumhaften Blick in die Ferne benötigt man für den Abstieg zur Hütte etwa 15 Minuten.

Nun wandern wir auf dem Weg 9 zur Hammerwand. Anfangs verläuft der Weg fast eben von der Hütte weg durch ein Waldstück, bis er schließlich nach unten abfällt. Hier, zwischen der Hammerwand und dem Hohen Stand, liegen auffallend viele abgestorbene und von der Sonne ausgeblichene Bäume und Wurzeln. Es geht zunächst über die Wiese bergab, bis der Pfad schließlich einen weiten Bogen macht und fortan in nördlicher Richtung verläuft. In zahlreichen Kehren windet er sich steil nach oben und vor allem zum Ende hin fragt man sich immer öfter, wann denn nun endlich die Abzweigung zur Hammerwand kommt. Die Hammerwand ist an der Tschafonhütte mit 1:40 Stunden angeschrieben. Nach einer weiteren Kehre gelangt man an eine Holzbank und daneben geht der Weg zur Hammerwand ab. In etwa 10 Minuten steigt man bis zum höchsten Punkt über einen felsigen, aber einfachen Abschnitt auf. Das ersehnte Ziel, das Gipfelkreuz, lässt

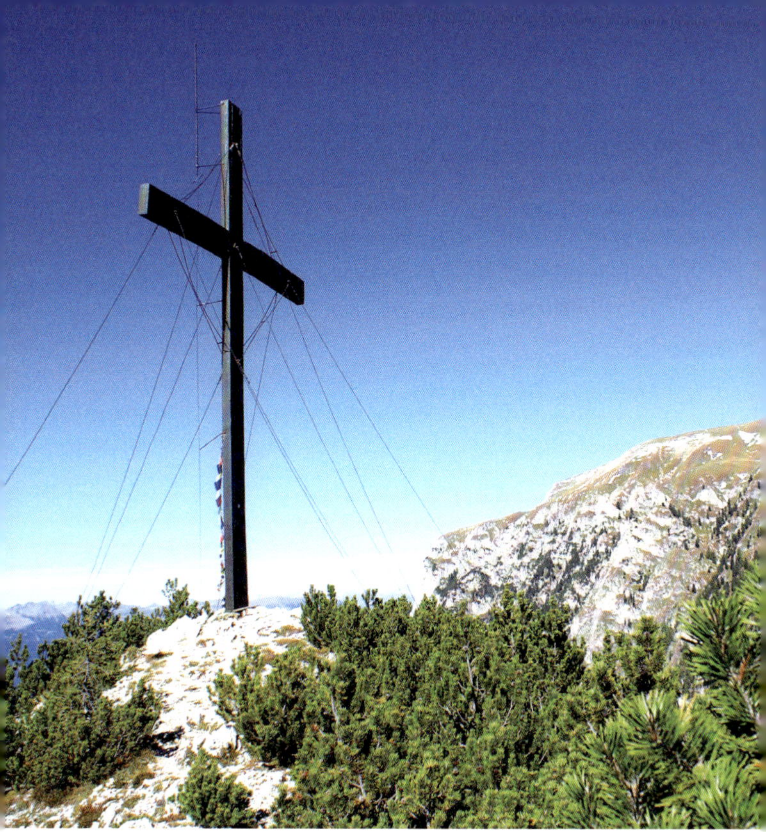

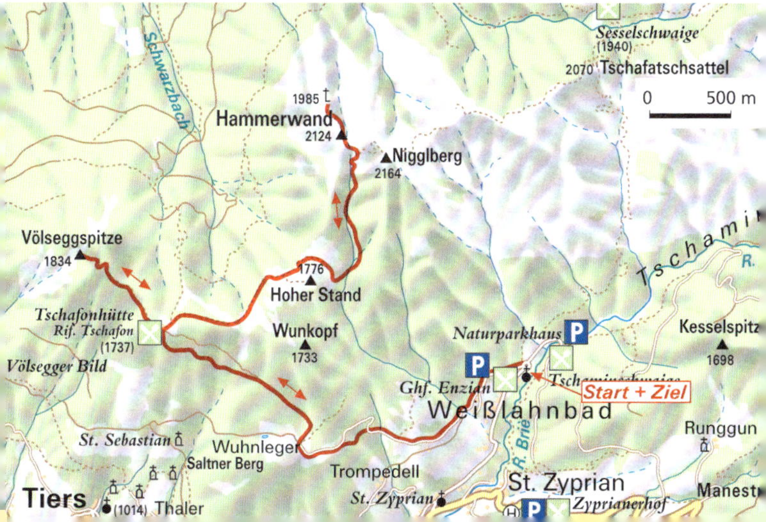

Schwarzbach
Sesselschwaige
(1940)
2070 Tschafatschsattel
0 500 m
1985
Hammerwand
2124
Nigglberg
2164
Völseggspitze
1834
1776
Hoher Stand
Tschafonhütte
Rif. Tschafon
(1737)
Wunkopf
1733
Völsegger Bild
Naturparkhaus
Kesselspitz
1698
Ghf. Enzian
Start + Ziel
Weißlahnbad
R. Brie
St. Sebastian
Wuhnleger
Saltner Berg
Runggun
Trompedell
St. Zyprian
St. Zyprian
Manest
Tiers
(1014)
Thaler
Zyprianerhof

aber noch auf sich warten. Es befindet sich etwa 15 Minuten entfernt auf einem vorgelagerten Gipfel. Der Weg dorthin verläuft die ersten Meter steil und steinig bergab, danach aber ohne große Mühen. Der Weg ist links und rechts dicht mit Latschenkiefern bewachsen.

Der Rückweg erfolgt auf derselben Route. Es geht also über den Weg 9 zurück zur Tschafonhütte, die man etwa in 1:10 Stunde erreicht. Nun steht einer ausgedehnten Pause und einer Stärkung nichts mehr im Weg. Auf der Wiese vor der Hütte können Sie entweder Ihren mitgebrachten Proviant verzehren oder Sie nutzen das Angebot der Tschafonhütte. Das Essen schmeckt hier vorzüglich und die Hütte ist stets gut besucht.

Über den Weg 4, später 4A erfolgt nun der Abstieg nach Weißlahnbad. Achten Sie vor allem auf dem ersten Abschnitt des Weges auf die Wurzeln, die nach Regentagen sehr rutschig sein können. Auch auf dem Rückweg passiert man immer wieder Aussichtpunkte, die einen ungehinderten Blick auf den zum Greifen nahen Rosengarten bieten. Die eindrucksvolle Wanderung endet schließlich wieder am Parkplatz.

Gewandert am:

In Begleitung von:

Über den Tschafatschsattel zur Hammerwand 22

2183 m, 11,9 km, 6:15 Std., 1300 hm/1300 hm

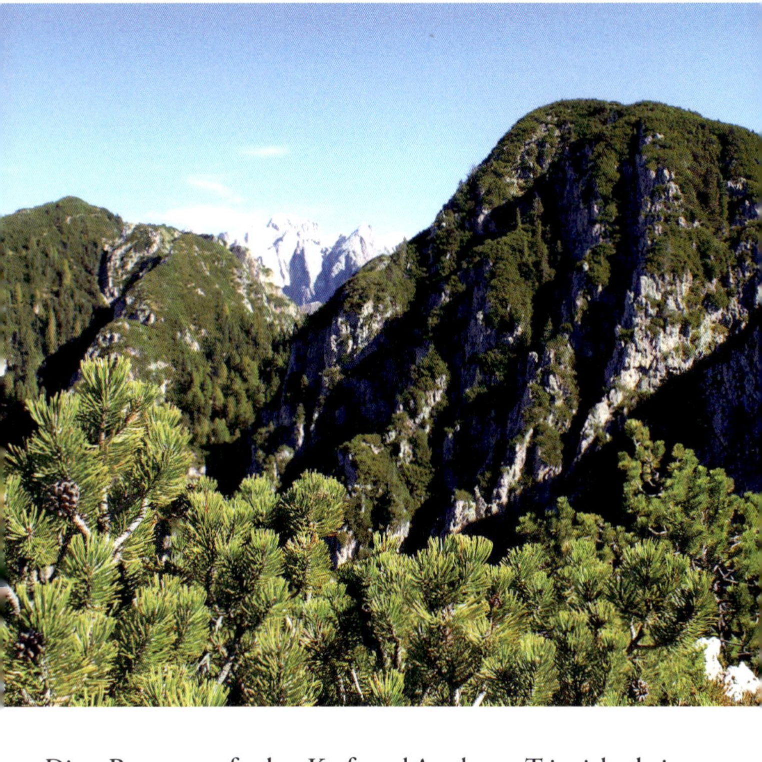

Diese Bergtour erfordert Kraft und Ausdauer, Trittsicherheit und Schwindelfreiheit! Einige Passagen sind mit Drahtseilen gesichert. Der Aufstieg erfolgt steil durch die Bärenfalle. In westlicher Richtung geht es schließlich über den Mittagskofel, die Schafsköpfe und den Nigglberg zur Hammerwand und weiter zum imposanten Gipfelkreuz. Für den Rückweg steigt man steil zur Tschafonhütte ab und wandert über den Wuhnleger zurück zum Ausgangspunkt der Tour.

Ausgangspunkt	Weißlahnbad
Anfahrt	Mit dem eigenen Auto zum Parkplatz in Weißlahnbad oder mit dem Bus der Linie 176 Seis–Tiers bis zur Haltestelle Weißlahnbad/ Wanderparkplatz. Der Parkplatz ist gebührenfrei.
Einkehr	Tschafonhütte
Karte	Alpenwelt Verlag: Seiser Alm, Nr. 1428, oder Tabacco: Seiser Alm–Schlerngebiet

Am Eingang des Tschamintals befinden sich der Wanderparkplatz und die Bushaltestelle der Linie 176 von Seis nach Tiers. Genau hier startet die Wanderung auf dem Weg 2 Richtung Bärenfalle und Schlernhaus. Der Steig führt durch einen Föhrenwald hinauf bis zum Tschetterloch, eine der seltenen Höhlen im Dolomitgestein. Die sagenumwobene Höhle, die man nach etwa einer halben Stunde erreicht, ist rund 20 m tief und kann mit entsprechender Ausrüstung begangen werden.
Weiter geht es zunächst durch den Wald und immer steiniger, steiler und anstrengender werdend zwischen den Felswänden hinauf. Im oberen Drittel des Weges werden Sie einem Bären begegnen, der hier seit einigen Jahren sein Zuhause hat. Aber keine Sorge, er ist aus Holz geschnitzt und wacht über seine Schlucht und über die Brücken und Treppen, die hier den Aufstieg erleichtern. Gute 20 Minuten später erreicht man schließlich den Tschafatschsattel, einen beliebten Ort für ein gemütliches Picknick im Grünen.
Der Weg Nummer 9 zur Hammerwand zweigt vom Sattel nach links ab. Im späteren Verlauf müssen Sie sechs Stellen passieren, die mit Drahtseilen gesichert sind. In den meisten Karten ist der Weg nicht als Klettersteig ausgewiesen, dennoch erfordern die Seilpassagen einen sicheren Tritt und Schwindelfreiheit. Zunächst aber führt der Weg auf erdigem

Grund und über zahlreiche Wurzeln durch die Latschenkiefern auf den Mittagskofel.

In munterem Auf- und Ab schlängelt sich der Weg weiter am Kamm entlang, bis man schließlich an der ersten Seilpassage angekommen ist. Damit man die Hände frei hat, sollte man seine Wanderstöcke nun in den Rucksack packen. Die erste Stelle ist schnell durchstiegen und es geht „normal" weiter. Es folgen alle paar Minuten weitere Seilpassagen, die aber nicht schwierig zu meistern sind. Nach etwa 1:40 Stunden ab dem Tschafatschattel gelangt man zu einer Sitzbank und wenige Meter danach zweigt der Weg zur Hammerwand ab. Die höchste Stelle der Hammerwand erreicht man in weniger als 10 Minuten, bis zum vorgelagerten und tiefer gelegenen Gipfelkreuz sind nochmals mindestens weitere 15 Minuten zu gehen. Die Aussicht, bei hoffentlich gutem Wetter, ist atemberaubend: Über das ganze Eisacktal und das Hochplateau des Schlern weit in die Ferne und auch nach links zum Tschafon und zur Tschafonhütte, schweift der Blick.

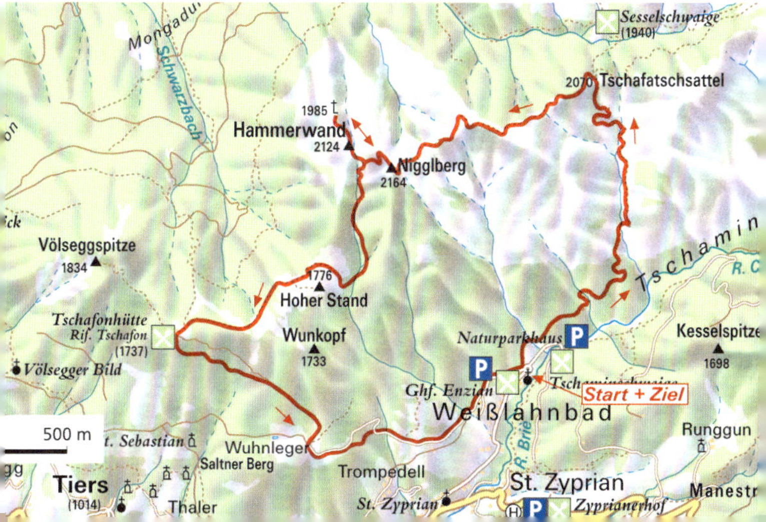

Höhenprofil

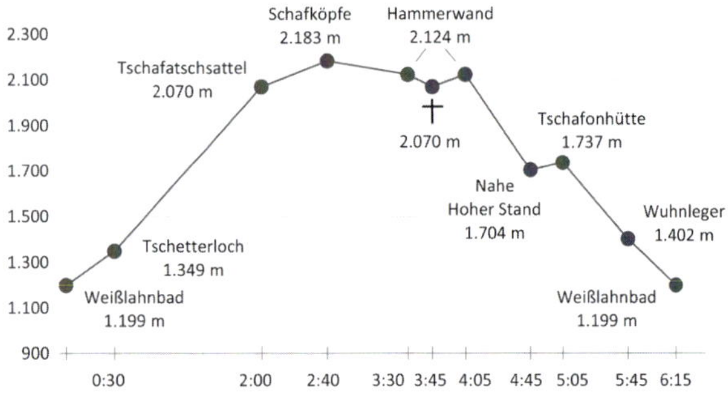

Zurück geht es zunächst auf demselben Weg und weiter auf Weg 9 steil hinunter bis zur Tschafonhütte. Eine gute Stunde benötigt man für den Abstieg zur Hütte. Nach dem Sammeln neuer Kräfte setzen wir schließlich die Tour in südöstlicher Richtung entlang der Tschafonwände über den Weg 4, später 4A fort. Zunächst geht es in etwa einer halben Stunde zum Wuhnleger und in einer weiteren halben Stunde bis Weißlahnbad.

Gewandert am:

In Begleitung von:

Über den Molignonpass zur Grasleitenpasshütte 23

2601 m, 20,5 km, 8:00 Std., 1725 hm/1725 hm

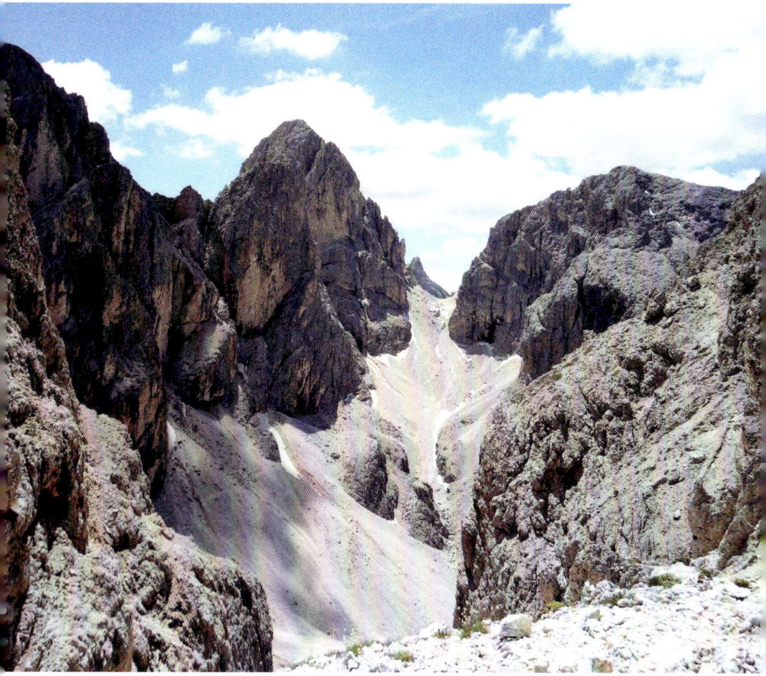

Eine sehr lange, abwechslungsreiche und anstrengende Wanderung durch das Bärenloch hinauf zum Tierser Alpl und weiter über den steinigen Molignonpass zur Grasleitenpasshütte. Steinig geht es auch im Verlauf weiter zur Grasleitenhütte, ehe man schließlich durch das grüne Tschamintal zurück nach Weißlahnbad wandert. Der Aufstieg vom Tierser Alpl zum Molignonpass ist auf dem ersten Teilstück mit einem Drahtseil gesichert. Schwindelfreiheit und ein sicherer Tritt sind für diesen Wegabschnitt erforderlich.

Ausgangspunkt	Weißlahnbad
Anfahrt	Mit dem eigenen Auto zum gebührenfreien Wanderparkplatz oder mit dem Bus der Linie 176 Seis–Tiers, Haltestelle Weißlahnbad direkt am Parkplatz
Einkehr	Tschamin-Schwaige, Tierser Alpl, Grasleitenpasshütte und Grasleitenhütte
Karte	Tabacco: Schlern, Rosengarten, Latemar, Blatt 29

Am Wanderparkplatz Weißlahnbad startet die heutige Tour. Auf dem Weg 6 wandert man zunächst der Straße entlang zum Naturparkhaus (Steger Säge, ein Ausflugstipp für wanderfreie Tage) und vorbei an der Tschamin-Schwaige. An der Schwaige zweigen wir auf den Weg 3 ab, der hier in den Wald hineinführt. Das Tierser Alpl ist als Fernziel bereits angeschrieben. Durch den Wald geht es stetig bergauf, bis der Weg schließlich in eine geschotterte Forststraße mündet. Wir folgen dieser nach links weiter Richtung Tierser Alpl. Einige Minuten, nachdem man den Tschaminbach zum ersten Mal überquert hat, tritt man auf eine große Lichtung, den Schaferleger. Weiter durch den Wald und wieder den Bachverlauf querend, erreicht man schließlich nach nicht ganz 1 ½ Stunden eine weitere Lichtung, den Rechten Leger. Die dort befindliche Hütte ist nicht bewirtschaftet, aber auf der Wiese sind einige Sitzgelegenheiten vorhanden, die für eine erste kleine Pause ganz gelegen kommen.

Am Rechten Leger endet die Forststraße und fortan geht man auf einem schmalen Wanderweg weiter kontinuierlich leicht ansteigend durch den Wald. Nach gut 2 Stunden erreicht man schließlich die Abzweigung der Wege 3 und 3A. Wir halten uns links (Nr. 3) und steigen nun steil durch das

Bärenloch auf. Der Steig mündet schließlich auf den Weg, der links vom Schlernhaus kommt und nach rechts weiter zum etwa 20 Minuten entfernten Tierser Alpl führt.
Gute 3 Stunden ist man nun bereits unterwegs und so kommt die Schutzhütte für eine Pause gerade recht. Das Haus wurde von Max Aichner gebaut, 1963 eingeweiht und letztmalig 2015 erweitert. Seit fast 30 Jahren wird es nun schon von Aichners Tochter geführt. Max Aichner eröffnete übrigens auch den hinter dem Haus abgehenden Maximilian-Klettersteig und den weiter entfernten Laurenzi-Klettersteig.
Von der Schutzhütte nach rechts, in südlicher Richtung, führt der Weg 3A zur Grasleitenhütte und zur Grasleitenpasshütte. Der erste Wegabschnitt ist mit einem Drahtseil gesichert. Er führt ohne Kletterei den blanken Fels hinauf. Hier muss man trittsicher und schwindelfrei sein! Der Abschnitt ist schnell durchstiegen und man wird mit einem fantastischen Ausblick hinab zum Tierser Alpl, hinüber zu den Rosszähnen und der Rosszahnscharte, über Teile der Seiser Alm, zum Lang- und Plattkofel und auf der anderen Seite natürlich zum Schlern belohnt.

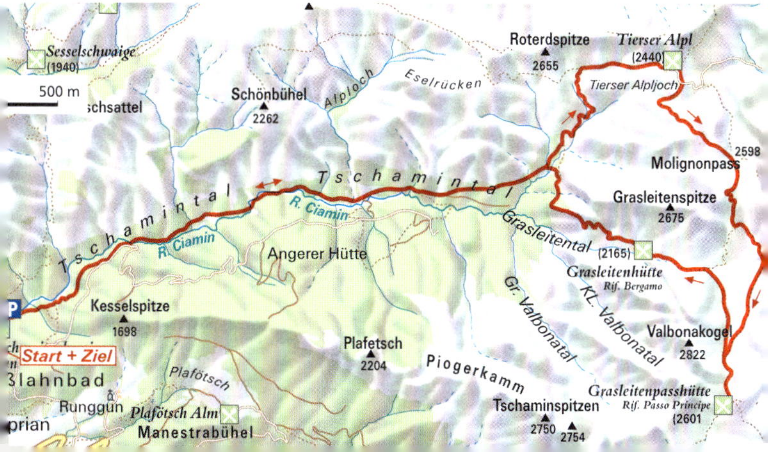

Höhenprofil

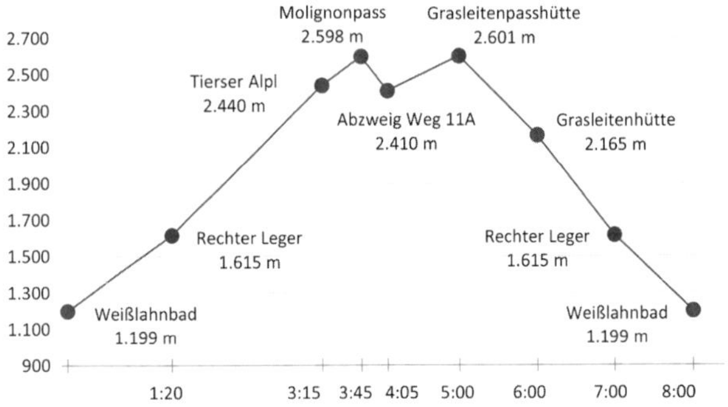

Über steinige Gelände und eine karge und felsige Landschaft erreicht man schließlich den Molignonpass (2598 m) und sieht in einen beeindruckenden Talkessel. Gegenüber ist auf gleicher Höhe bereits die Grasleitenpasshütte zu erkennen. Um diese zu erreichen, sind allerdings ein Teilabstieg in den Kessel und ein Aufstieg auf der anderen Seite vonnöten. Auch der Abstieg ist sehr steinig und es gibt einige Stellen mit lockerem Schotter. Kurz vor dem Abzweig zur Grasleitenpasshütte überquert man ein Schotterfeld, an dessen Rand an einem Fels ein Drahtseil angebracht wurde, um den Abstieg zu erleichtern. Auf dem Weg 11A geht es schließlich links am Hang weiter bis zur Grasleitenpasshütte auf 2601 m.

Das steinige Terrain bleibt uns noch ein wenig erhalten. Auf der linken Seite des Hanges geht es nun zurück auf dem Weg 11 in Richtung Grasleitenhütte. Der genaue Wegverlauf ist in diesem Abschnitt nicht immer leicht zu erkennen, wirklich verlaufen kann man sich aber nicht. Immer mal wieder sieht man eine Wegmarkierung und kann seinen Kurs gegebenenfalls korrigieren. Nach und nach wird das Gelände wieder „freundlicher“ und wir lassen den Schotter hinter uns.

Die Grasleitenhütte erreicht man schließlich nach etwas weniger als einer Stunde.
Der Weg 3A führt dann von der Hütte Richtung Weißlahnbad hinab. Zunächst geht es ein Stück bergauf, dann aber wieder hinunter, bis man auf den Weg 3 trifft, den wir nach links weitergehen. Durch das Tschamintal, vorbei am Rechten Leger und am Schaferleger verläuft der Weg nun auf der gleichen Route, die wir für den Aufstieg gewählt haben. Nach einer Gesamtgehzeit von etwa 8 Stunden erreicht man schließlich wieder den Parkplatz Weißlahnbad.

Gewandert am:

In Begleitung von:

24 *Von St. Zyprian zur Grasleitenhütte*

2 165 m, 14,4 km, 5:10 Std., 1 070 hm/1 070 hm

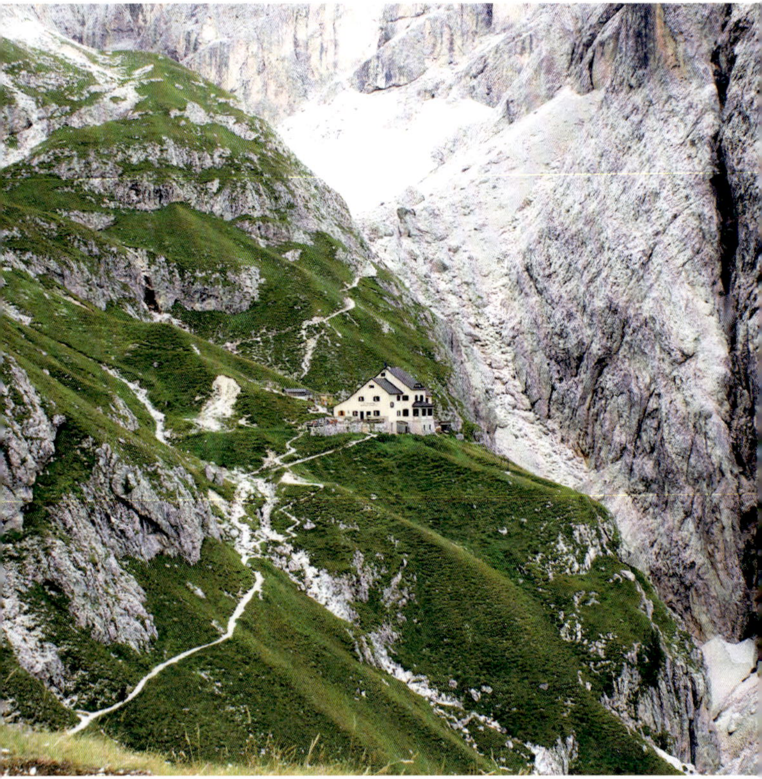

Ohne besondere Schwierigkeiten verläuft diese Tour zunächst durch den Tschaminwald und entlang des Tschaminbaches bis zum Talschluss und weiter bis zur ersten Schutzhütte, die in der Rosengartengruppe gebaut wurde, der Grasleitenhütte direkt zwischen den Grasleitenspitzen auf der einen und dem Valbonkogel auf der anderen Seite.

Ausgangspunkt	Weißlahnbad
Anfahrt	Mit dem Auto zum kostenfreien Wanderparkplatz oder mit dem Bus der Linie 176 Seis–Tiers bis zur Haltestelle Weißlahnbad direkt am Parkplatz
Einkehr	Tschamin-Schwaige und Grasleitenhütte
Karte	Tabacco: Schlern, Rosengarten, Latemar, Blatt 29

Auf dem Weg 6 wandert man vom Parkplatz in östlicher Richtung zunächst der Straße entlang bis zum Naturparkhaus und der Tschamin-Schwaige. Links von der Schwaige geht der Weg 3 ab und führt bergauf durch den kühlen Wald, bis er schließlich in einen geschotterten Forstweg mündet, dem wir weiter nach links in Richtung Tierser Alpl und Grasleitenhütte folgen. Nach etwa 45 Minuten ergibt sich eine gute Gelegenheit für eine kurze Erfrischung, denn dann erreicht man die Quelle „Zum schwarzen Letten". Man überquert nun den Tschaminbach und tritt kurz danach auf eine Lichtung, den Schaferleger. Weiter geht es durch den Tschaminwald, bis man schließlich nach einer weiteren Überquerung des Baches die Quelle am Hohen Steg passiert – eine willkommene Gelegenheit für einen Schluck kühlen Quellwassers. Nach etwa 1 ½ Stunden erreichen wir den Rechten Leger, eine weitere, sehr schön gelegene Lichtung mit einigen Sitzgelegenheiten.
Nach guten 2 Stunden Gehzeit gelangt man schließlich an die Abzweigung der Wege 3 und 3A. Während der Weg durch das Bärenloch zum Tierser Alpl führt, gelangt man entlang der Markierung 3A zur Grasleitenhütte, die hier mit einer Gehzeit von 50 Minuten angeschrieben steht. Der Weg führt zunächst durch einen dichten Bestand an

Höhenprofil

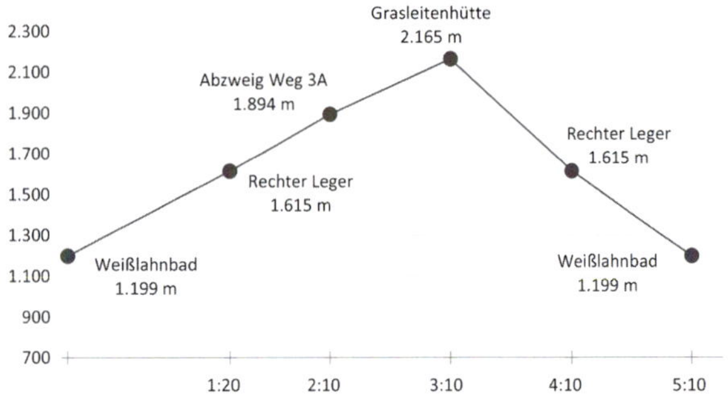

Latschenkiefern und später über die grünen Hänge am Rand des Grasleitentals hinauf bis zu Grasleitenhütte.

Die Grasleitenhütte liegt eindrucksvoll am Fuß der Grasleitenspitzen auf 2165 m und wurde 1887 von der Sektion Leipzig des Deutschen und Oesterreichischen Alpenvereins erbaut. Es war damit die erste Schutzhütte in der Rosengartengruppe. Nach dem Ersten Weltkrieg wurde die Hütte beschlagnahmt und dem italienischen Alpenverein, dem Club Alpino Italiano der Sektion Bergamo, unterstellt. Auch auf dieser Hütte kann man sehr gut essen und die traditionelle und vielfältige Südtiroler Küche genießen oder sich bei einem

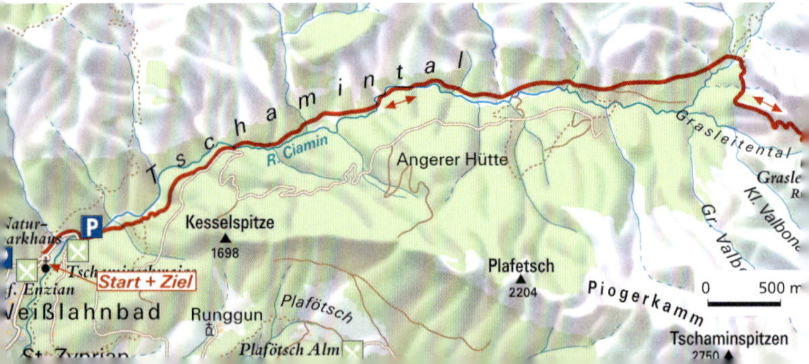

kühlen Getränk auf der sonnigen Terrasse erfrischen. Bei guten Verhältnissen ist ein Fernblick bis zur Ortlergruppe möglich. Die Hütte ist ein beliebter Ausgangspunkt für zahlreiche Touren in der Rosengartengruppe und auf den Schlern, sie verfügt über 40 Betten sowie ein Lager mit 30 Schlafplätzen. Der Rückweg erfolgt auf dem Hinweg.
Es geht also zunächst auf dem Weg 3A zurück zur Abzweigung Bärenloch und Tierser Alpl. Statt durch das Bärenloch verläuft unser Weg nun auf der 3 in Richtung Weißlahnbad/St. Zyprian, vorbei am Rechten Leger und den beiden Quellen. Hier können noch einmal die Wasservorräte aufgefüllt werden. Von der Grasleitenhütte bis Weißlahnbad ist man gut 2 Stunden unterwegs.

Gewandert am:

In Begleitung von:

25 *Auf dem Sagenweg am Fuß des Rosengartens*

2000 m, 14,8 km, 5:10 Std., 980 hm/980 hm

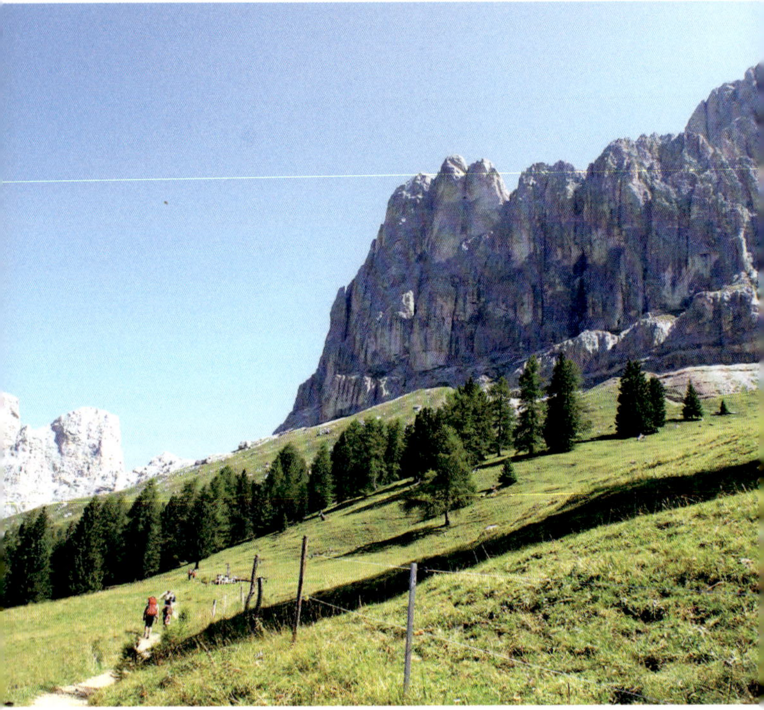

Die ansprechende Wanderung führt von St. Zyprian über den Perlenweg hinauf zum Nigerpass und weiter auf dem Sagenweg zur Haniger Schwaige, die idyllisch auf den Angelwiesen direkt unter den bizarren Vajolet-Türmen liegt. Über die Plafötsch-Alm geht es schließlich wieder zurück zum Ausgangsort. Man wandert durch den Wald und über ausgedehnte Almwiesen, quert Bachläufe und kann sich an der vermutlich höchsten Quelle des Tierser Tals erfrischen.

Ausgangspunkt	St. Zyprian
Anfahrt	Mit dem Auto zum kostenfreien Wanderparkplatz oder mit dem Bus der Linie 176 Seis–Tiers bis zur Haltestelle Busbahnhof St. Zyprian
Einkehr	Haniger Schwaige und Plafötsch-Alm.
Kurze Variante	Die Tour kann verkürzt werden, wenn Sie vom Nigerpass gestartet wird. Wenn Sie am Pass parken, können Sie vom Endpunkt der Wanderung in St. Zyprian mit dem Bus zurück zum Pass fahren. Oder man stellt am Morgen das Auto in St. Zyprian ab und fährt mit dem Bus zum Nigerpass, um von hier zu starten. Etwa 1 ½ Stunden Gehzeit entfallen, allerdings kommt die Fahrzeit mit dem Bus hinzu.
Karte	Tabacco: Schlern, Rosengarten, Latemar, Blatt 29

Die Wanderung auf dem Sagenweg startet am Parkplatz des Busbahnhofs St. Zyprian, genau gegenüber dem Hotel Cyprianerhof. Zunächst folgt man dem Weg 7 am Holzlager vorbei, bis man nach 3 Minuten einen kleinen Brunnen erreicht, das „Pussenlin Trögl“, welches von frischem Quellwasser gespeist wird. Kurz danach gelangt man an die erste Wegkreuzung und kaum 10 Meter weiter zur nächsten, an der wir uns rechts halten und über eine kleine Brücke dem Weg 1A in Richtung Nigerpass folgen. Auf einem breiten Forstweg geht es bergauf vorbei am Forstgarten Tiers (unbewirtschaftet). Im Wechsel über Almwiesen und durch den Wald steigt man das Purgametschtal zum Nigerpass steil hinauf. Dabei kreuzt man immer wieder den Forstweg. Schließlich erreicht man den Nigerpass und das dortige Nigerjochhaus auf 1 690 m nach etwa 1:40 Stunden.

Am oberen Ende des Parkplatzes geht es weiter auf einem breiten Forstweg mit der Markierung 1 in Richtung

Höhenprofil

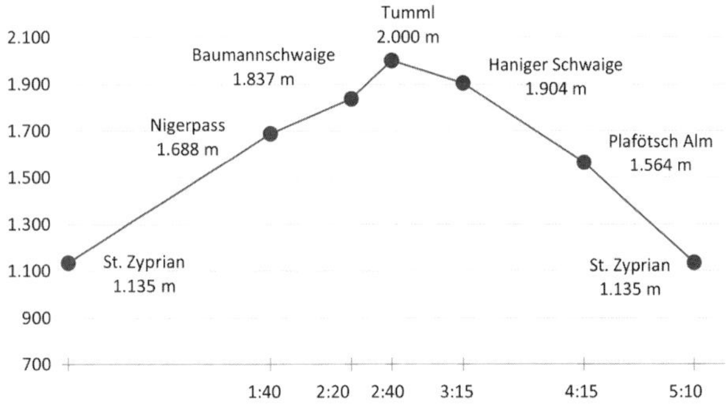

Baumannschwaige und Haniger Schwaige. Etwa nach einer weiteren halben Stunde zweigt der Weg 1 nach rechts zur Almhütte Messner ab, wir gehen jedoch nach links auf dem Weg 7 weiter zur Baumann-Schwaige, die man 10 Minuten später auch schon erreicht. Wir wandern direkt auf das beeindruckende Massiv des Rosengartens zu. Kurz nach der Schwaige passiert man die gleichnamige Quelle, die als höchste Quelle des Tierser Tals gilt. Sie wird durch Sickerwasser gespeist, das sich unter den Felsblöcken des Rosengartens seinen Weg sucht und an dieser Stelle aus dem Boden tritt – die passende Gelegenheit für einen erfrischenden und köstlichen Schluck oder zum Auffüllen der Wasservorräte.

Etwa 20 Minuten nach der Quelle betritt man die Tumml-Lichtung. Von hier zweigt ein Weg zur Kölner Hütte ab. Wir bleiben aber auf Weg 7 in Richtung Haniger Schwaige. Der Pfad verläuft weiter direkt unterhalb des Rosengartens mit einem sagenhaften Ausblick hinüber auf die Hochfläche des Schlern, auf der man das Schlernhaus erkennen kann. Schließlich quert man die Angelwiesen und erreicht ohne Mühen 10 Minuten später die auf 1904 m direkt unterhalb der Vajolet-Türme

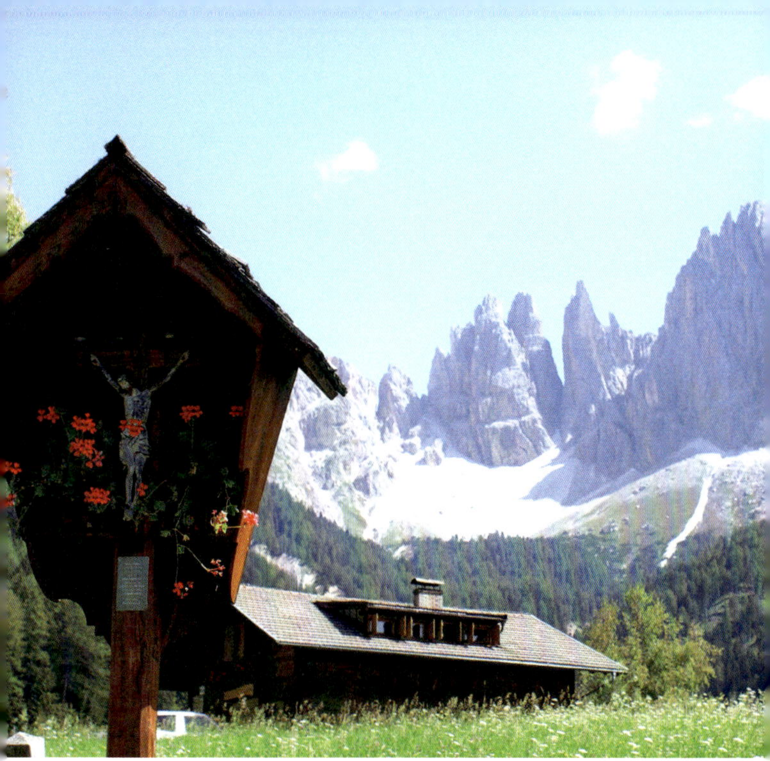

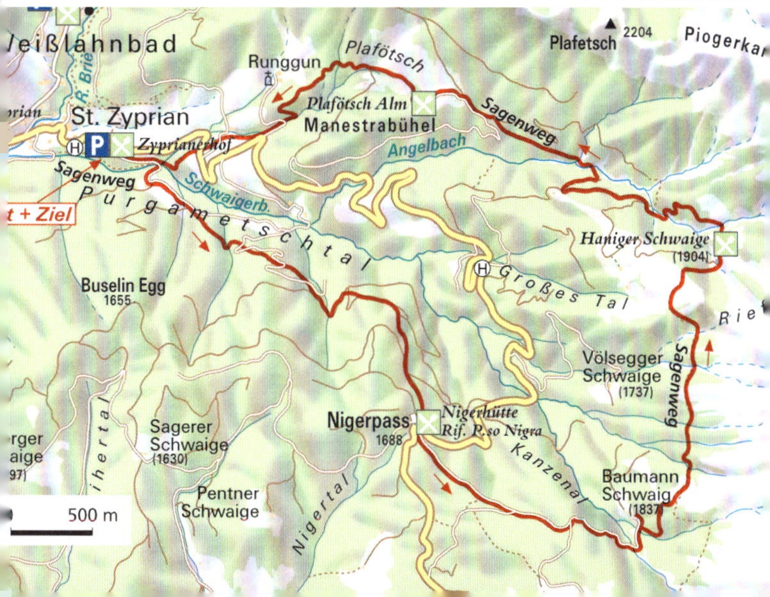

Weißlahnbad
R. Brie
St. Zyprian
Runggun
Plafötsch
Plafötsch Alm
Manestrabühel
Plafetsch
2204
Piogerkar
Sagenweg
Zyprianerhof
Angelbach
Schwaigerb.
Sagenweg
Purgametschtal
t + Ziel
Haniger Schwaige
(1904)
Buselin Egg
1655
Großes Tal
Völsegger
Schwaige
(1737)
Sagenweg
Nigerpass
1688
Nigerhütte
Rif. P.so Nigra
Kanzenal
Sagerer
Schwaige
(1630)
Pentner
Schwaige
Nigertal
Baumann
Schwaig
(1837)
500 m

liegende Haniger Schwaige. Von St. Zyprian bis zur Haniger Schwaige sollte man etwa 3:15 Stunden Gehzeit einplanen. Über Stock und Stein, durch Waldabschnitte und über grüne Bergwiesen geht es auf Weg 7 nach einer gemütlichen Pause weiter. Nach einer Viertelstunde überquert man den Angelbach auf einem kurzen steinigen Abschnitt über mehrere kleine Stege. Im weiteren Verlauf kreuzt der Pfad die Wege 10 und später 7A, wir bleiben aber stets auf dem Weg 7 und erreichen nach einer Stunde die Plafötsch-Alm (1 570 m). Auch hier genießt man noch einmal die schöne Landschaft, im Vordergrund die grünen Wiesen und die dunklen Wälder und dahinter die bleichen Berge. Kurz durch den Wald, dann über eine Almwiese und wieder in den Wald hinein führt der Weg weiter bis hinunter nach St. Zyprian. Kurz vor dem Parkplatz queren wir die Hauptstraße, die hinauf zum Karerpass führt und gelangen wenig später wieder zur Quelle „Pussenlin Trögl". Dem schmalen Sträßchen bergauf folgend, erreicht man schließlich den Busbahnhof St. Zyprian.

Gewandert am:

In Begleitung von:

Südliche Umrundung des Rosengartens 26

2630 m, 10,5 km, 4:45 Std., 650 hm/650 hm

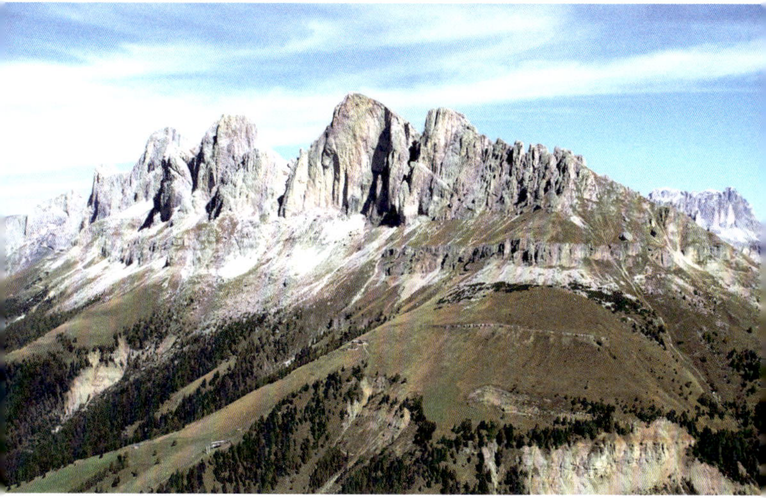

Wenige Höhenmeter und doch eine anspruchsvolle Tour mit kurzer Kletterei zu Beginn. Sie verläuft von der Kölner Hütte durch das Tschagerjoch zur Rotwandhütte. Direkt hinter der Kölner Hütte beginnt der Weg, der in den ersten Minuten durchaus den Charakter eines Klettersteigs aufweist und auf dem ein paar Stellen, die teils mit Drahtseilen gesichert sind, zu durchklettern sind. Weiter geht es steil und steinig hinauf durch das Tschagerjoch (2630 m) und weiter durch schroffes und schottriges Gelände über den Zigolade-Pass (2550 m), ehe man schließlich die Rotwandhütte erreicht. Vorbei am Christomannos-Denkmal geht es dann deutlich einfacher über den Hirzelweg zurück zur Kölner Hütte. Kraft und Ausdauer sowie Trittsicherheit- und Schwindelfreiheit sind für diese Tour zwingend vorauszusetzen.

Ausgangspunkt	Talstation des Laurin-Sessellifts an der Frommeralm
Anfahrt	Mit dem Auto zum gebührenfreien Parkplatz bei der Liftanlage oder mit dem Bus der Linie 185 St. Zyprian (Busbahnhof)–Paolina, Haltestelle Frommeralm (15 Minuten Fahrzeit)
Einkehr	Frommeralm, Kölner Hütte, Rotwandhütte
Karte	Tabacco: Schlern, Rosengarten, Latemar, Blatt 29

Mit dem Sessellift geht es bequem und ohne Anstrengung in 18 Minuten hinauf zur Kölner Hütte auf 2337 m. Um Irritationen zu vermeiden, sei gleich an dieser Stelle erwähnt, dass die Kölner Hütte auch als Rosengartenhütte bekannt ist und man auf den Wegweisern im Rosengarten mal diesen und mal jenen Namen liest. Dazu kommt der italienische Name Rifugio A. Fronza alle Coronelle.

Der Weg 550/541 startet direkt hinter dem Haus. Der erste Abschnitt ist hier als kurzer Klettersteig zu betrachten, auch wenn er in den meisten Karten nicht als solcher gekennzeichnet ist. Packen Sie Ihre Wanderstöcke in den Rucksack, denn Sie benötigen die Hände beim Durchsteigen der ersten Passage. Langsam und konzentriert steigt man über einige Felsstufen auf, der Steig ist teils mit Drahtseilen gesichert. Nach 15–20 Minuten erreicht man den Abzweig des Weges 542, einen Klettersteig, der hinüber zur Santnerpasshütte führt, den wir aber nicht nehmen. Wir bleiben auf dem Weg 541. Der schwierigste Teil der Tour ist damit geschafft, es geht zwar weiter steil und steinig auf dem Steig 541 bergauf, aber ab jetzt ohne weitere Klettereinlagen. Das letzte Stück hinauf zum Tschagerjoch ist nochmals sehr steil, aber nach etwa 50 Minuten ist auch dieser Aufstieg gelungen und wir

erreichen den Übergang des Jochs auf 2630 m und damit auch den höchsten Punkt der Tour. Der fantastische Ausblick auf die beeindruckende Rosengartenspitze und den gewaltigen Kesselkogel, mit 3002 m zugleich der höchste Gipfel in der Rosengartengruppe, sowie der Tiefblick ins weite Fassatal im Trentino (Val di Fassa) entschädigt für die Mühen. Gönnen Sie sich ein kurzes Verschnaufen bei der dortigen Sitzgruppe und genießen Sie die Aussicht. (Am Übergang des Jochs ist an der Felswand übrigens ein kleines Kästchen angebracht, welches einen Tschagerjoch-Stempel enthält.)
Steine werden uns in den nächsten Stunden weiter begleiten. Steinig und steil geht es bergab. Bleiben Sie auf dem Weg 550 und nehmen Sie nicht den inoffiziellen Pfad, der wenige Minuten später unterhalb des Jochs abzweigt und quer über ein großes Geröllfeld führt. Steigen Sie weiter ab, bis Sie schließlich unterhalb des Geröllfeldes und unterhalb der Tschagerspitze, an die Kreuzung der Wege 550/541 gelangen. Links geht es zu den Hütten Vajolet und Preuss, wir halten uns aber rechts in Richtung Zigolade-Pass (Passo delle Cigolade, 1 Std.) und Rotwandhütte (Rifugio Roda de Vael) auf Weg 541. In diesem Teilabschnitt sind Murmeltiere keine Seltenheit.

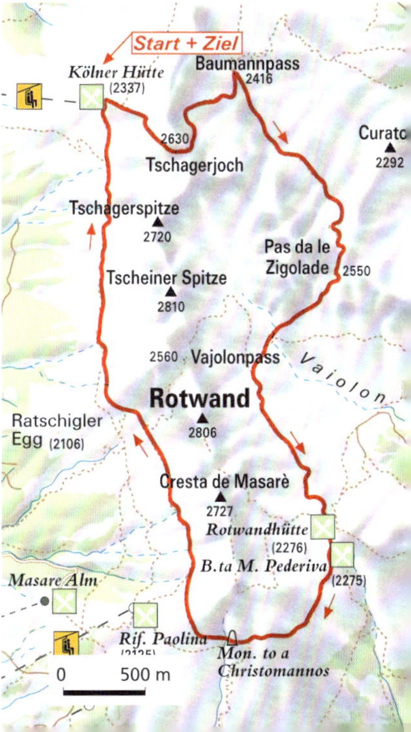

Höhenprofil

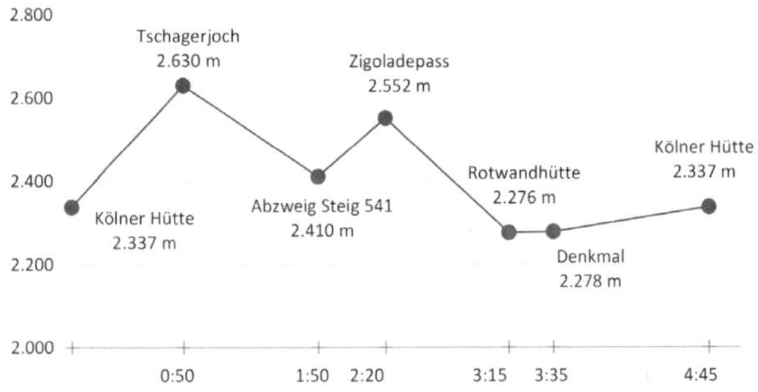

Etwa 20 Minuten später kommt man zu einer weiteren Weggabelung. Der Wegweiser zeigt nach links zur Rotwandhütte und geradeaus zum Zigolade-Pass. Der Weg nach links führt auf dem Schafsteig in einem weiten Bogen um den Pale Rabiouse (2 540 m) herum. Wir gehen hier nicht nach links, sondern bleiben auf dem Steig 541, da wir die Rotwandhütte über den Zigolade-Pass erreichen möchten. Linkerhand sehen wir den Gipfel des Zigolade (2 580 m) und rechts die Mugonispitzen (2 734 m). Zwischen den beiden Gipfeln hindurch steigen wir nun steil rund 140 Höhenmeter zum Pass hinauf.

Ungefähr eine Stunde später erreicht man schließlich den Ciampaz-Sattel, auf dem die Rotwandhütte sowie die kleinere Hütte Pederiva liegen. Hinter der Pederivahütte ragt der Gipfel des Ciampaz (2 316 m) empor, der in knapp 15 Minuten bestiegen werden kann und der, man ahnt es schon, eine fantastische Aussicht auf die umliegenden Gipfel bietet, bis hinüber zum Gletscher der Marmolata, dem höchsten Berg der Dolomiten. Die Rotwandhütte wurde im Jahr 1906 von der Sektion Welschnofen-Karersee des Deutschen und

Oesterreichischen Alpenvereins erbaut. Heute ist sie im Besitz der SAT (Società degli Alpinisti Tridentini) und wird von Roberta Silva geführt. Im Sommer ist die Hütte ein beliebtes Ausflugsziel und Startpunkt für viele Wanderungen und Klettersteigbegehungen.

Der letzte Abschnitt der Tour ist nun deutlich einfacher, es geht zunächst in rund 20 Minuten auf dem Weg 549 zum Christomannos-Denkmal, einem 2,70 Meter hohen Adler aus Bronze. Das Denkmal soll an den Pionier des Fremdenverkehrs in Südtirol Dr. Theodor Christomannos erinnern.

Kurz nach dem Denkmal gabelt sich der Weg erneut und man folgt weiter der Markierung 549, dem Hirzelweg, in Richtung Rosengartenhütte (Kölner Hütte). Der Hirzelweg ist benannt nach dem Verleger Samuel Hirzel, einem Bergfreund, der den

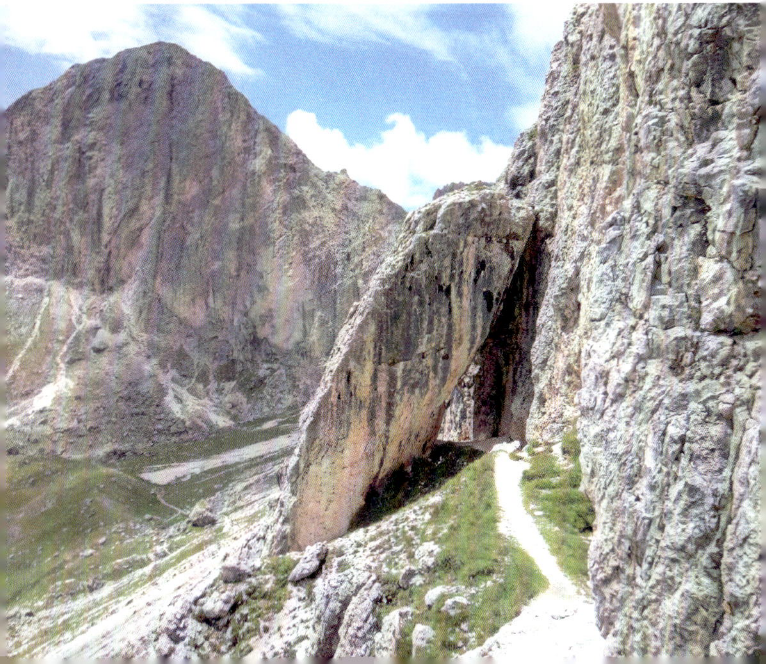

Bau des Weges finanziell unterstützt hat. Der aussichtsreiche Weg führt an der Westflanke des Rosengartens entlang, während er zur gegenüberliegenden Seite eine beeindruckende Aussicht auf das mächtige Latemarmassiv ermöglicht. Ohne nennenswerte Gegenanstiege verläuft der Pfad fast eben bis hinüber zur Kölner Hütte. Erst kurz vor der Hütte gilt es, nochmals einen kleinen Anstieg zu überwinden.

Gewandert am:

In Begleitung von:

Von Hütte zu Hütte im Rosengarten 27

2575 m, 11 km, 4:20 Std., 860 hm/860 hm

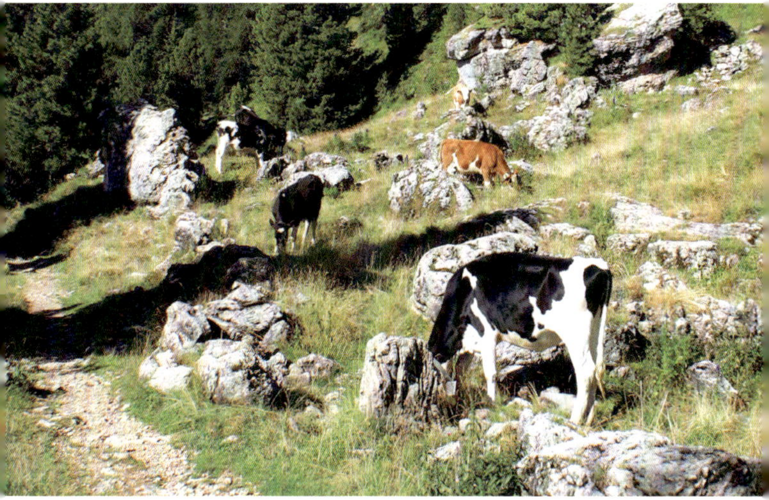

Vom Karerpass geht es zunächst ohne große Mühen über die grünen Almwiesen unterhalb des Rosengartens hinauf in König Laurins Reich. Nach 1 ½ Stunden ist die Rotwandhütte erreicht und wo eben noch erdiger Boden unsere Schritte dämpfte, gelangen wir nun in eine neue, schroffe und unwirklich scheinende Gesteinswelt. Nach der Überschreitung des Vajolonpasses geht es schließlich wieder hinunter und entlang der Westflanke des Rosengartens zur Paolinahütte. Über eine Bergwiese und später durch den Wald gelangt man schließlich wieder zum Ausgangspunkt der Wanderung. Eine kontrastreiche Tour, bei der man beim Abstieg nach dem Vajolonpass einen fast 3 Meter hohen Fels über eine fest angebrachte Leiter hinabsteigen muss. Nicht schwierig, aber Trittsicherheit und Schwindelfreiheit sind vonnöten.

Ausgangspunkt	Karerpass
Anfahrt	Mit dem Auto zum gebührenfreien Parkplatz gegenüber dem Hotel Savoy oder mit dem Bus der Linie 185 St. Zyprian (Busbahnhof)–Paolina, bis zur Haltestelle „Abzweigung Nigerpass" und dann 12 Minuten zu Fuß bis zum Startpunkt. Möchte man sich den Fußweg zum Karerpass sparen, steigt man eine Station später an der Haltestelle „Paolina" in den Bus der Linie 180 um, der weiter zum Karerpass fährt.
Einkehr	Rotwandhütte, Pederivahütte, Paolinahütte
Karte	Tabacco: Schlern, Rosengarten, Latemar, Blatt 29

Der Weg 552 in Richtung Paolinahütte und Rotwandhütte beginnt genau zwischen der Pension Rosengarten und dem Hotel Savoy. Nach wenigen Minuten gelangt man bereits an die erste Weggabelung und hier gehen nun links der Weg zur Paolinahütte und rechts der Weg 548 zur Rotwandhütte ab. Man folgt dem Weg nach rechts und geht auf einem breiten Forstweg bergauf über Almwiesen und durch kurze Waldabschnitte. Es ergeben sich immer wieder wunderbare Ausblicke auf den Latemar und den Monte Monzoni (Fassatal). Schon seit einigen Minuten hört man das Läuten der Kuhglocken, bis man nach etwa 45 Minuten eine Almhütte erreicht, vor der einige Kühe friedlich grasen. Kurz danach wird der Weg schmaler und verläuft als typischer Wanderweg über Wurzeln und Steine in den Wald hinein und später weiter ansteigend den Hang hinauf und um den einen oder anderen Fels herum. Nach etwa 1 ½ Stunden erreicht man tatsächlich bereits die 1906 erbaute Rotwandhütte auf dem Ciampaz-Sattel in 2267 m. Links an der Rotwandhütte vorbei verläuft der Weg 541 in Richtung Zigolade-Pass. Fast eben führt der

Pfad am Hang entlang und ermöglicht einen schönen Blick hinunter ins Fassatal. Man geht nun direkt auf die Mugonispitzen (2734 m) und den Zigolade (2580 m) zu, zweigt dann aber am Vajolon (2230 m) nach links auf den Weg 551 ab. Da man nun von hohen Felswänden umgeben ist, kommt schnell die Frage auf, wo dieser Weg wohl hinführen wird. Er führt steinig und sehr steil links des Mugoni-Gipfels durch eine enge Scharte hinauf. Der Wegverlauf ist hier häufig nicht gut zu erkennen und man muss sorgfältig auf die spärlich gesetzten und teils ausgeblichenen Markierungen achten. Oben angekommen, sieht man auf der einen Seite hinüber zur Rotwandhütte und auf der anderen in eine karge, aber doch beeindruckende Steinwüste. Auf gut zu begehendem feinem Schotter wandern wir auf einem breiten Weg ansteigend weiter. Dieser führt schließlich unterhalb der Tscheiner-Spitze zum Vajolon-Pass hinauf, den man etwa nach 2 ½ Stunden Gesamtgehzeit erreicht. Einige Meter geht es nun hinunter und nach wenigen Minuten auf der anderen Seite wieder hinauf, genau hier befindet sich der Einstieg in den Rotwand-Klettersteig. Den zahlreichen Kletterern beim Einstieg in die Wand zuzuschauen hat durchaus seinen Reiz. Unser Weg führt uns aber

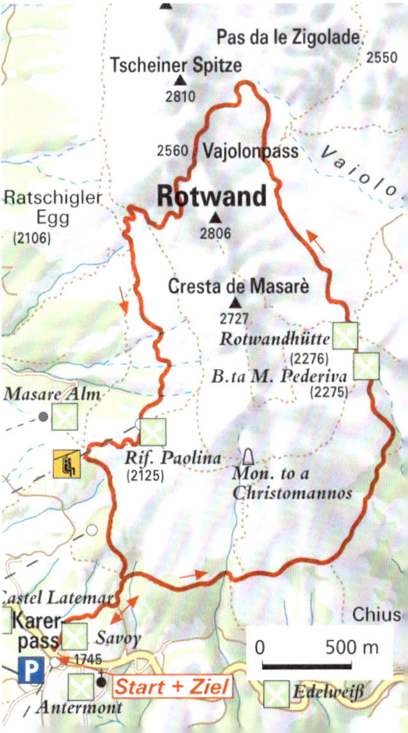

Höhenprofil

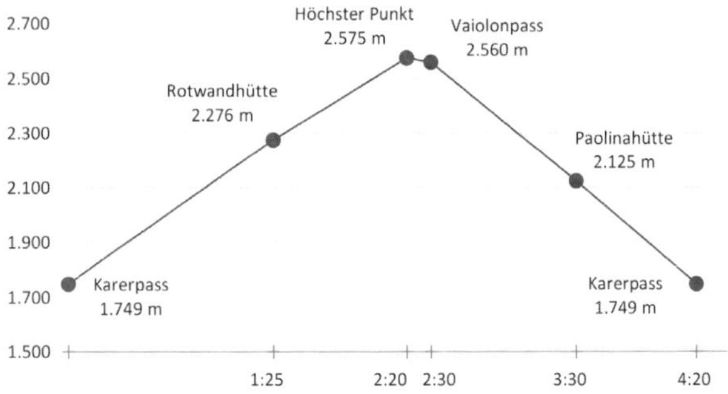

nicht auf den Klettersteig, sondern weiter auf dem Weg mit der Markierung 551 hinunter. Hier wird der Weg wieder steiniger und nach einigen Minuten gelangt man zur schwierigsten Stelle dieser Tour, einer Metallleiter, die an einem etwa 3 Meter hohen Absatz befestigt ist und hilft, diesen zu überwinden. Wirklich schwer ist der Abstieg nicht, aber eine solche Leiter von oben herabzuklettern braucht dann doch etwas Nervenstärke. Packen Sie Ihre Wanderstöcke in den Rucksack, damit sie beim Abstieg über die 12-sprossige Leiter nicht stören.

Unten angekommen, natürlich über die Leiter und nicht etwa im Flug, geht es noch einmal für ein paar Minuten über schottriges Gelände und teils etwas höhere Absätze, bis der Weg schließlich wieder einfacher wird und in den Hirzelweg (Markierung 549) einmündet. Folgen Sie dem Weg für wenige Meter nach rechts in Richtung Kölner Hütte (Rosengartenhütte) und zweigen Sie dann für einige Meter auf den Steig 9 in Richtung Kaiserstein ab, bevor Sie an der nächsten Wegkreuzung nach links zur Paolinahütte auf dem Weg 552 weitergehen, der gemütlich und ohne Schwierigkeiten am Hang

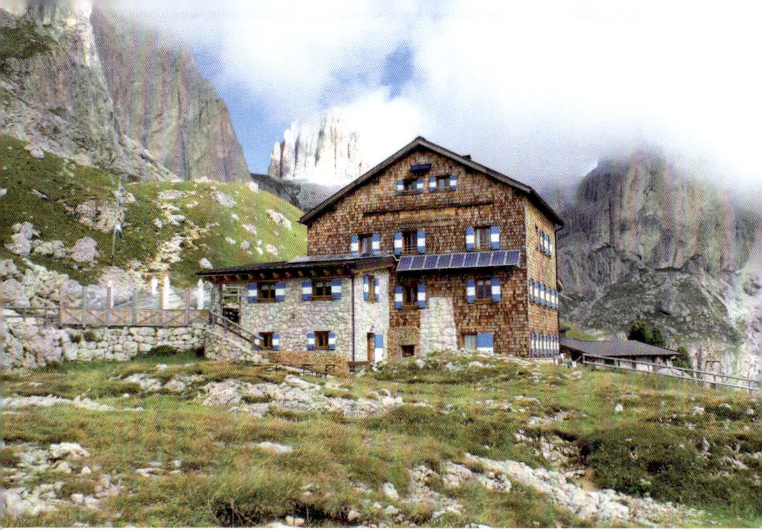

entlangführt. Die Paolinahütte auf 2125 m erreicht man schließlich nach rund 3:45 Stunden Gehzeit. Die Hütte ist zugleich die Bergstation des Liftes, der hinunter zur Siedlung Karersee führt. Sollten die Kräfte schwinden, könnten Sie hier die Tour abkürzen und mit dem Lift nach unten fahren. Von der Talstation bringt Sie dann der Bus der Linie 180 wieder hinauf zum Karerpass, dem Ausgangspunkt dieser Tour.

Wir kürzen die Tour jedoch nicht ab und folgen dem Weg 552, welcher vorbei an der Hütte über eine steile Skipiste und später schön durch den Wald hinunter bis zum Karerpass führt. Die sehr abwechslungsreiche Rundtour endet nach etwa 4:20 Stunden.

Gewandert am:

In Begleitung von:

28 *Durch den Labyrinthsteig zum Karersee*

1 910 m, 12,7 km, 3:40 Std., 450 hm/450 hm

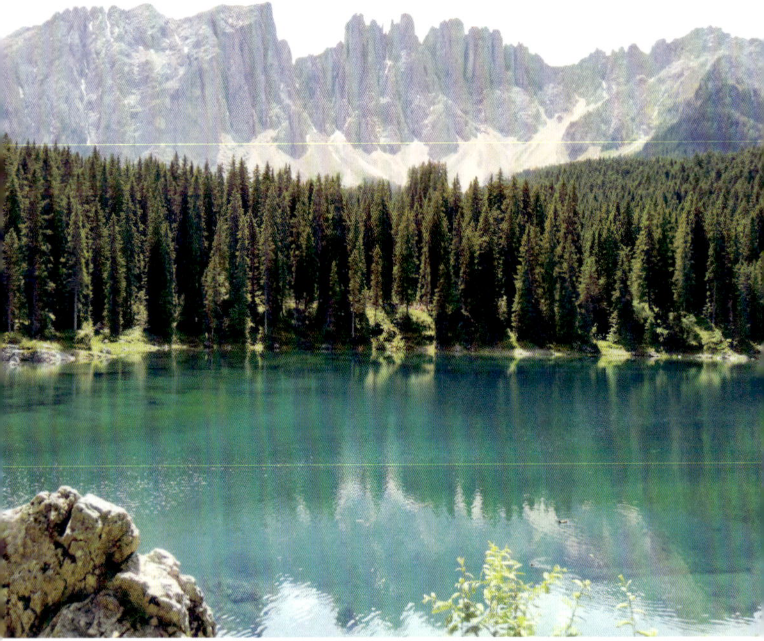

Vom Karerpass wandert man durch den Wald hinauf an den Rand der Latemarwiesen und schließlich durch ein unüberschaubares, verwirrendes Labyrinth an Felsblöcken, kreuz und quer bergauf, stets direkt unterhalb der alles überragenden Latemarspitze. Über den Mitterleger geht es weiter zum sagenumwobenen smaragdgrünen Karersee. Der Labyrinthsteig ist auch für Kinder sehr spannend und wer weiß, vielleicht zeigt sich ja die Nixe vom Karersee. Bis zur Siedlung Karersee gibt es keine Einkehrmöglichkeit.

Ausgangspunkt	Karerpass
Anfahrt	Mit dem Auto zum gebührenfreien Parkplatz gegenüber dem Hotel Savoy oder mit dem Bus der Linie 185 St. Zyprian (Busbahnhof)–Paolina bis zur Haltestelle „Abzweigung Nigerpass“ und dann in 12 Minuten zu Fuß bis zum Startpunkt. Oder man steigt eine Station später an der Haltestelle „Paolina“ aus und fährt mit der Linie 180 weiter zum Karerpass.
Einkehr	Am Paolinalift und z.B. das Restaurant Café Antermont am Karerpass
Karte	Tabacco: Schlern, Rosengarten, Latemar, Blatt 29

Die Tour startet am Parkplatz gegenüber dem Hotel Savoy am Karerpass. In Richtung Skilift geht es los, vorbei am Restaurant Café Antermont. Am ersten Wegweiser auf der Wiese halten wir uns rechts und am zweiten erneut rechts, in Richtung Weg 21/Labyrinthsteig. Wir treten in den Wald, passieren wenig später eine Schranke und halten uns bei der kurz danach erreichten Weggabelung links auf dem breiten Forstweg. Fortan auf Weg 13 wandern wir für etwa 25 Minuten auf einem leicht ansteigenden Forstweg bergauf an den Rand der Latemarwiesen, in Sichtweite der unbewirtschafteten Latemaralm. Man steht hier nun unmittelbar vor den steil aufragenden Felswänden des gewaltigen Latemarmassivs. Rechts weiter geht es einige Meter entlang eines hölzernen Weidezauns und dann auf dem Weg 13A weiter. Der Labyrinthsteig ist an dieser Stelle angeschrieben. Weiter durch den Wald erreicht man nach etwa 15 Minuten an einer weiteren Weggabelung den Einstieg in den Labyrinthsteig. Hier folgt man der Markierung 20 durch das Labyrinth zum ebenfalls angeschriebenen Mitterleger, der das Ende des Steigs darstellt.

Höhenprofil

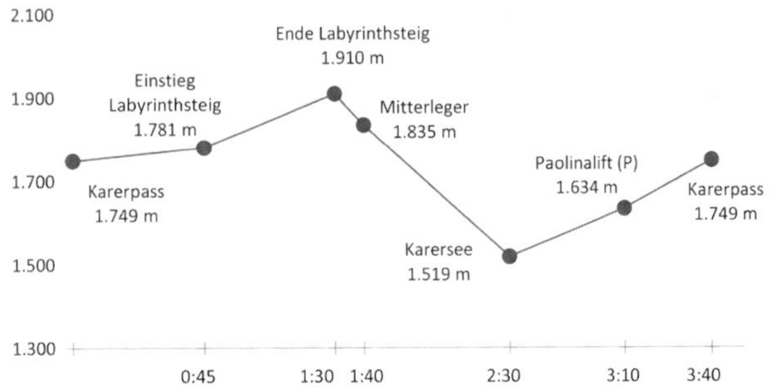

Der Labyrinthsteig trägt übrigens auch den Beinamen „Agatha-Christie-Weg". Es wird erzählt, dass die Schriftstellerin im Jahr 1927 ihren Urlaub hier verbachte und vom nahen Felslabyrinth so beeindruckt war, dass sie es in ihrem Roman „Die großen Vier" als Versteck einer Räuberbande beschrieb. Die Wege durch das Labyrinth sind gut zu erkennen und ausreichend markiert, heute kann man sich darin nicht mehr verlaufen, 1927 dürfte es vielleicht noch etwas schwieriger gewesen sein, den Weg hindurch zu finden. In einem ständigen Kreuz und Quer geht es mal über einen Fels, mal daran vorbei, mal zwischen zwei Brocken hindurch oder auch darunter hinweg. Anfangs noch mäßig ansteigend wird der Steig zum Schluss hin etwas steiler, ist aber weiterhin problemlos zu gehen. Stets hat man einen wunderbaren Ausblick auf den gegenüberliegenden Rosengarten und weiter hinten auf den Schlern. An der Seite, zum Greifen nah, die gewaltigen, ja fast schon ein wenig furchteinflößenden Felswände des Latemar. Der Steig verläuft direkt unterhalb der Latemarspitze und der Latemartürme, bis man schließlich das Ende des Labyrinths an der höchsten Stelle erreicht hat. Auf einem nun wieder erdiger werdenden Pfad geht es durch den Wald und über zwei kleine Schutthalden hinunter bis zum Mitterleger. Die dort befindliche Forsthütte auf 1835 m ist nicht bewirtschaftet, bietet aber eine Sitzgelegenheit und einen Tisch für eine gemütliche Rast.

Vom Mitterleger geht es in Richtung Karersee auf dem Weg 11 weiter. Auf einem breiten geschotterten Forstweg wandert man von 1835 m etwa 45 Minuten und über 300 Höhenmeter durch den Karerwald bergab, bis hinunter zum Karersee auf 1519 m.

Der Karersee liegt mitten im Wald direkt unterhalb des Latemar. Gespeist wird der etwa 290 Meter lange und 140 Meter breite See von unterirdischen Quellen aus dem nahe gelegenen Gebirge. Je nach Jahreszeit schwankt der Wasserstand des Sees extrem. Der höchste Wasserstand wird für gewöhnlich im Frühjahr während der beginnenden Schneeschmelze erreicht, die ihn auch in den Sommermonaten gut füllt. Zum

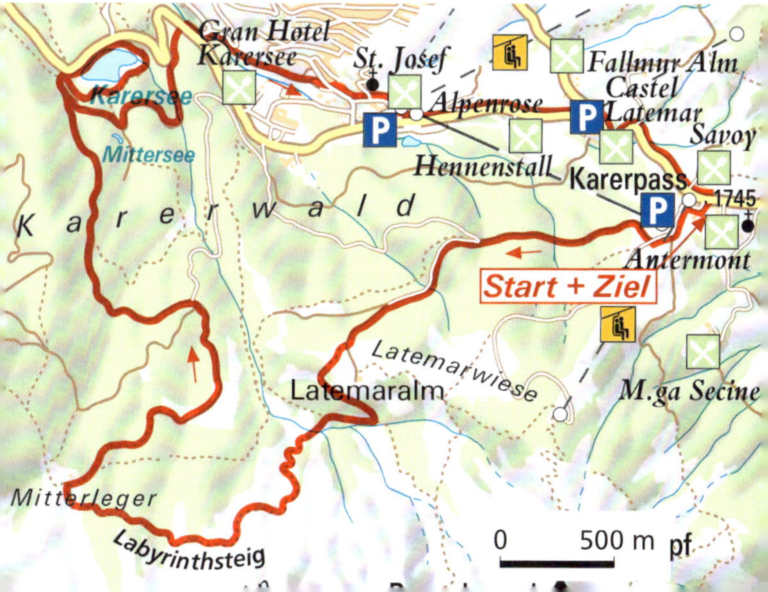

Herbst hin verliert der See immer mehr Wasser und gegen Ende Oktober ist der niedrigste Wasserstand erreicht. Besucht man den See im Oktober, kann man sehr gut erkennen, wie hoch das Wasser zu anderen Zeiten steht, weil Felsen im See nun frei stehen und eine Erhebung den See zweiteilt. Während die tiefste Stelle bei höchstem Wasserstand etwa 22 Meter misst, sind es an der gleichen Stelle im Oktober nur noch knapp 6 Meter.
Der Sage nach lebte im Karersee einst eine schöne Wassernixe. Der Hexenmeister von Masaré stellte ihr nach und wollte sie in sein Reich entführen. Es gelang ihm aber nicht, die Wasserjungfrau zu fangen und so versuchte er es mit einer List. Er verkleidete sich als Juwelenhändler und zauberte einen gewaltigen Regenbogen über den See. Die Nixe war von der überwältigenden Schönheit des Regenbogens tief beeindruckt. Dennoch erkannte sie im letzten Moment die List und flüchtete sich abermals in den See. Der Hexenmeister, erzürnt über sein Scheitern, schlug den Regenbogen vom Himmel, zerschmetterte ihn und warf alle Teile und die Juwelen in den See. Seither schimmert der See in den Farben des Regenbogens. Im Ladinischen heißt der See „Lec de ergobando“, Regenbogensee.
Am See angekommen folgt man dem Seerundweg nach rechts und umwandert ihn entgegen des Uhrzeigersinns. Dabei ergeben sich immer wieder beeindruckende Fotomotive mit dem gewaltigen Massiv des Rosengartens im Osten und dem zerklüfteten Latemar im Süden als stimmungsvoller Bildhintergrund. Hat man den See einmal komplett umwandert, geht man zunächst für 2 Minuten den Weg 11 Richtung Mitterleger zurück, der uns zuvor an den See geführt hat, und zweigt dann nach links auf den Weg 12 in Richtung Mittersee ab. Kaum 5 Minuten später gelangen wir zu einem Abzweig des Weges 10, der wieder hinunter zum Karersee führen

würde. Diesen Abzweig ignorieren wir, nehmen aber keine Minute später den nächsten Abzweig nach links, ebenfalls mit der Markierung 10 und dem Ziel Karersee Siedlung. Etwa 25 Gehminuten vom See entfernt führt der Weg 6 nach links zur Siedlung Richtung Karerpass ab. Man quert hier die Autostraße und biegt auf der anderen Seite in den Schönblickweg ein. Nur ein paar Meter weiter geht es nach rechts für ein kurzes Stück auf der Straße leicht bergauf. Oben zweigt, erneut nach rechts, ein breiter Fußweg ab. An dieser Stelle gibt es keine Wegweiser, man erkennt aber am Rand des Fußwegs eine schwache Markierung an einem Baum. Diesen Pfad wandert man weitere 5 Minuten entlang und zweigt dann nach rechts auf die König-Laurin-Straße ab, die bis zur Talstation des Paolinaliftes führt. Dazwischen gibt es noch eine kleine, etwas unübersichtliche Stelle, etwa auf Höhe der Pension Waldhaus. Der Weg führt hier für ein paar Meter direkt neben der Straße und einigen Parkplätzen an einem Zaun vorbei und nicht, wie man vielleicht vermuten könnte, auf das Grundstück der hier befindlichen Bar.

Wenn die Kräfte schwinden, haben Sie an der Talstation des Paolinaliftes die Möglichkeit, mit dem Bus, der an der Straße hält, zum Karerpass hinaufzufahren. Die Fahrt dauert nur 3 Minuten. Zu Fuß geht die Tour weiter auf Weg 6, der vom Parkplatz in rund 30 Minuten neben der Straße zum Karerpass vorbei am Naturdenkmal „Buckelwiesen“ führt.

Gewandert am:

In Begleitung von:

29 Über die Latemarwiesen zur Poppekanzel

2328 m, 8,2 km, 3:15 Std., 580 hm/580 hm

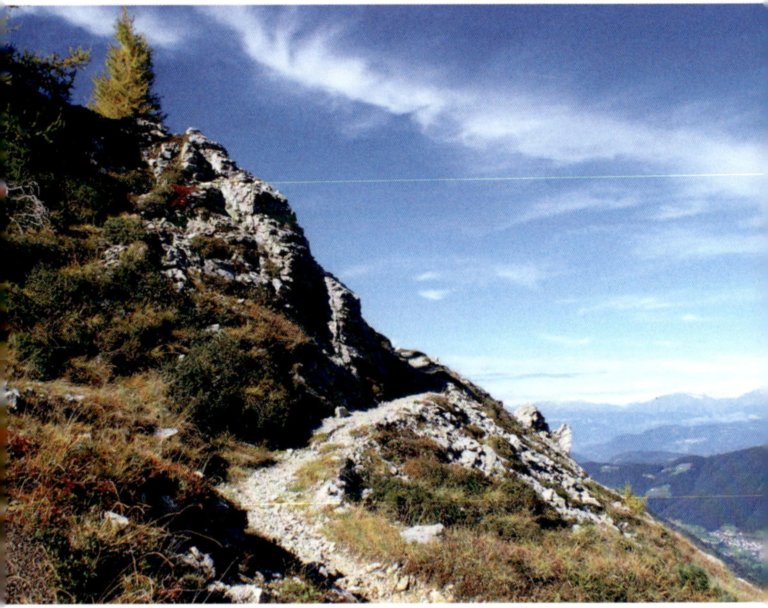

Eine kurze Tour mit einem überragenden Höhepunkt. Vom Karerpass wandert man über die Latemarwiesen, die malerisch schön am Fuß des Latemar liegen, und weiter durch den Wald, steiler werdend bis zu einem der Gipfel der Poppekanzel (Signalkopf) in 2328 m. Die Aussicht von der Poppekanzel ist atemberaubend. Auf dem Rückweg queren wir die Latemarwiesen in nordwestlicher Richtung und kehren in einem Bogen durch den Wald absteigend wieder zum Ausgangspunkt der Wanderung zurück. Mit einer Gehzeit unter 3 ½ Stunden eignet sich diese Tour auch für einen Start erst zur Mittagszeit.

Ausgangspunkt	Karerpass
Anfahrt	Mit dem Auto zum kostenfreien Parkplatz gegenüber dem Hotel Savoy oder mit dem Bus der Linie 185 St. Zyprian (Busbahnhof)–Paolina bis zur Haltestelle „Abzweigung Nigerpass“ und dann in 12 Minuten zu Fuß bis zum Startpunkt. Oder man steigt eine Station später an der Haltestelle „Paolina“ aus und fährt mit der Linie 180 weiter zum Karerpass.
Einkehr	Restaurant Café Antermont am Karerpass, auf der Strecke keine Einkehrmöglichkeit
Karte	Tabacco: Schlern, Rosengarten, Latemar, Blatt 29

Die Tour startet am Parkplatz gegenüber dem Hotel Savoy am Karerpass. Hinauf Richtung Skilift, vorbei am Restaurant Café Antermont, geht es los. Am ersten Wegweiser auf der Wiese halten wir uns rechts und am zweiten, der nur wenige Meter danach folgt, geht es links auf den Weg 17. Die Poppekanzel ist hier mit einer Gehzeit von 1:50 Stunde angeschrieben. Die ersten 30 Minuten bleiben wir auf dem breiten Forstweg und steigen hinauf zu den Latemarwiesen. Sobald man aus dem Wald heraustritt und die Wiese unterhalb der mächtigen Latemarflanke erreicht hat, geht unscheinbar ein Weg nach rechts über die Wiese ab. Hier muss man ein wenig aufpassen, damit man die Abzweigung nicht verpasst. Der Pfad führt quer über die herrliche Bergwiese, von der am frühen Morgen noch mystisch der weiße Nebel aufsteigt. Am Waldrand kann man häufig Rehe beobachten, sie sich zur frühen Stunde auf die Lichtung trauen. Der Weg macht im oberen Abschnitt einen Schwenk nach links in den Wald hinein. Wenige Minuten später, nach etwa einer Stunde Gehzeit, erreicht man die Bergstation des Skiliftes Pra di Tori. Hinter

Höhenprofil

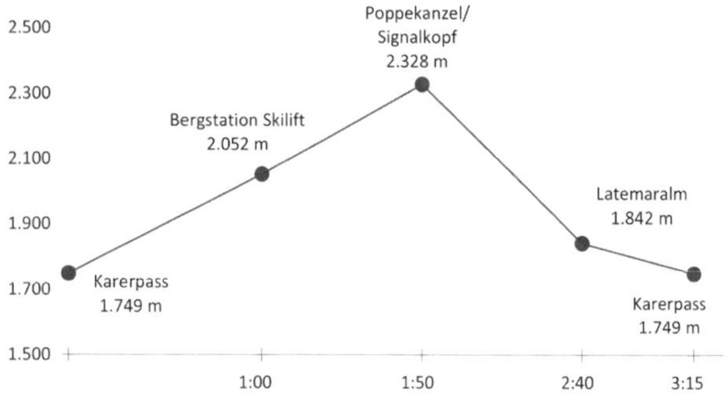

der Holzhütte geht der Weg links vorbei wieder in den Wald hinein und vorüber an einigen Lawinenschutzverbauungen. Der nunmehr steile Steig schlängelt sich in zahlreichen Serpentinen immer weiter nach oben, die Vegetation wird spärlicher, bis schließlich nur noch Gras die Berghänge ziert. Kurz vor dem Gipfel gelangt man an eine Stelle, an der nach links ebenfalls ein Pfad abgeht. Hier hält man sich aber rechts und erkennt kurz danach auch wieder eine Wegmarkierung an einem Felsen. Just in diesem Moment kommt auch schon der Gipfelbereich der Poppekanzel in Sicht. Auf den letzten Metern gibt es noch einen etwas höheren Absatz zu übersteigen, nicht wirklich schwer, aber erwähnenswert. Die Wanderstöcke kann man an dieser Stelle auch einfach unten in Sichtweite stehen lassen. Ganz oben auf dem Gipfel auf 2 328 m angekommen, findet man eine kleine Bank zum Ausruhen vor. Der Bereich ist mit einem Drahtseilgeländer gesichert. Von hier oben eröffnet sich ein Panoramablick besonderer Güte. Hinüber zum höchsten Berg der Dolomiten, der Marmolata, zur Langkofelgruppe und dem Sellastock, zum gegenüberliegenden Rosengarten und zum

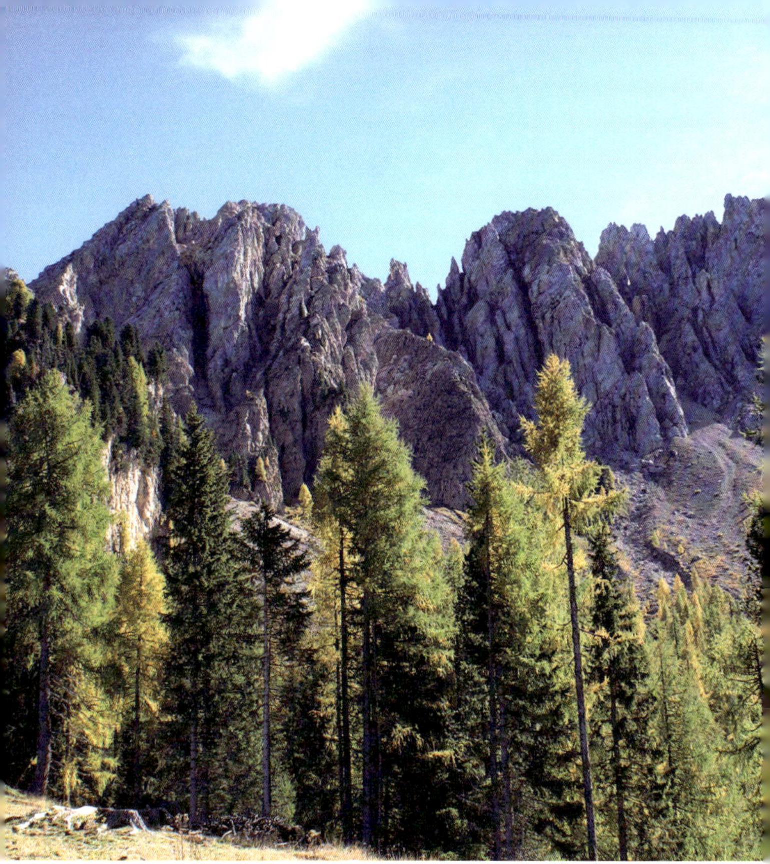

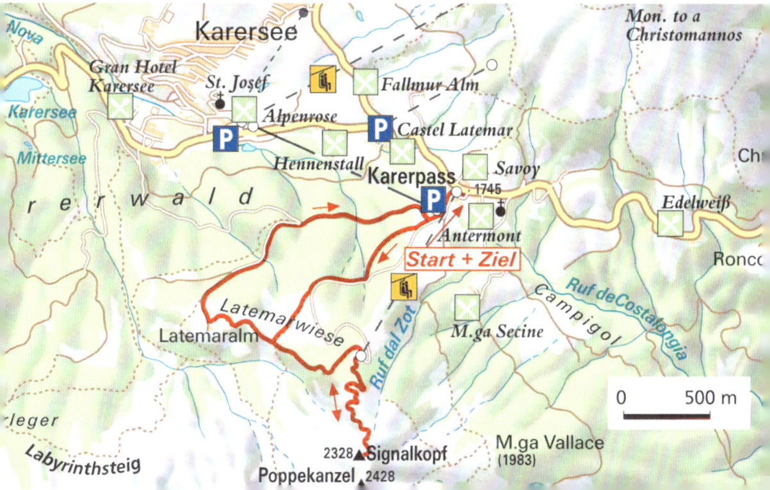

Karersee
Mon. to a Christomannos
Nova
Gran Hotel Karersee
St. Josef
Fallmur Alm
Karersee
Alpenrose
Castel Latemar
Mittersee
Hennenstall
Savoy
Karerpass
1745
r e r w a l d
Edelweiß
Antermont
Start + Ziel
Roncc
Ruf deCostalongia
Campigol
Latemarwiese
Latemaralm
Ruf dal Zot
M.ga Secine
0 500 m
leger
2328 Signalkopf
M.ga Vallace (1983)
Labyrinthsteig
Poppekanzel 2428

Schlern, und wenn sich die Wetterverhältnisse als günstig erweisen, sind am Horizont sogar die Ötztaler Alpen und die Ortlergruppe zu sehen.

Es ist nicht ganz einfach, sich von diesem Panorama wieder loszureißen. Auf dem gleichen Weg geht es zunächst zurück, wieder vorbei an der Bergstation des Sessellifts und durch den Wald hinunter auf die Latemarwiesen. Statt nun aber auf Weg 17 zurückzugehen, halten wir uns an der Wegkreuzung rechts und nehmen den Weg 13 in Richtung der Siedlung, der in nordwestlicher Richtung über die Wiesen geht. Der Weg führt allerdings nicht in die Richtung, in der das Schild zeigt! Es geht tatsächlich einige Grad nach rechts, dort sehen Sie an einem Baum, nur wenige Meter vom Wegweiser entfernt, auch die Markierung 13. Gehen Sie hier also an dem Baum rechts vorbei. 10 Meter weiter steht wieder ein Baum, auf dem erneut die Markierung 13 zu lesen ist und auch hier geht es rechts vorbei. Der Weg führt vorüber an der unbewirtschafteten Latemaralm zu einer weiteren Gabelung, an der man nach rechts abzweigt und der Markierung 13, weiterhin in Richtung Karerpass, folgt. 10 Minuten später hält man sich erneut rechts und geht fortan entlang des Weges 21 hinunter zum Parkplatz.

Gewandert am:

In Begleitung von:

Tipp: Auf dem Rückweg passieren Sie kurz nach der Latemaralm den Abzweig des Weges 13A, der hinüber zum Labyrinthsteig führt. So lässt sich diese Wanderung auch mit der Tour 28 zum Karersee verbinden.

Durch die Gamsstallscharte zur Torre-di-Pisa-Hütte 30

2 686 m, 13,4 km, 5:10 Std., 810 hm/1 330 hm

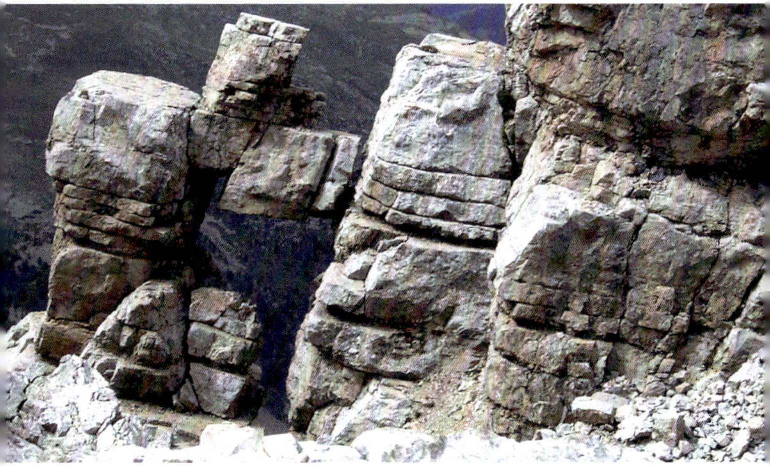

Gemütlich schwebt man zunächst mit dem Sessellift von Obereggen hinauf zur Bergstation Oberholz, hier beginnt die Tour mitten hinein ins Latemarmassiv. Durch die steile Gamsstallscharte gewinnt man schnell an Höhe, vorbei an bizarren Felsformationen und durch eine karge Steinwüste bis zur einzigen bewirtschafteten Hütte in der Latemar-Gruppe, der Torre-di-Pisa-Hütte. Der Abstieg erfolgt über die Feudo-Hütte und weiter bis zur Mayrl-Alm. Von hier verläuft der Weg fast eben zur Bergstation Obereggen, an der die Tour bei Bedarf verkürzt werden kann, indem man mit dem Lift nach Obereggen hinunterfährt, statt über die Ochsenweide abzusteigen. Der Aufstieg durch die Gamsstallscharte ist steil, aber kurz und insgesamt bietet die Tour keine Schwierigkeiten. Eine gute Ausrüstung, körperliche Fitness und Trittsicherheit sind wie bei allen Bergtouren Voraussetzung.

Ausgangspunkt	Obereggen – Bergstation des Sesselliftes Oberholz
Anfahrt	Mit dem Auto zum gebührenfreien Parkplatz nahe der Liftanlage oder mit dem Überlandbus der Linie 180 bis Obereggen
Einkehr	Torre di Pisa, Feudo-Hütte, Zischgalm, Ganischger Alm, Mayrl-Alm
Karte	Tabacco: Schlern, Rosengarten, Latemar, Blatt 29

Die Tour startet ohne Mühen: Mit dem Sessellift geht es zunächst von Obereggen von 1150 m Seehöhe hinauf zur Bergstation Oberholz auf 2150 m. (Wenn Sie lieber zu Fuß hinauf möchten, benötigen Sie für den Aufstieg über den Weg 9 und ab der Epircher Laner Alm auf dem Weg 18 etwa 1:40 Stunden). Von der Bergstation folgt man der Beschilderung „Gamsstallscharte“ nach links auf den Weg 18. Der Steig verläuft steil nach oben, wobei die Umgebung mit jedem Schritt unwirklicher zu werden scheint. Geröll und Schotter prägen immer mehr das Bild. Links und rechts steigen die steilen Felswände empor und in den schattigen Mulden bleibt der Schnee bis weit in den August liegen. Die Überquerung der Firnfelder ist aber problemlos. Weiter geht es vorbei an einigen Felstürmen, bis die Gamsstallscharte zu sehen ist. Sehr steil steigt man die letzten Meter hinauf und schließlich ist die Scharte geschafft und es eröffnet sich ein fantastischer Blick in den Valsordakessel. Der Übergang ist aufgrund seines faszinierenden Ausblicks ein beliebter Rastplatz und beschert uns einige interessante Fotomotive.

Nach rechts geht nun der Weg 516 in Richtung Torre-di-Pisa-Hütte und Passo Feudo weiter. Der Charakter des Weges ändert sich nicht, er bleibt steinig und führt vorbei an bizarren

Felsformationen zur etwa 30 Minuten entfernten Torre-di-Pisa-Hütte. Wenige Minuten vor der Ankunft an der Hütte passiert man einen schiefen Felsturm, von dem die Hütte ihren Namen erhalten hat. Der etwa 20 Meter hohe Turm soll dem berühmten Turm der Kathedrale von Pisa ähneln. Die Schutzhütte steht auf der Cavignon-Spitze auf 2 671 m.

Direkt an der Hütte beginnt der steile und sehr steinige Abstieg auf dem Steig 516 in Richtung Passo Feudo. Das Ziel ist allerdings die Feudo-Hütte, die zugleich die Bergstation eines weiteren Liftes ist. Ist der Abstieg von der Torre-di-Pisa-Hütte geschafft, verlassen wir die Steinwüste und der Weg wird wieder einfacher. Es geht vorbei an teils übermannshohen „Steinmandln" (Steinmännern) – kunstvoll aufgeschichteten Steinsäulen, die Wind und Wetter trotzen und deren Ursprung und Bedeutung bis heute nicht letztgültig geklärt sind. Häufig dienen die Steinsäulen der Orientierung und zeigen den Weg hinauf in die Berge.

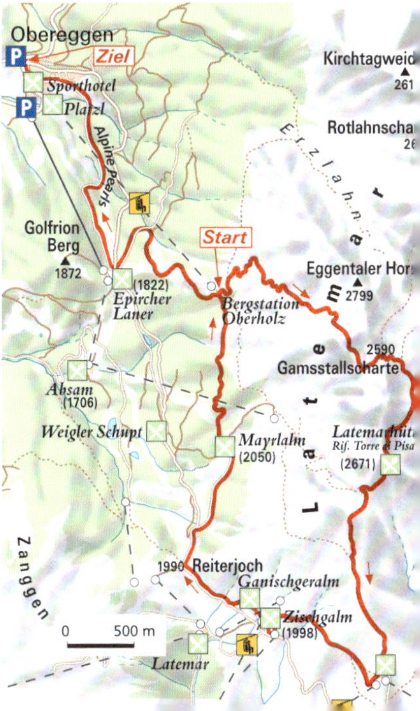

Kurz danach erreicht man schließlich die Feudo-Hütte und hält sich fortan auf Weg 504/521, der hinüber zu Ganischger und Zischgalm führt, die in 15–20 Minuten auch schon erreicht sind. Auf einem asphaltierten Versorgungssträßchen geht es nun unterhalb der Westflanke des Latemar auf dem Weg 505 Richtung

Höhenprofil

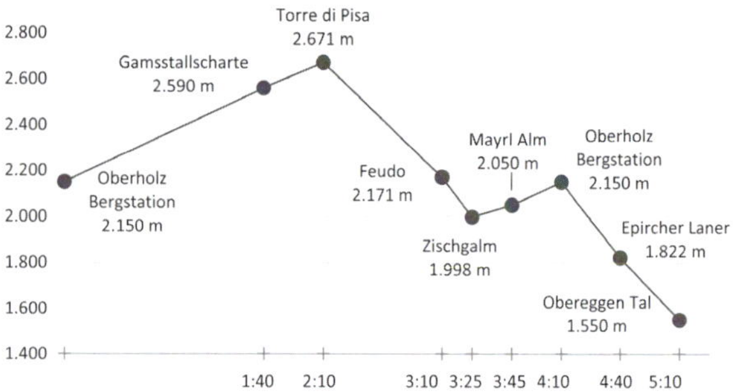

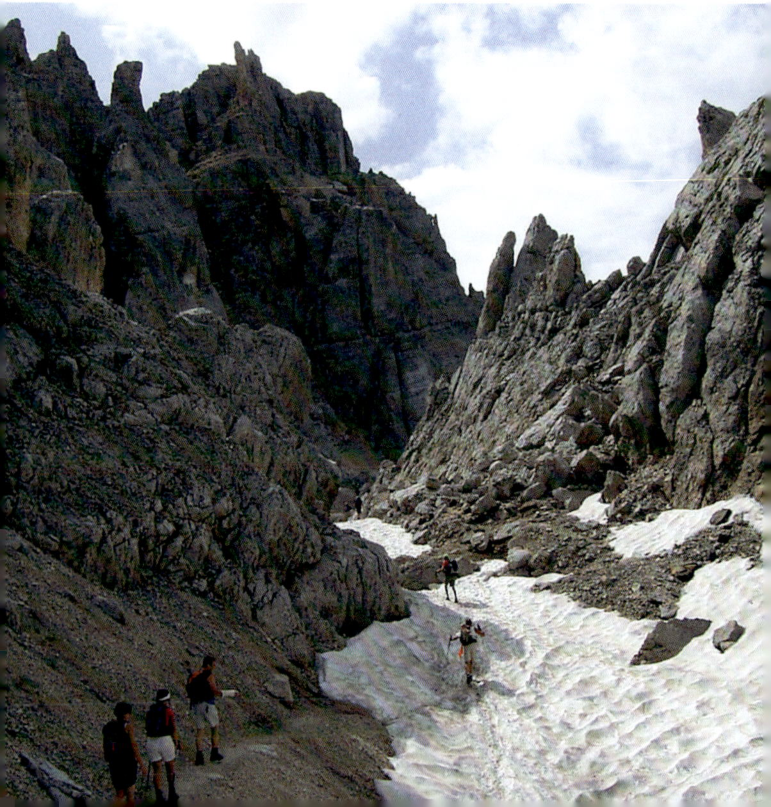

Obereggen weiter zum Abzweig des Weges 23 am Reiterjoch und rechts hinauf zur Mayrl-Alm, einer weiteren gemütlichen Einkehrmöglichkeit.

In weniger als einer halben Stunde erreicht man auf Weg 23 fast eben und ohne Mühen die Bergstation Oberholz. Wenn die Beine schwer geworden sind, können Sie hier die Gelegenheit nutzen und mit dem Sesselift hinab ins Tal schweben. Die Tour sieht allerdings den etwa einstündigen Abstieg zu Fuß vor. Links weg geht der Pfad 18, der hinunter durch den Wald bis zur Epircher Laner Alm führt, der Bergstation des Skilifts Ochsenweide. Über die Ochsenweide ein Stück entlang der Skipiste geht es weiter im Wechsel über Wiesen und durch kleine Waldabschnitte hinunter zum Parkplatz Obereggen nahe der Talstation des Oberholz-Liftes.

Gewandert am:

In Begleitung von:

31 *Vom Völser Weiher zum Hofer Alpl*

1 390 m, 10,2 km, 2:45 Std., 385 hm/385 hm

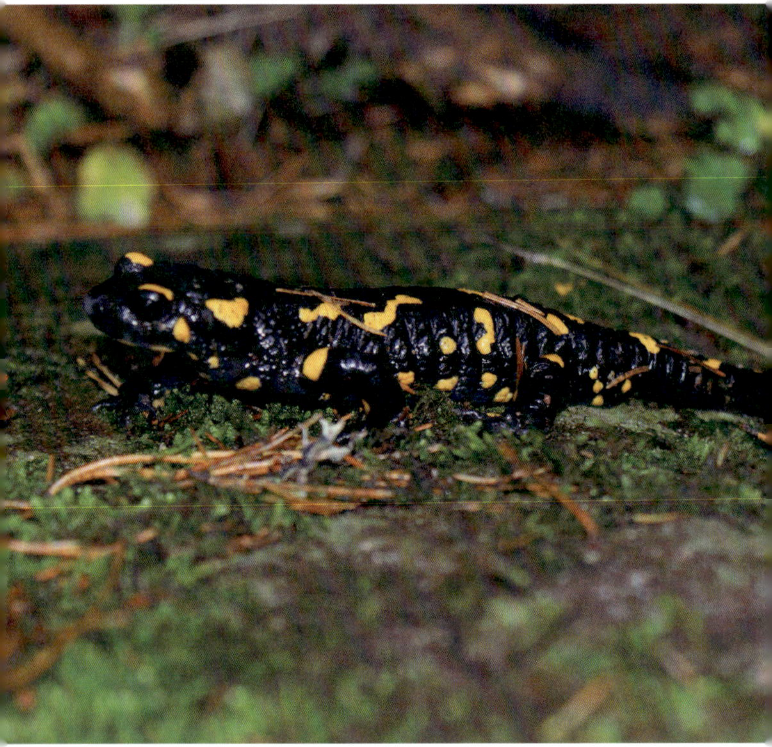

Eine kleine Wanderung in den Wäldern unterhalb des Schlern vom idyllischen Völser Weiher zur Tuffalm und weiter zum Hofer Alpl. Auf dem Rückweg schauen wir auf einen Sprung in der Migghöhle vorbei. Die Tour bietet keine besonderen Schwierigkeiten und verläuft auf gut ausgebauten Wegen, dennoch ist sie nicht durchgehend kinderwagengeeignet. Eine gute Nachmittagstour.

Ausgangspunkt	Völser Weiher
Anfahrt	Mit dem Auto zum gebührenpflichtigen Parkplatz am Weiher oder mit dem Bus der Sonderlinie Völs–Völser Weiher. Der Bus fährt nur von Mitte Juni bis Anfang September. Haltestelle in Völs am Ortseingang, direkt vor der Bäckerei.
Einkehr	Restaurant Völser Weiher, Tuffalm, Hofer Alpl
Karte	Alpenwelt Verlag: Seiser Alm, Nr. 1428 oder Tabacco: Seiser Alm–Schlerngebiet

Der Völser Weiher liegt herrlich gelegen im Wald direkt unterhalb des Schlern. Er ist ein sehr beliebter und warmer Badesee und zählt zu den saubersten in Italien. Tatsächlich ist er aber eigentlich kein See, sondern wird mit einer maximalen Tiefe von kaum 4 Metern als Weiher klassifiziert. Er wurde im 16. Jahrhundert als Fischteich angelegt.
Vom Parkplatz aus erreicht man den Weiher an seinem südwestlichen Ende. Hier verläuft der Weg nach links, vorbei am Hotel Waldsee und am westlichen Ufer entlang. Wir umrunden den See in gemütlichen 15 Minuten und gehen schließlich nach links auf Weg 1 weiter hinauf zum Huber Weiher. Der Huber Weiher ist ein Fischteich, das Baden ist hier verboten. Eine Umrundung des Weihers auf dem Weiherrundweg dauert etwa 10 Minuten. Auf einem breiten Forstweg geht man nun weiter und gelangt nach 3 Minuten an eine Abzweigung. Zur Tuffalm, dem nächsten Etappenziel, geht es nun sowohl nach links auf dem Weg 1B (40 Minuten), als auch nach rechts auf Weg 1 (30 Minuten). Hier hält man sich nun links. Zwar ist dieser Weg rund 10 Minuten länger, er geht aber dafür weniger steil bergauf als der in den Wald führende Pfad 1. Über den breiten Forstweg erreicht man schließlich die Tuffalm (1 270 m), die oben auf der gleichnamigen

Höhenprofil

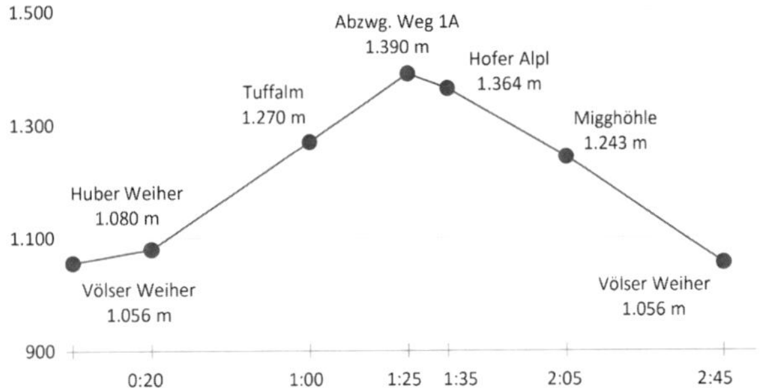

Wiese liegt. Im Jahr 2007 wurde die Tuffalm von den Lesern der Tageszeitung *Dolomiten* zur schönsten Alm Südtirols gewählt. Die Hütte bietet einen kleinen Spielplatz und Ziegen, Alpakas, Pferde und Hasen erfreuen sich an den Streicheleinheiten der Kinder. Da der Weg vom Völser Weiher nicht weit ist, ist die Hütte an schönen Tagen meist gut besucht. Wer das Gasthaus einmal ohne Wanderung besuchen möchte, kann vom Völser Weiher auch mit der Pferdekutsche vom Weiher-Parkplatz herauffahren.

Über die Wiese führen nun zwei Wege auf der anderen Seite des Plateaus in den Wald hinein. Wir nehmen den oberen mit der Markierung 1 in Richtung Hofer Alpl. Der Weg bietet keine Schwierigkeiten, führt aber stets bergan zur nächsten Abzweigung, an der man nach rechts auf den Pfad 1A, weiterhin in Richtung Hofer Alpl, wechselt. Kaum 10 Minuten später ist das Gasthaus auf 1 364 Meter erreicht. Der Berghof wird von Familie Hofer geführt und bietet typische Südtiroler Küche. Von der einladenden Sonnenterrasse genießt man einen wunderschönen Talblick auf die umliegenden Orte bis hinunter nach Bozen und auf das einzigartige

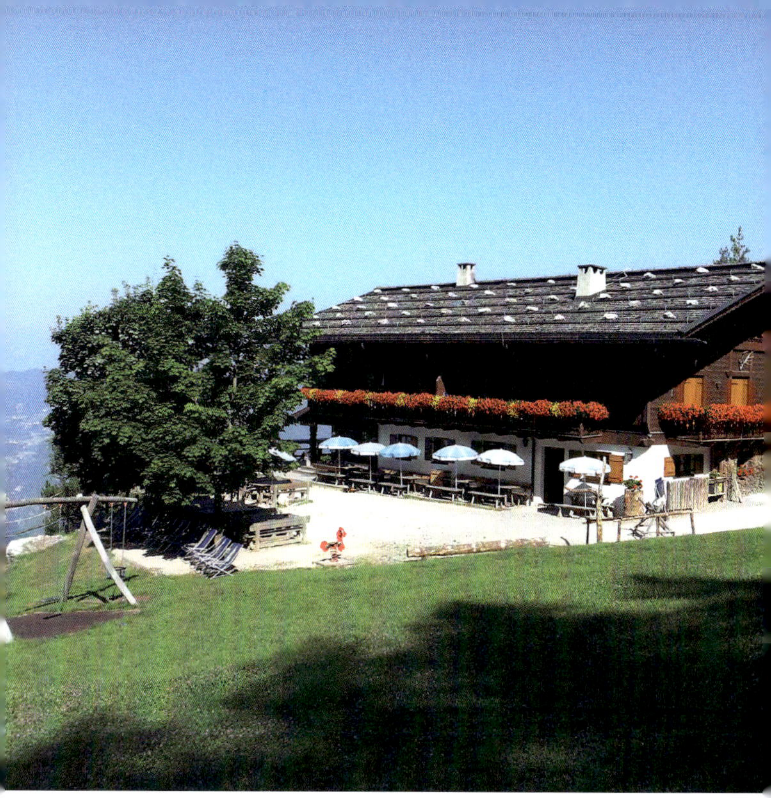

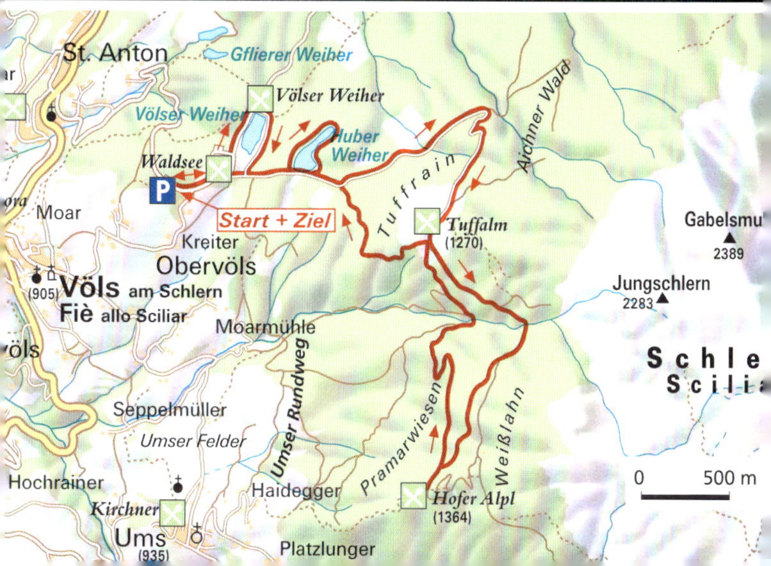

St. Anton
Gflierer Weiher
Völser Weiher
Völser Weiher
Huber Weiher
Waldsee
P
Start + Ziel
Aichner Wald
Tuffrain
Tuffalm
(1270)
Moar
Kreiter
Obervöls
Gabelsmu
2389
Jungschlern
2283
(905)
Völs am Schlern
Fiè allo Sciliar
Moarmühle
Umser Rundweg
Seppelmüller
Umser Felder
Pramarwiesen
Weißlahn
Hochrainer
Haidegger
Kirchner
Hofer Alpl
(1364)
Ums
(935)
Platzlunger
0
500 m

Bergpanorama der Alpen, zum Beispiel auf die Texelgruppe oder die Ötztaler Alpen.
Nach einer ausgiebigen Rast ist die Migghöhle das nächste Ziel der Tour. Auf dem Weg 8 Richtung Völs am Schlern und später 8A Richtung Völser Weiher, geht es auf dem breiten Forstweg oberhalb des Gasthauses weiter. Die Höhle erreicht man nach etwa 20 Gehminuten. Kurz bevor man auf einer kleinen Brücke den Völserbach überquert, geht nach rechts ein schmaler Pfad ab. Er führt 2 Minuten bergauf zu einem großen Felsblock. In der Höhle unter diesem Felsen hatte sich für einige Zeit der Einsiedler Franz Mich eingerichtet und beim Verlassen einige Gegenstände zurückgelassen, die auch heute noch hier zu finden sind. Man kann sich kaum vorstellen, wie Migg – so wurde er von den Einheimischen genannt – hier, vor allem während der kalten Jahreszeit, leben konnte. Wenn Sie den Unterschlupf besuchen möchten, nehmen Sie am besten eine Taschenlampe mit.
Auf dem Weg durch den Wald gelangt man nach 10 weiteren Minuten wieder zur Tuffalm. Dieses Mal zweigt man allerdings unterhalb der Alm auf der Wiese nach links auf den Weg 1 ab, der steil hinunter zum Huber Weiher und schließlich weiter zum Parkplatz und der Bushaltestelle am Völser Weiher führt.

Gewandert am:

In Begleitung von:

Gflierer Weiher, Völser Weiher, Huber Weiher 32

1 080 m, 6,5 km, 1:40 Std., 220 hm/220 hm

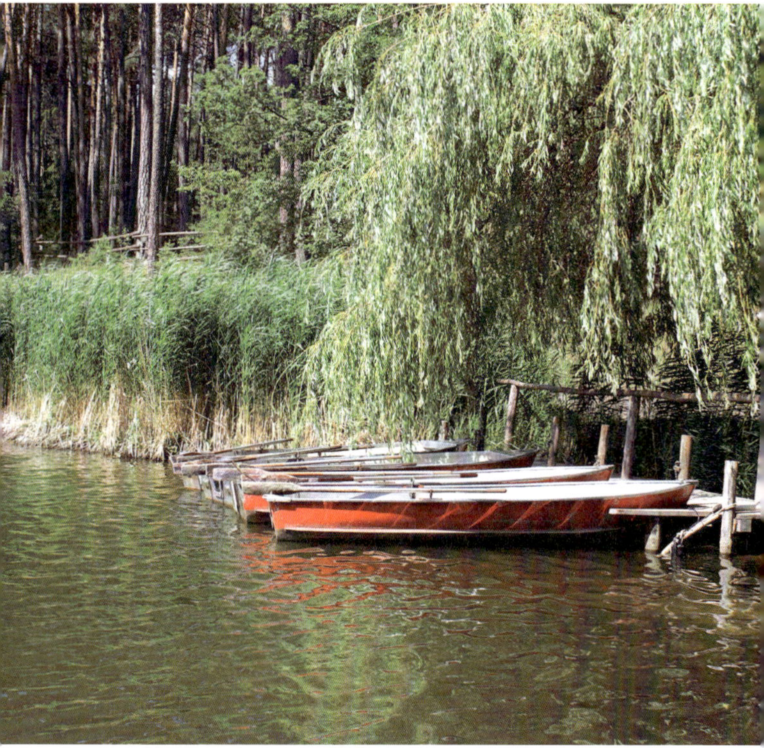

Ein Ausflug von Völs hinauf zum wenig bekannten Gflierer Weiher, weiter zum Völser Weiher und schließlich zum Huber Weiher, die nahe beieinander liegen. Bei schönem Wetter sollten Sie Ihre Schwimmsachen mitnehmen, denn ein erquickendes Bad im angenehm temperierten Völser Weiher ist ein ganz besonderer Genuss. Gemütlichen Schrittes geht es schließlich wieder zurück nach Völs.

Ausgangspunkt	Am Kreisverkehr in Völs
Anfahrt	Mit dem Auto nach Völs, gebührenpflichtige Parkmöglichkeit am Altersheim im Kartatschweg oder mit dem Bus der Linien 2, 170 oder 175 bis zur Haltestelle Völs am Schlern
Einkehr	Restaurant Völser Weiher, Schwimmhütte, Bar Flora am Kreisverkehr
Karte	Alpenwelt Verlag: Seiser Alm, Nr. 1428 oder Tabacco: Seiser Alm–Schlerngebiet

Die Weiher-Tour startet in Völs direkt am Kreisverkehr. Dort geht der Weg 15 in Richtung St. Anton und Völser Weiher direkt neben der Konditorei Seeber ab. Zunächst wandert man zwischen den Häusern hindurch und quer über die Wiese, bis man schließlich auf eine schmale Straße trifft und kurz danach an die erste Weggabelung gelangt. Zum Völser Weiher ginge es rechts, wir möchten aber zuerst zum Gflierer Weiher und folgen daher links Weg 15 nach St. Anton. Wenige Meter später gabelt sich der Weg erneut und hier hält man sich rechts und geht fortan auf dem Weg 13A weiter. Am Waldrand entlang führt die kleine Straße, die man kurz vor dem Weiher nach links verlässt und in den Wald hineingeht. 3 Minuten später ist der Gflierer Weiher erreicht. Auf einem schmalen Pfad kann man um das Gewässer herumgehen und auf der gegenüberliegenden Seite sind auch eine Bank und ein Tisch aufgebaut, welche ideal für eine Rast geeignet sind.

Etwa an der Stelle, an der man zum Weiher gelangt, geht auch der Weg 13A hinüber zum Völser Weiher weiter. Es geht ein kurzes Stück nach oben und nach nur 5 Minuten tritt man neben dem Restaurant Völser Weiher an das Gewässer heran. Am Gasthaus können Sie übrigens auch ein

Ruderboot anmieten, falls Sie die Gelegenheit für einen romantischen Bootsausflug nutzen möchten. Der Völser Weiher wurde im 16. Jahrhundert von Leonhard Colonna von Völs als Fischteich angelegt. Der Weiher misst an der tiefsten Stelle kaum 4 Meter und zählt zu den saubersten Badegewässern in ganz Südtirol, er ist daher auch besonders beliebt. Aufgrund der geringen Wassertiefe erwärmt er sich im Sommer auf angenehme Temperaturen. Nach links geht es hinüber zur Schwimmhütte, einer weiteren Gelegenheit zur Einkehr oder für ein Eis am Stiel zum Mitnehmen. Am Ostufer des Weihers entlang erreicht man die nächste Wegkreuzung. Zum dritten Weiher am heutigen Tag geht es dann nach links auf dem Weg 1.

Der Huber Weiher ist ein Fischweiher und wurde ebenfalls zu Zeiten Leonhard Colonnas von Völs künstlich angelegt. Während im Völser Weiher das Fischen heute nicht mehr erlaubt ist, ist im Huber Weiher das Baden untersagt. Auf dem Weiher-Rundweg umwandern Sie ihn gemütlichen Schrittes in etwa 15 Minuten. Vom Huber Weiher geht es schließlich wieder hinunter zum Völser Weiher. Dieses Mal entlang des westlichen Ufers, vorbei am Hotel Waldsee und wieder zum

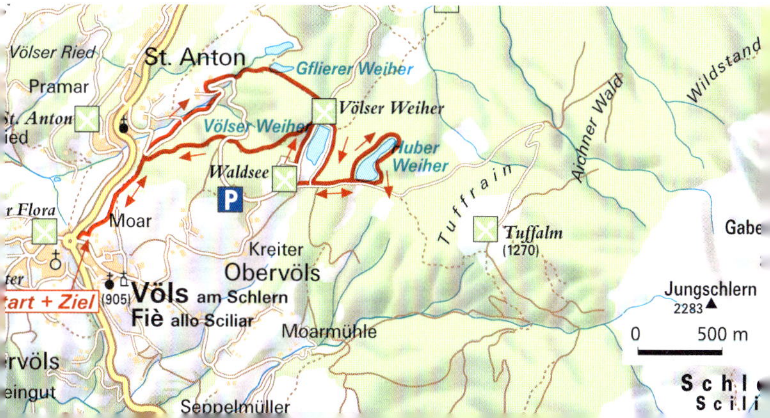

Höhenprofil

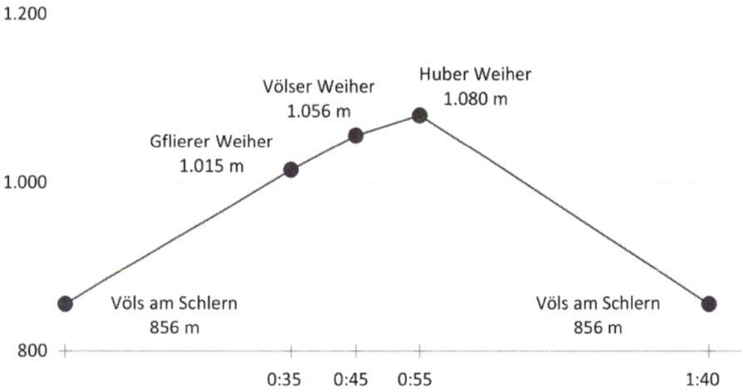

Gasthof Völser Weiher. Vor dem Gasthof geht der Weg 14 quer durch den Wald weg. Er führt steil durch den Wald hinab und mündet schließlich wieder auf den Weg 15, den wir vorhin als Hinweg bereits gegangen sind. Es geht nun also nach links weiter und zurück nach Völs.

Gewandert am:

In Begleitung von:

Der Oswald-von-Wolkenstein-Weg 33

1 222 m, 6,2 km, 1:45 Std., 220 hm/220 hm

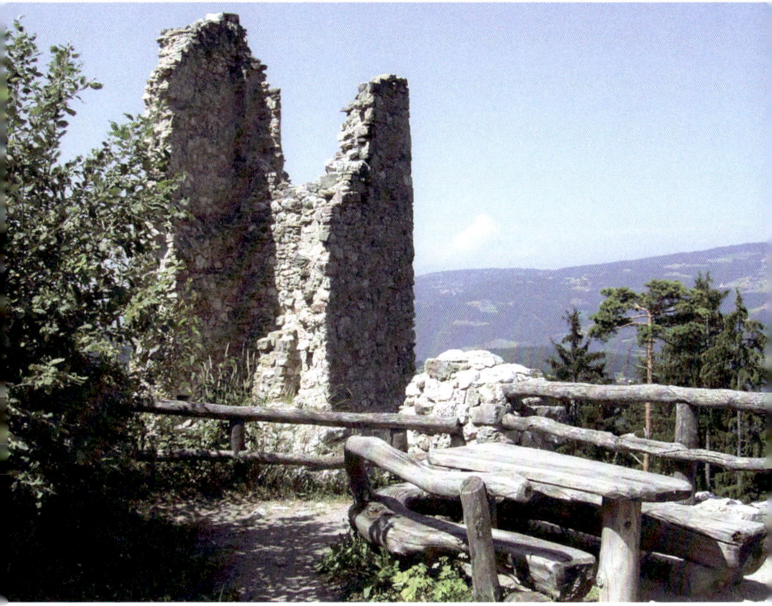

Der Oswald-von-Wolkenstein-Weg ist ein einfach zu gehender geschichtlicher Themenweg, der auch für Kinder sehr interessant ist. Eine Reise in die Zeit des Minnesängers und Dichters Oswald von Wolkenstein (1377–1445). Von der Talstation Seis führt der Weg durch den dichten Wald hinauf zu den beiden Burgruinen Salegg und Hauenstein. Vorbei am spannenden Geschichtenbuch, gibt es auf dem Weg 15 Stationen, die zum Spielen und Entdecken einladen. Da der Weg fast ausschließlich durch den Wald verläuft, kann er auch an sehr heißen Tagen im Sommer problemlos begangen werden.

Ausgangspunkt	Talstation Seis-Umlaufbahn
Anfahrt	Mit dem Auto zum kostenlosen Parkplatz an der Umlaufbahn oder mit dem Linienbus zur Umlaufbahn
Einkehr	Pizzeria & Spaghetteria „Santner's" an der Umlaufbahn
Karte	Alpenwelt Verlag: Seiser Alm, Nr. 1428 oder Tabacco: Seiser Alm–Schlerngebiet

Die Wanderung auf dem Oswald-von-Wolkenstein-Weg startet am Parkplatz der Umlaufbahn Seis. Vom Parkplatz geht man zunächst ein paar Schritte nach unten in Richtung Zufahrt und biegt dann nach links zum Hotel Salegg ab (Markierung 3). Bis zum Hotel sind es auf der kleinen Straße weniger als 10 Minuten. Nun gilt es, den richtigen Einstieg in die Tour zu finden. Nehmen Sie nicht die erste Abzweigung über die Wiese, sondern gehen Sie links am Hotel vorbei und folgen Sie der Beschilderung „Oswald-von-Wolkenstein-Weg und Ruine Salegg" (20 Minuten, Nr. 3). Der Weg führt ansteigend auf einem schmalen Pfad in den Wald hinein und bereits nach wenigen Minuten erreicht man den ersten Informationswürfel und einen Thron aus Holz. Die angebrachten Hinweise schlagen vor, an dieser Stelle ein kleines Spiel zu machen (König, wie viele Schritte darf ich gehen?).

Wenige Minuten später ist die Ruine Salegg erreicht. Die Burg wurde vermutlich im 12. Jahrhundert erbaut und 1148 zum ersten Mal urkundlich erwähnt. Hinweistafeln im Inneren der Burg erzählen über ihre bewegte Geschichte. So ist zu lesen, dass es von der Burg Salegg hinüber zur nur etwa 30 Minuten entfernten Burg Hauenstein einen geheimen unterirdischen Gang geben soll. Der Eingang soll gut versteckt sein und nur von der Burg Salegg aus zu erreichen. Im Gang sollen wertvolle Schätze liegen, bewacht von einer Jungfrau mit langen goldenen Haaren. Noch hat sich niemand in den Gang getraut, obwohl sich der Geist angeblich schon durch bloßes Ansprechen verjagen lassen soll. Wer weiß, vielleicht finden Sie ja die Tür zum Geheimgang?

Der Pfad durch den Wald ist angenehm zu gehen, das Sonnenlicht bahnt sich den Weg durch die Bäume, und Steine, die mit tiefgrünem Moos bewachsen sind, wirken wie flauschige Kissen. Eine märchenhafte Stimmung macht sich breit und fast ist man geneigt, Brotkrümel zu verstreuen, um später wieder den Weg aus dem Wald zu finden. Aber die Sorge ist unbegründet, die Pfade sind gut sichtbar und Schilder weisen uns immer wieder den sicheren Weg. Etwa nach einer guten halben Stunde passiert man das Geschichtenbuch. Man findet es rechts, nur ein paar Meter im Wald hinauf, unter einem mächtigen Felsblock. Drumherum, im sicheren Schutz des Felsens, sind Sitzgelegenheiten aufgestellt. Einer liest vor und alle anderen können gemütlich sitzend der Geschichte lauschen.

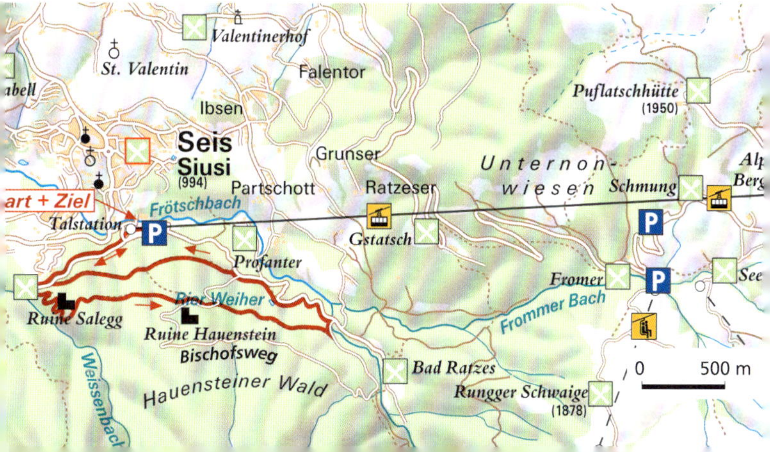

Höhenprofil

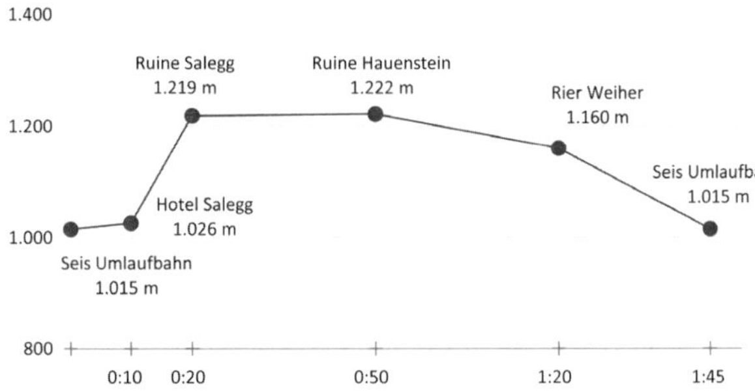

Weiter geht es durch den Wald bis hinüber zur Burgruine Hauenstein. In dieser Burg lebte einst Oswald von Wolkenstein (um 1427). Von der ehemaligen Burg ist noch etwas mehr zu sehen als von Salegg. Steil geht es einen kurzen Steig zur Ruine hinauf. Die Burg wurde wahrscheinlich ebenfalls im 12. Jahrhundert erbaut und 1186 erstmals urkundlich erwähnt. Hinweistafeln, die unten an der Burg angebracht sind, geben einen Einblick in die Geschichte des verfallenen Bauwerks.

Vorbei an weiteren Stationen des Weges geht es durch den Wald und stets der Beschilderung des Themenweges folgend. In der Nähe des Hotels Bad Ratzes wandert man für ein paar Schritte an einer kleinen Straße entlang, aber nach wenigen Metern verlässt man diese bereits wieder. Plötzlich taucht im Wald ein kleiner Weiher auf, an dessen Ufer ein großer Tisch steht. Hier finden König und Königin und die treuesten Gefolgsleute Platz. Ein schöner Ort, um die mitgebrachte Jause zu genießen. Kurz danach geht der Rundweg für ein paar Minuten auf einem Forstweg weiter, zweigt dann aber wieder in den Wald hinein ab (Nr. 3) und führt

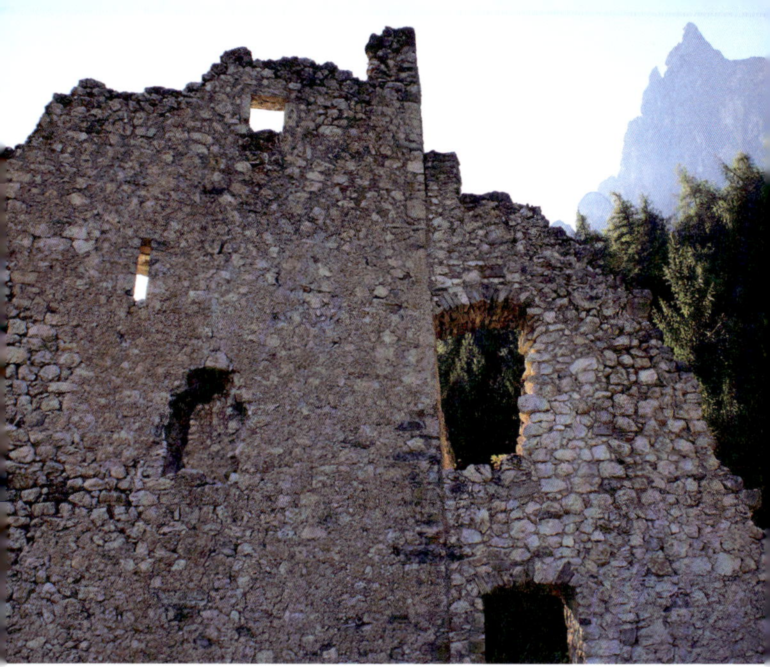

hinüber zum Hotel Salegg. Vom Hotel auf der kleinen Straße geht es dann in kaum 10 Minuten wieder zurück zum Parkplatz der Umlaufbahn.

Gewandert am:

In Begleitung von:

34 *Geologensteig – nicht nur für Geologen*

1935 m, 12 km, 4:20 Std., 740 hm/740 hm

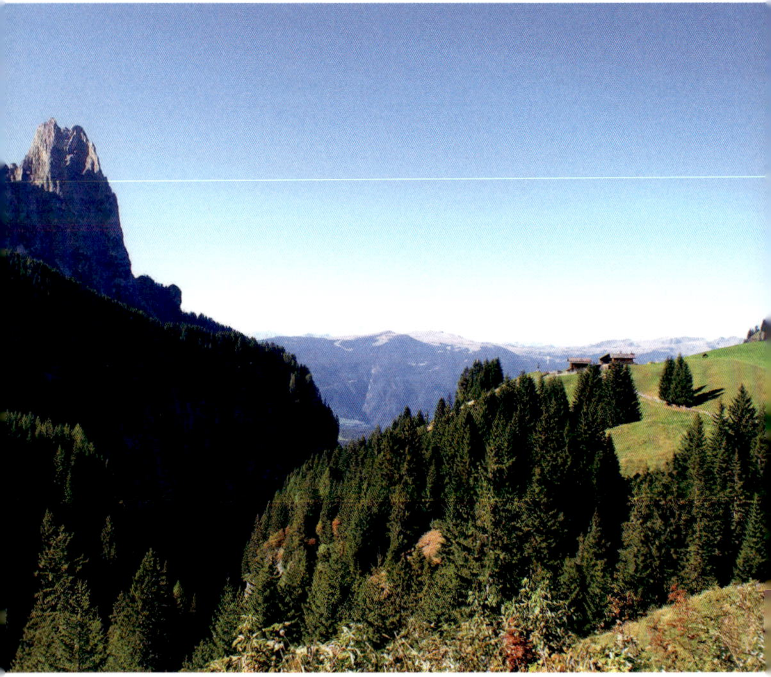

Eine Reise durch 280 Millionen Jahre Erdgeschichte. Der Geologensteig am Frötschbach ist ein Naturerlebnisweg, der von Bad Ratzes hinauf bis zur Saltner Hütte führt. Zehn Hinweistafeln entlang des Steiges erklären die verschiedenen Gesteinsschichten, die zu sehen sind. Damit man vom Endpunkt bei der Hütte nicht auf dem gleichen Weg wieder zurückgehen muss, wurde die Tour erweitert und führt am Rand der Seiser Alm weiter bis Spitzbühel und schließlich wieder nach Bad Ratzes zum Ausgangspunkt.

Ausgangspunkt	Parkplatz/Bushaltestelle Bad Ratzes
Anfahrt	Mit dem Auto zum Parkplatz Bad Ratzes oder mit dem Linienbus ab Seis
Einkehr	Prossliner Schwaige, Saltner Hütte, Gasthaus Gstatsch
Variante	Vom Endpunkt des Geologensteigs auf demselben Weg zurück nach Bad Ratzes in etwa 1 ½ Stunden
Karte	Alpenwelt Verlag: Seiser Alm, Nr. I428 oder Tabacco: Seiser Alm–Schlerngebiet

Auf dem kleinen Parkplatz oder der Bushaltestelle Bad Ratzes beginnt der Geologensteig. Zunächst folgt man laut Markierung 1 Richtung Prossliner Schwaige steil einem breiten Forstweg durch den Wald hinauf. Etwa nach einer halben Stunde gabelt sich der Weg, nach rechts ginge die Nummer 1 zur Schlernbödelehütte weiter. Der Geologensteig findet links auf Weg 1A seine Fortsetzung in Richtung Prossliner Schwaige. Der Pfad wird schmaler und führt zunächst bergab und über den Frötschbach auf die andere Seite des kleinen Tales. Nach der Überquerung des Baches steigt er wieder an und führt vorbei an einigen kleinen Wasserfällen. Kurz vor dem Erreichen der Prossliner Schwaige wird es nochmals ein wenig anstrengender, der Weg steigt erneut an und windet sich in einigen Serpentinen hinauf zur Schwaige, die man etwa nach 1 ½ Stunden erreicht. Von hier hat man einen fantastischen Blick auf den Schlern und auf die Euringer- und die Santnerspitze.

Weiter geht es nun auf Weg 10, später 10A in etwa einer halben Stunde hinüber zur Saltner Hütte und kurz vor der Hütte passiert man schließlich auch die 10. Hinweistafel des Geologensteigs. Hier endet der Weg. Nun bieten sich zwei

Höhenprofil

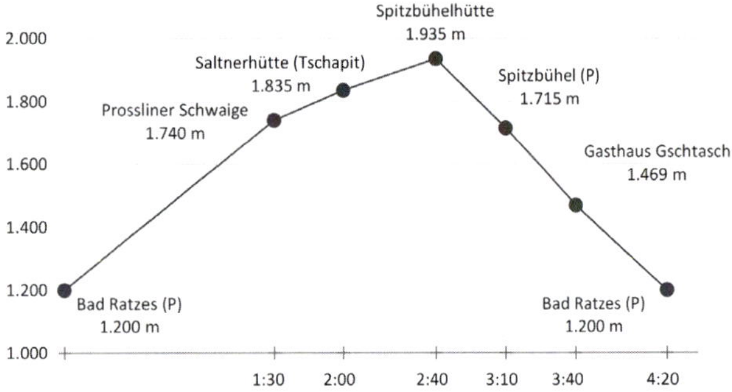

Möglichkeiten an: Entweder Sie gehen auf dem gleichen Weg in 1 ½ Stunden wieder zurück nach Bad Ratzes oder Sie folgen der weiteren Tourenbeschreibung, die Sie über Spitzbühel in einer Runde und etwas über 2 Stunden wieder zum Startpunkt führt. Für die Erweiterung der Tour folgen Sie ab der Saltner Hütte dem Weg 5 Richtung Compatsch und Spitzbühel. Auf einem breiten Forstweg geht es zuerst etwas bergauf bis zur Abzweigung des Weges 10, der hinüber nach Compatsch führt. Wir bleiben hier auf Weg 5 und erreichen nur 10 Minuten später die Spitzbühelhütte. An der Hütte kann man sich

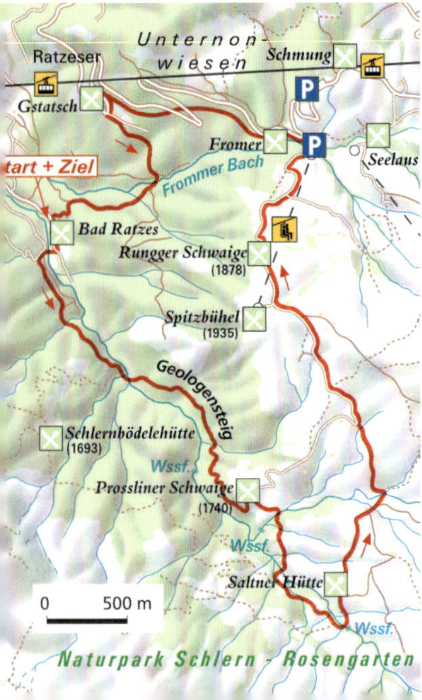

nun überlegen, ob man hinunter zum Parkplatz Spitzbühel knieschonend den Sessellift nutzt oder auf der kleinen Straße (weiter auf Weg 5) in 30 Minuten hinunterwandert.
Am Parkplatz Spitzbühel spaziert man zunächst vorbei am Gasthof Frommer ein Stück die Straße hinunter, aber schon in der zweiten Kurve zweigt der Weg 4 nach links ab und man verlässt die Straße wieder. Durch den Wald verläuft der Pfad zügig talwärts, dabei kreuzen wir die Straße noch an zwei Stellen, bis man schließlich kurz oberhalb des Gasthauses Gstatsch herauskommt. Am Gasthaus vorbei folgt man nun dem Steig 9, der wieder in den Wald hineingeht und uns in einer weiteren halben Stunde zum Parkplatz Bad Ratzes bringt.

Gewandert am:

In Begleitung von:

35 *Der Oachner Höfeweg*

1010 m, 13,2 km, 3:45 Std., 530 hm/530 hm

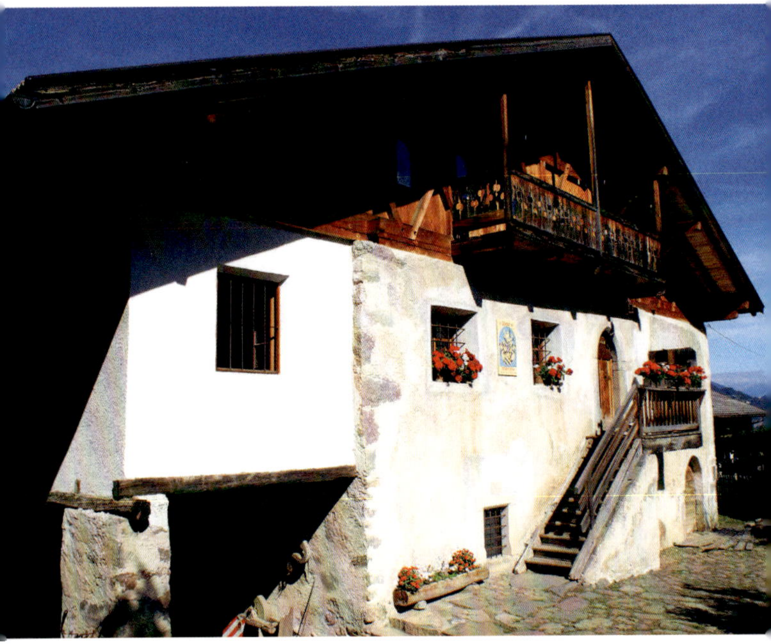

Eine Wanderung der besonderen Art durch eine abwechslungsreiche Natur- und Kulturlandschaft. Vorbei an jahrhundertealten Höfen, Weinbergen und Obstplantagen, durch Wälder und über Wiesen. Der Höfeweg startet nahe dem Schloss Prösels und führt bis zum Kirchlein in St. Katharina. Zurück geht es über das Schnaggenkreuz wieder nach Prösels. Von St. Katharina kann man aber auch mit dem Bus zurückfahren, falls man die Tour verkürzen möchte. Wer die Wanderung hingegen noch verlängern möchte, wandert weiter auf dem Tierser Höfeweg bis nach Tiers (Tour 36).

Ausgangspunkt	Parkplatz neben Schloss Prösels
Anfahrt	Mit dem Auto zum kostenfreien Parkplatz am Schloss oder mit dem Linienbus, der ebenfalls am Schloss hält
Einkehr	Verschiedene Einkehrmöglichkeiten auf dem Weg, die Buschenschenken haben aber nicht das ganze Jahr über geöffnet
Beste Jahreszeit	Besonders schön im Herbst zur Törggele-Zeit
Kurze Variante	Von St. Kathrein mit dem Bus zurück nach Prösels
Hinweis	Beim Tourismusverein erhalten Sie eine sehr schöne Broschüre zum Oachner Höfeweg mit weiteren Informationen zu Land und Leuten.
Karte	Alpenwelt Verlag: Seiser Alm, Nr. 1428 oder Tabacco: Seiser Alm–Schlerngebiet

Nahe dem Schloss Prösels beginnt der Oachner Höfeweg am dortigen Parkplatz. Er ist durchgehend beschildert. Vom Parkplatz folgt man zunächst einem Forstweg und gelangt nach etwa einer Viertelstunde im Wald an eine Stelle, an der der Wegweiser nicht eindeutig die Richtung anzeigt. Rechts auf dem Forstweg bergab oder nach links einem schmaleren Weg folgen? Tatsächlich führen beide Wege später wieder zusammen, dennoch geht es hier zunächst links den schmalen Weg weiter, denn so gelangt man kaum 2 Minuten später zum Wirtskeller (Rieferkeller). Der Wirtskeller ist ein Naturdenkmal, er wurde einst als natürlicher Kühlraum genutzt. Die Tür ist nicht verschlossen und wer hineingeht, spürt den Temperaturunterschied zu draußen sehr deutlich. Die Kühlung kommt zustande, da oben am Hang warme Luft eingesogen wird und diese durch ein System an Kanälen durch eine Bergsturzhalde strömt, wobei sie deutlich abgekühlt wird. Eine Hinweistafel am Gebäude erklärt die Funktionsweise

Höhenprofil

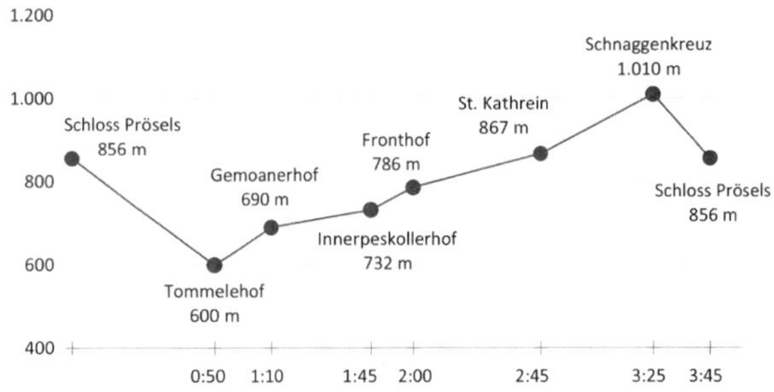

der Eislöcher im Detail. Kurz nach dem Wirtskeller geht der Weg nach rechts ab und mündet wieder in den Forstweg.
Nach etwa einer halben Stunde passiert man den Dosserhof und geht für ein paar Minuten auf einem kleinen Sträßchen weiter, ehe daraus wieder ein Wanderpfad wird. Schließlich tritt man aus dem Wald hinaus und folgt 2 Minuten erneut einer Straße, bevor man dann aber scharf nach rechts abbiegt und direkt am Tommelehof (Mitterspenner) vorbeigeht. Unmittelbar daneben steht der Weinhof Unterspenn, ein sehr alter Hof, der bereits 1288 urkundlich erwähnt ist und über eine gotische Spitzbogentüre und Stube verfügt. Entlang zahlreicher Weinreben geht es weiter durch die wunderschöne Natur.
Etwa 10 Minuten später quert man die Straße nach Unteraicha und geht gerade über eine lange Zufahrt zum Gemoanerhof (auch Gmoaner Hof).
Wir wandern über den Hof und biegen an dessen Ende nach links, und wenige Meter später erneut nach links ab. Es geht nun ein kurzes Stück entlang des Weinbergs, bis man schließlich auf die Straße trifft und dieser für wenige Minuten bergab folgt. Kurz vor dem Prackfolerhof zweigt nach links ein

schmaler Pfad ab und führt den Hang hinauf. Über Wiesen und vorbei an Apfelplantagen, immer den Rosengarten vor Augen, wandert man am Rand des Tierser Tals zum Gasthaus Gstatsch und einer weiteren Buschenschank, dem Innerpeskollerhof. Nach dem Zoarhof trifft man wieder auf eine Straße und unmittelbar danach kommt man zu einem weiteren sehr alten Hof, dem Fronthof, der 1379 erstmals urkundlich erwähnt wurde. Aber es geht noch älter, denn 2 Minuten später passiert man den Fingerhof, der nun schon über 750 Jahre alt ist und erstmals im Jahr 1258 erwähnt wurde. Nach den Höfen quert man schließlich auf einer wackeligen Hängebrücke den Lausbach unterhalb von Völser Aicha, was sicherlich besonders für Kinder spannend sein dürfte. Vorbei am Unterharderhof geht es ein paar Minuten auf einer kleinen Straße steil hinauf zur Hauptstraße, die nach Tiers führt. Man quert diese und

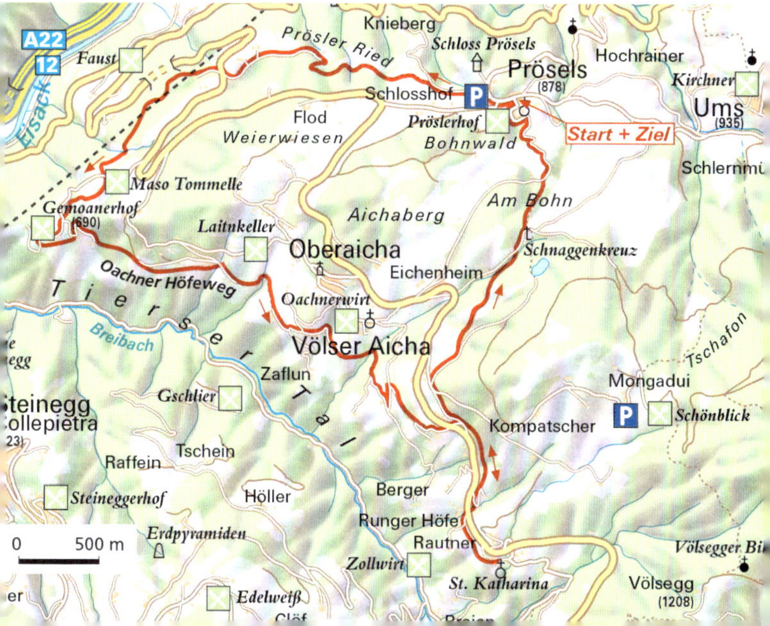

setzt den Weg auf der anderen Seite, für einige Minuten parallel zur Straße, fort. Wenig später unterquert man die Hauptstraße und geht danach auf einem Pfad über die Wiese bis zur kleinen Kirche St. Katharina. An der Südwand der 1293 erstmals erwähnten Kirche wurde eine zusätzliche Überdachung angebracht mit einer langen Bank, die zu einer Verschnaufpause einlädt. An der Wand ist ein schöner Freskenzyklus zu sehen, welcher elf Szenen der heiligen Katharina zeigt und vermutlich in der Zeit um 1420 entstanden ist. Die Bilder sind dank des schützenden Daches gut erhalten.

Von St. Kathrein kann man nun in Richtung Tiers weitergehend in 5 Minuten die Bushaltestelle oben an der Hauptstraße erreichen und zurück nach Prösels fahren, oder man folgt der weiteren Tourenbeschreibung und wandert über das Schnaggenkreuz zurück. Der Rückweg zu Fuß dauert eine gute Stunde. Zunächst geht man ein Stück auf dem Hinweg zurück. Gleich beim ersten Wegweiser ist das Schnaggenkreuz als Zwischenziel angeschrieben. Man folgt nun dem Weg 5, zuerst wieder unter der Hauptstraße hindurch und dann weiter an Wiesen vorbei und durch ein Waldstück. Man passiert schließlich das Lärchenheim und tritt danach auf einen Forstweg, der zum Kreuz führt. Zurück zum Schloss Prösels geht man ein Stück über die Wiese am Waldrand entlang und auf einem Schotterweg hinab zum Parkplatz.

Gewandert am:

In Begleitung von:

Der Tierser Höfeweg 36

1 020 m, 4,7 km, 1:30 Std., 130 hm/250 hm

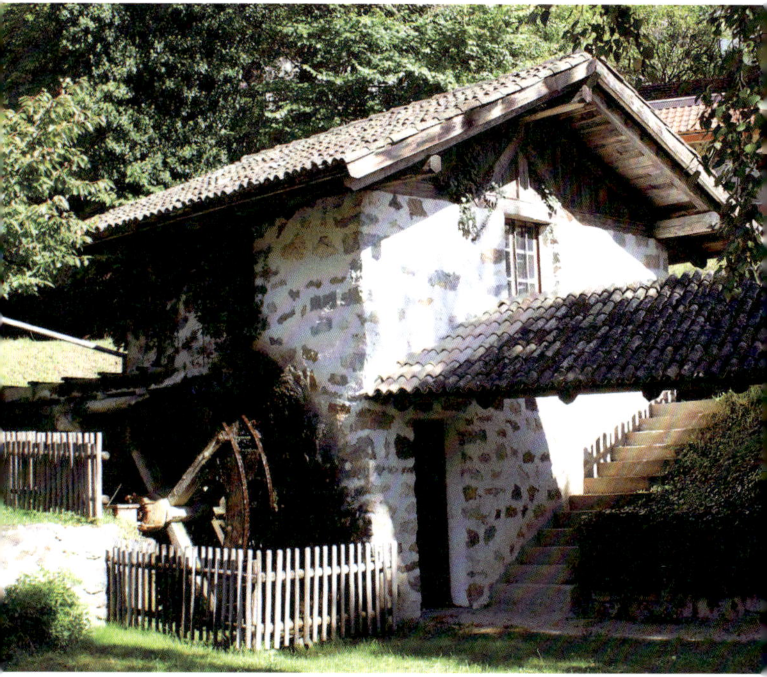

Der Tierser Höfeweg führt von Tiers durch weitgehend unberührte Natur, den Braibach talauswärts entlang durch den Wald und über Feld und Flur bis Ganne und weiter bis zur kleinen Kirche St. Katharina. Vorbei an längst aufgegebenen und im Lauf der Jahre verfallenen Höfen, aber auch über die Grundstücke noch aktiver Bauernhöfe. Vom Dorf St. Kathrein fährt man mit dem Bus wieder nach Tiers zurück. Der Höfeweg ist unschwer zu gehen, aber nicht kinderwagentauglich.

Ausgangspunkt	Tiers am Rosengarten
Anfahrt	Mit dem Auto zum kostenfreien Parkplatz am Altenheim oder mit dem Bus der Linie 176 Völs–Tiers, der ebenfalls beim Altenheim hält
Einkehr	Verschiedene Einkehrmöglichkeiten in Tiers, keine auf dem Höfeweg
Karte	Tabacco: Schlern, Rosengarten, Latemar, Blatt 29

Nur wenige Schritte vom Altenheim in Tiers entfernt beginnt der Höfeweg. Der Bus hält an der Hauptstraße und wenn Sie mit dem Auto unterwegs sind, finden Sie nebenan am Mühlweg einen größeren Parkplatz. An der Bushaltestelle befindet sich auf der gegenüberliegenden Straßenseite eine verträumte kleine Mühle. Ein Parkplatz und Bäume

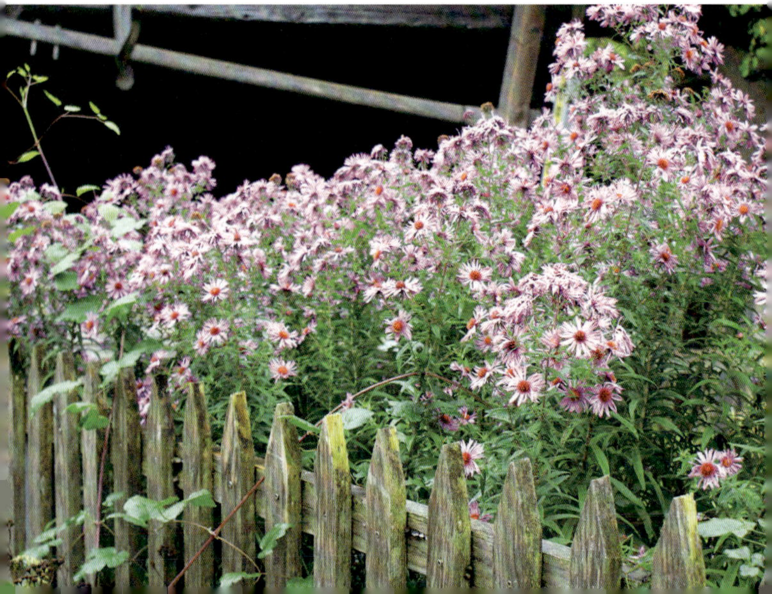

versperren den Blick ein wenig. Das Mühlrad dreht unermüdlich tagein tagaus seine Runden.

Gegenüber der Mühle geht der Mühlweg ab und hier beginnt auch der Tierser Höfeweg. Zunächst wandert man einige Schritte auf der kleinen Straße bergab, bevor der Weg schließlich nach links von der Straße abzweigt und steil nach unten in den Wald hineinführt. Hier quert man nun einen Bachlauf auf einer kleinen Brücke, an regnerischen Tagen ist Vorsicht geboten, denn die Bretter sind dann extrem rutschig! Der Weg führt weiter in den Wald hinein, stets bergab, bis man schließlich die Talsohle erreicht hat und er sich teilt. Während es nach links auf dem Rundwanderweg weiterginge, wandern wir nach rechts auf dem Höfeweg direkt an dem breiten Bach entlang. Im Wald und auch auf den Wiesen entlang des Baches können Sie an regnerischen Tagen Feuersalamander entdecken, die sich hier offenbar besonders wohl fühlen.

Wenige Minuten später passiert man einen verlassenen Hof, an dem der Zahn der Zeit schon mächtig genagt hat und der immer mehr verfällt. Entlang des Weges trifft man kurz danach auf die verlassene Spinuser Mühle. Eine Informationstafel, davor angebracht ist, erzählt über das Leben im Tal und gibt einen kurzen Einblick in die Geschichte der Mühle.

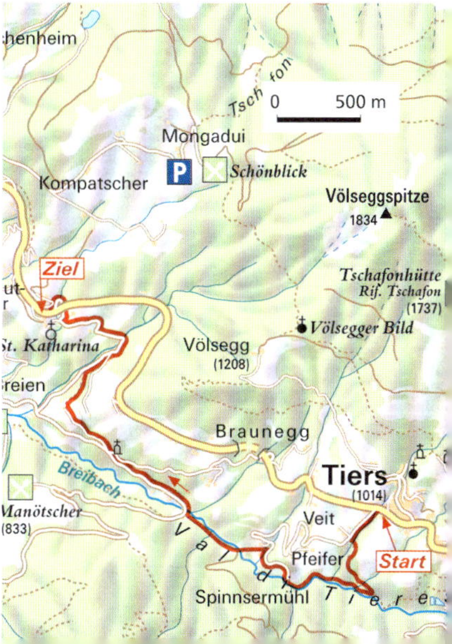

Höhenprofil

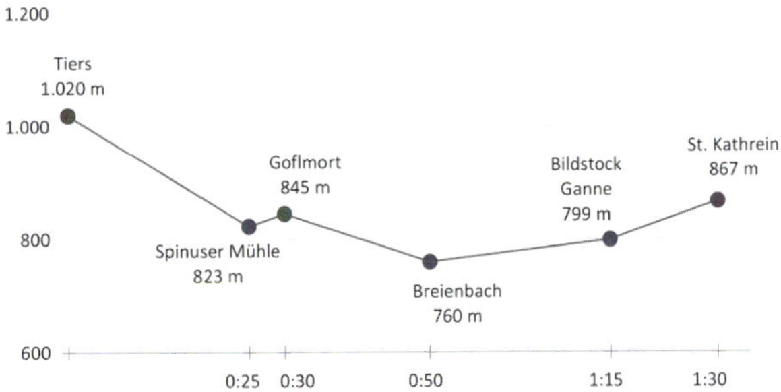

Direkt zwischen den Gebäuden des Hofes Goflmort geht es weiter, wir queren danach den Breibach und treten in den Wald hinein. Auf einem kleinen Sträßchen geht es vorbei am Hof Lampl, erneut über den Bach und im Wechsel vorbei an Wiesen und durch den Wald hinauf nach St. Kathrein und schließlich zur kleinen Kirche St. Katharina aus dem Jahr 1293 mit einem neugotischen Altar von 1864. Die Wandmalerei an der Südseite ist beeindruckend. Der Bus hält oben an der Hauptstraße und bringt Sie unkompliziert wieder zurück nach Tiers.

Gewandert am:

In Begleitung von:

Durch den Laranzer Wald 37

1 142 m, 5,7 km, 1:40 Std., 80 hm/80 hm

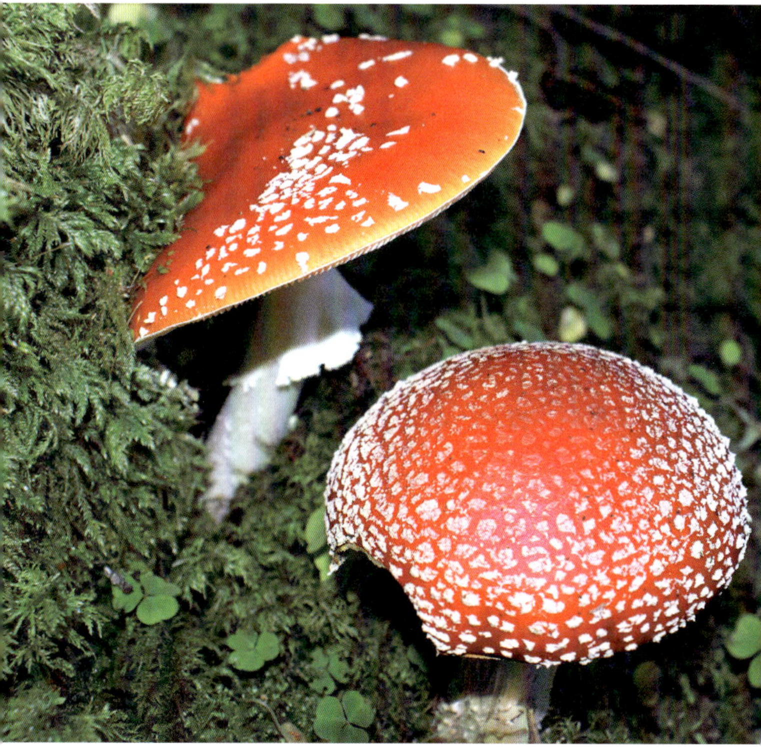

Den majestätischen Ausblick von der Königswarte genoss schon König Friedrich August von Sachsen während seiner Aufenthalte in Seis. Von Telfen führt der Rundweg durch den schönen Laranzer Föhrenwald in weniger als einer Stunde zur Königswarte. Wer möchte, kann auf dem Rückweg noch einen Abstecher zum etwa 1 Kilometer langen Pilzeweg einlegen, einem Naturlehrpfad.

Ausgangspunkt	Parkplatz in Telfen
Anfahrt	Mit dem Auto zum kostenfreien Parkplatz am Frankfurter Hof oder mit dem Bus zur Haltestelle Telfen. Von den Busbahnhöfen Seis und Kastelruth fahren gleich mehrere Linien die Haltestelle an.
Einkehr	Keine
Karte	Alpenwelt Verlag: Seiser Alm, Nr. 1428 oder Tabacco: Seiser Alm–Schlerngebiet

Am Parkplatz in Telfen beim Frankfurter Hof beginnt der Rundweg. Hier geht man unterhalb des Parkplatzes zunächst ein Stück auf der Straße in Richtung Getränkemarkt und vorbei am Pferdehof Unterlanzin. Die Straße wird schmaler und führt an Wiesen und kleinen Obstbäumen vorbei zum Waldrand. Hier gabelt sich der Weg und man folgt der Beschilderung „Königswarte-Rundweg" in den Wald hinein. Bei der nächsten Abzweigung hält man sich links weiter auf dem Forstweg. Der Rundweg führt in ständigem Auf und Ab durch den schönen und sehr ruhigen Wald. Zahlreiche Bänke entlang des Weges laden zu kurzen Pausen ein und an mancher Stelle kann man einen schönen Blick ins Eisacktal genießen. Nach etwa einer Stunde Gehzeit erreicht man schließlich den Aussichtspunkt Königswarte, der uns einen sehr schönen Tiefblick auf Völs und weit dahinter Bozen gestattet sowie auf die Hochfläche des Ritten. Im Tal kann man auch sehr gut die Ruine Aichach erkennen, die neben dem Pflegerhof steht, einem Biokräuterhof, in dem man zahlreiche Kräuter und Gewürze, Teemischungen sowie selbst hergestellte Kosmetikprodukte, Säfte und Sirup einkaufen kann.

Vom Aussichtspunkt folgt man nun dem Rundweg zunächst weiter durch den Wald, bis er aus dem Wald heraustritt und am Rand einer Wiese hinunter und auf Höhe des Anwesens Laranz in einen breiten, geschotterten Forstweg mündet. Der Weg bietet einige schöne Ausblicke ins Tal und auf den Schlern, ehe aus dem Forstweg eine schmale Straße wird und man sich bei der nächsten Abzweigung links, in Richtung Telfen hält.

Ein Stück bergauf und nun wieder durch den Wald erreicht man nach wenigen Minuten die Abzweigung zum Sportplatz Laranz (Nr. 5A). Möchten Sie den Pilzeweg entlangwandern, gehen Sie hier in etwa 10 Minuten hinauf zum Sportplatz und folgen Sie vom Parkplatz der Beschilderung „Pilzeweg". Der Lehrpfad ist etwa 1 Kilometer lang und mit einer Gehzeit von rund 30 Minuten angegeben. Entlang des Weges stehen Hinweistafeln, die über verschiedene Pilzarten informieren. Aus Holz geschnitzte Pilze säumen den Weg und an seiner höchsten Stelle findet man einen aus Holz gebauten Hochstand, der einen sehr schönen Ausblick ermöglicht.

Wieder zurück an der Abzweigung zum Sportplatz hält man sich links weiter auf der kleinen Straße und wandert vorbei am Schwimmbad Telfen wieder zurück zum Parkplatz. Ohne

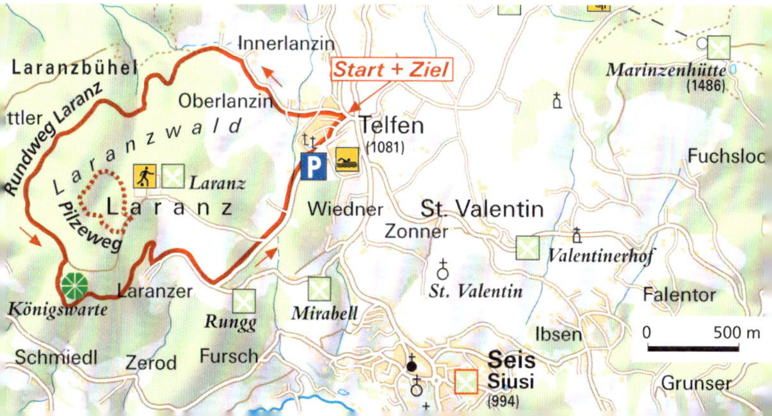

Höhenprofil

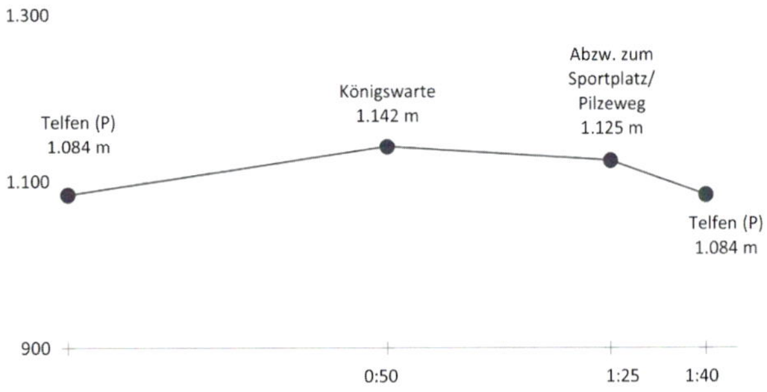

Pilzeweg benötigen Sie für den Rundweg etwa 1:45 Stunden. Gut 50 Minuten sollte man hinzurechnen, wenn man zusätzlich den Pilzeweg gehen möchte.

Gewandert am:

In Begleitung von:

In Ums, um Ums, um Ums herum 38

1014 m, 4 km, 1:15 Std., 180 hm/180 hm

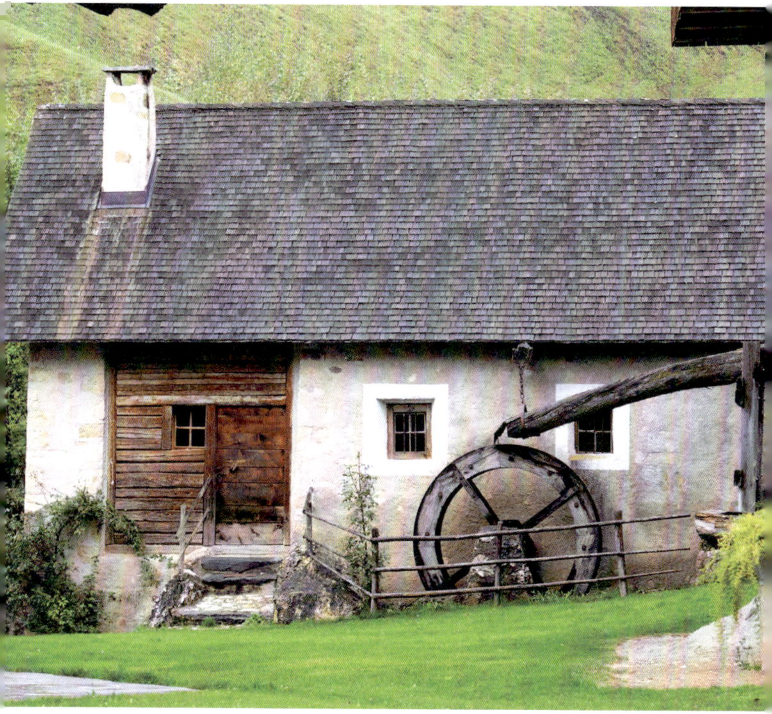

Ums ist ein altes Bauerndorf etwa 3 Kilometer von Völs entfernt. Vom Parkplatz am Kirchlein kann man zahlreiche Wanderungen unternehmen. Der Umser Rundweg ist eine kleine Wanderung über die Umser Felder, durch den Wald und an der alten Moarmüllermühle vorbei. Mit einer Gehzeit von nur knapp über einer Stunde eignet sich diese Tour hervorragend für einen Spaziergang am Nachmittag oder am frühen Abend.

Ausgangspunkt	An der kleinen Kirche St. Martin
Anfahrt	Mit dem Auto zum kostenfreien Parkplatz direkt neben der Kirche oder mit dem Bus der Linie 176 Seis–Tiers, Haltestelle Ums
Einkehr	Gasthof Kircher in Ums
Karte	Alpenwelt Verlag: Seiser Alm, Nr. I428 oder Tabacco: Seiser Alm–Schlerngebiet

Direkt an der kleinen Kirche in Ums beginnt der Rundweg. Zuerst geht es an der Kirche vorbei auf der kleinen Straße bergauf, stets den Wegweisern „Umser Rundweg" folgend. In der zweiten Kehre zweigt der Weg links ab und führt unterhalb von Hammerwand und Schlern über die Felder und später am Waldrand und über kleine Lichtungen entlang. Nach etwa 20 Minuten erreicht man das im Jahr 2012 erbaute Speicherbecken und unmittelbar danach mündet der Weg in einen geschotterten Forstweg. Hier hält man sich links und wenige Schritte weiter beim Abzweig des Weges zum Völser Weiher, erneut links. Nur wenig später gabelt sich der Weg nochmals, hier ignoriert man den nach links wegführenden Pfad nach Ums und wandert auf dem breiten Forstweg weiter bergab. Der Rundweg führt an der alten Moarmüllermühle vorbei, die bereits im Jahr 1554 erstmals erwähnt und 1999 restauriert wurde.

Nach der Mühle trifft man auf die Fahrstraße, die Ums und Völs verbindet. An dieser Stelle kann man sich nun überlegen, ob man dem Rundweg weiter folgt oder hier einfach nach links auf dem kleinen Sträßchen nach Ums zurückwandert. Der Weg auf der Straße zurück ist etwas einfacher. Der Rundweg führt hier nun geradeaus den Christophbildweg entlang des Völserbaches hinunter. Beim Hof Seppelmüller zweigt er schließlich nach links ab und es wird noch einmal ein bisschen

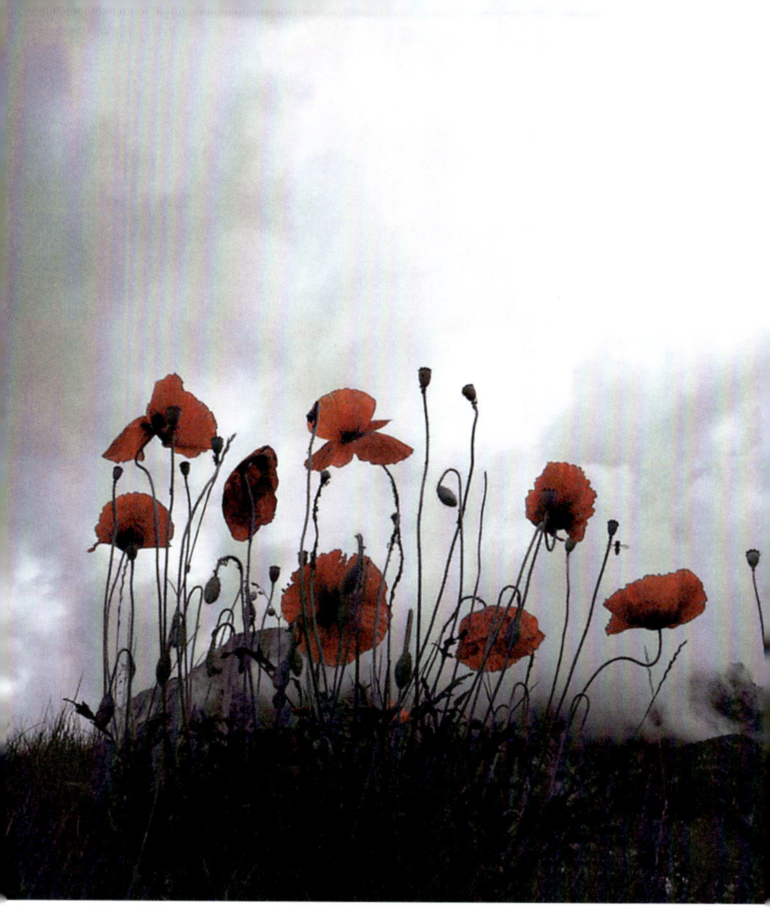

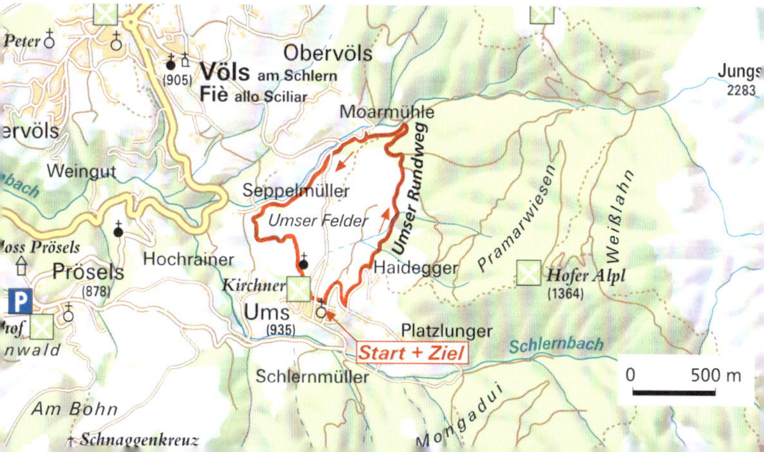
Peter
Obervöls
Völs am Schlern
(905)
Fiè allo Sciliar
Moarmühle
Weingut
Seppelmüller
Umser Felder
Umser Rundweg
Pramarwiesen
Weißlahn
Hochrainer
Prösels
(878)
Haidegger
Hofer Alpl
(1364)
Kirchner
Ums
(935)
Platzlunger
Schlernbach
Start + Ziel
0
500 m
Schlernmüller
Am Bohn
Schnaggenkreuz
Mongadui

Höhenprofil

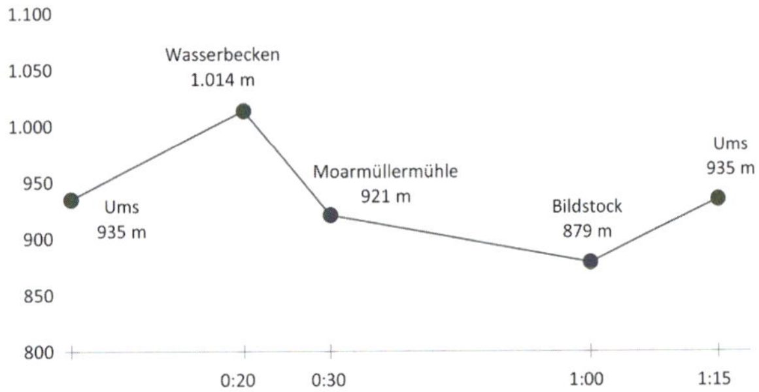

anstrengend, denn es geht anfangs doch recht steil quer über die Umser Felder hinauf, bis man schließlich direkt am Gasthof Kircher herauskommt und damit auch wieder die Kirche erreicht. Man kann den Weg auch in umgekehrter Richtung gehen, er ist in beiden Richtungen sehr gut beschildert.

Gewandert am:

In Begleitung von:

Eine gemütliche Wanderung rund um Völs 39

878 m, 4,3 km, 1:15 Std., 130 hm/130 hm

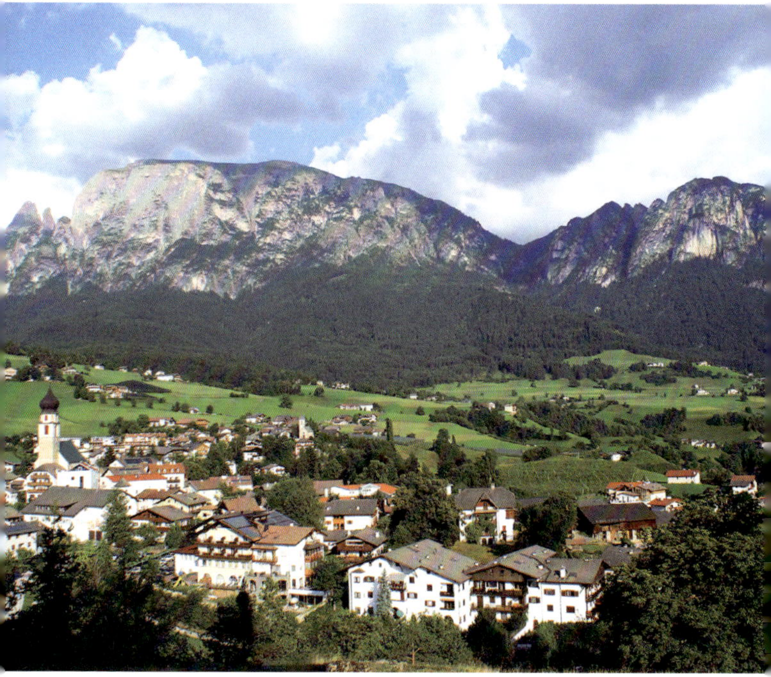

Die erstmals im Jahr 1170 erwähnte Pfarrkirche Maria Himmelfahrt steht im historischen Ortskern von Völs und überragt mit ihrem Turm das Dorf weithin sichtbar. Der angenehm zu gehende Rundweg führt zunächst in einem weiten Bogen um den Ort herum, nähert sich dann aber wieder an, ehe wir ihn bewusst verlassen, um zu einem besonderen Weidezaun zu gelangen. Der Rundweg dauert etwa eine Stunde und eignet sich daher als kurze, gemütliche Wanderung zu jeder Tageszeit.

Ausgangspunkt	Bar Flora am Kreisverkehr
Anfahrt	Mit dem eigenen Auto nach Völs, gebührenpflichtige Parkmöglichkeit am Altersheim im Kartatschweg oder mit dem Bus der Linien 2, 170 oder 176 bis zur Haltestelle Völs am Schlern
Einkehr	Bar Flora, Pizzeria Tschafon und Pizzeria Sander
Karte	Alpenwelt Verlag: Seiser Alm, Nr. 1428 oder Tabacco: Seiser Alm–Schlerngebiet

Der Völser Rundweg beginnt am Kreisverkehr an der Hauptstraße. Von hier geht man vorbei an der Bar Flora die Dorfstraße hinauf und zweigt nach wenigen Metern nach rechts in den Stegerweg ab. Nach dem Getränkemarkt wird aus der asphaltierten Straße ein breiter Forstweg, der am Rand des Dorfes vorbeiführt und immer wieder schöne Ausblicke

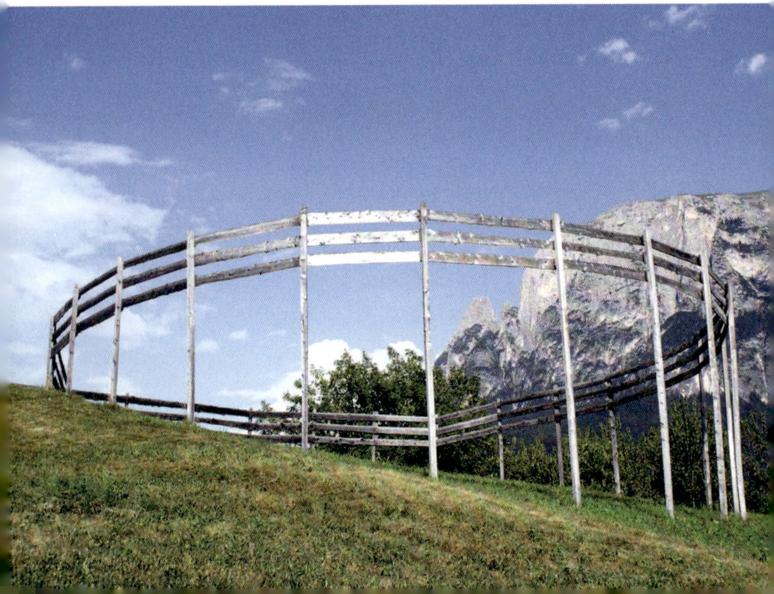

auf das Eisacktal und den sich dahinter erhebenden Ritten ermöglicht. Unschwer geht es unterhalb der Weinberge weiter, vorbei an Bauernhöfen und über Almwiesen, und schließlich gelangt das romantisch gelegene Schloss Prösels mit dem daneben stehenden Pulverturm ins Blickfeld. Auf Höhe des Hofes Bethlehem verlässt man den Wanderpfad und geht auf dem asphaltierten Weingartnerweg weiter, der kurz danach steil hinaufführt, vorbei an der Pizzeria Sander und der Residence Simonazzi. Weiter auf der Straße führt der Rundweg nach rechts den Schießstandweg entlang, wobei man erneut ein paar alte Bauernhöfe passiert, bevor er wieder aus dem Ort hinausführt, an Apfelplantagen und alten Zwetschkenbäumen vorbei. Schließlich gelangt man zu einem weiteren Hof am Rand eines kleinen Waldstücks. Hier gabelt sich der Weg, nach links geht der Rundweg Pfaffenbühl ab und rechts der Völser Rundweg. Wir verlassen hier nun den Völser Rundweg und folgen dem Rundweg Pfaffenbühl in den Wald hinein. Der Grund wird wenige Minuten später ersichtlich. Nachdem der Weg wieder aus dem Wald heraustritt, verläuft er weiter über eine Wiese hinauf zu einem Weidezaun. Von unten ist zunächst nichts Besonderes zu erkennen, aber sobald man oben angekommen ist, kann man den kuriosen Verlauf des Weidezauns erkennen. Er

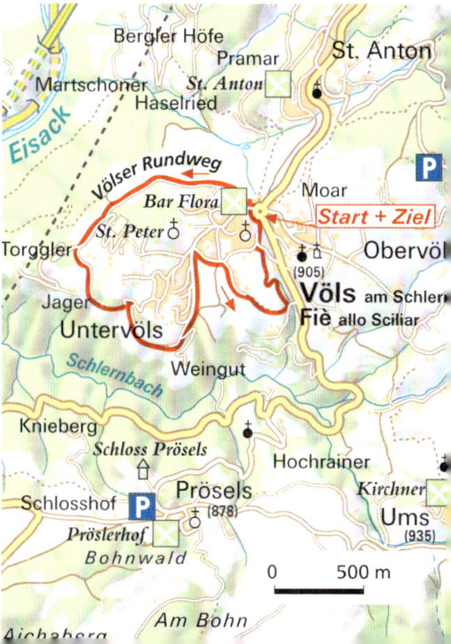

Höhenprofil

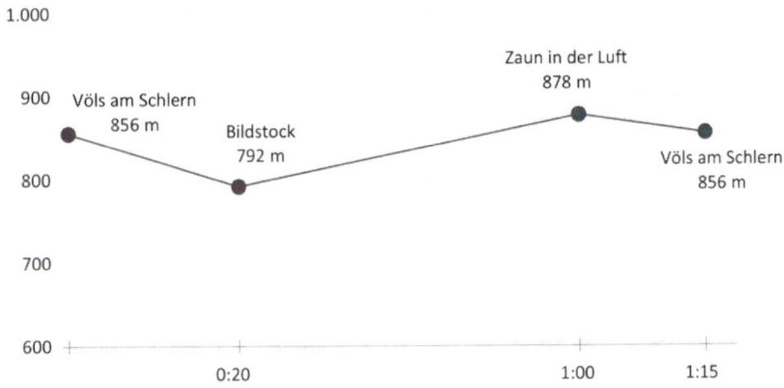

macht eine Schleife und scheint in der Luft zu hängen. Die eigentümliche Bauweise rührt daher, dass es sich um ein originelles Landschaftskunstwerk des Kastelruther Künstlers Hubert Kostner handelt.

Folgen Sie nun weiter dem Rundweg Pfaffenbühl, dieser verläuft noch kurz über die Wiese und durch ein Waldstück und mündet schließlich in den Bodenweg. Hier hält man sich zunächst links und geht wenige Schritte danach rechts auf einen schmalen Weg, der bergab führt und auf Höhe der einzigen Tankstelle des Ortes auf die Hauptstraße trifft. Nach links in Richtung des Kreisverkehrs gehend, erreicht man nach wenigen Minuten wieder den Ausgangspunkt des Völser Rundweges.

Gewandert am:

In Begleitung von:

Ein Ausflug zum Schloss Prösels 40

870 m, 8,6 km, 2:10 Std., 160 hm/160 hm

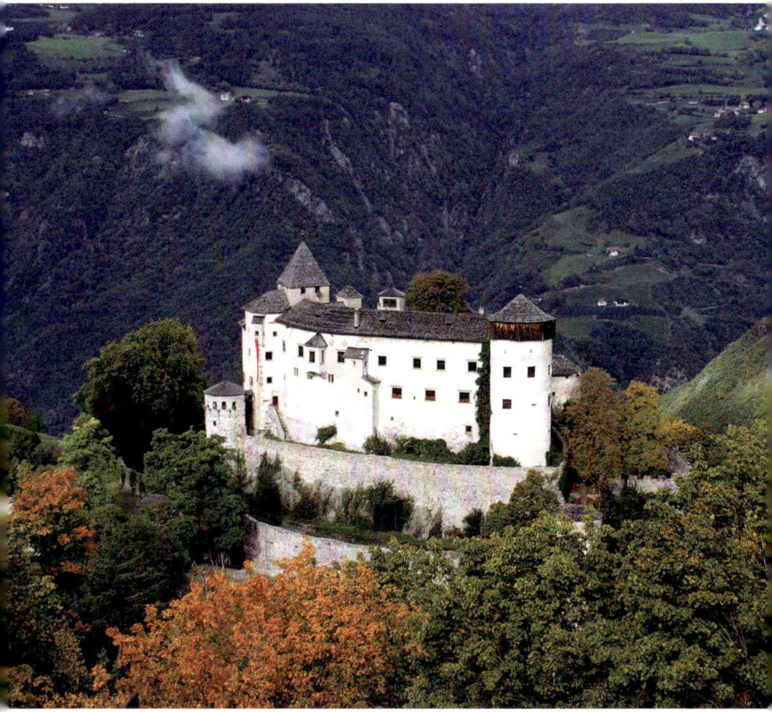

Diese Wanderung führt von Völs am Schlern hinüber zum Schloss Prösels. Das Schloss wurde um 1200 von den Herren von Völs erbaut und Anfang des 16. Jahrhunderts von Leonhard von Völs zu einer prunkvollen Schlossanlage im Renaissance-Stil ausgebaut. Nach zahlreichen Besitzerwechseln und Jahren des Leerstands wurde es schließlich 1981 von dem eigens dafür gegründeten Kuratorium Schloss Prösels GmbH erworben und aufwendig restauriert.

Ausgangspunkt	Bar Flora am Kreisverkehr
Anfahrt	Mit dem Auto nach Völs, gebührenpflichtige Parkmöglichkeit am Altersheim im Kartatschweg oder mit dem Bus der Linien 2, 170 oder 176 zur Haltestelle Völs am Schlern
Einkehr	Bar Flora, Pizzeria Tschafon
Karte	Alpenwelt Verlag: Seiser Alm, Nr. I428 oder Tabacco: Seiser Alm–Schlerngebiet

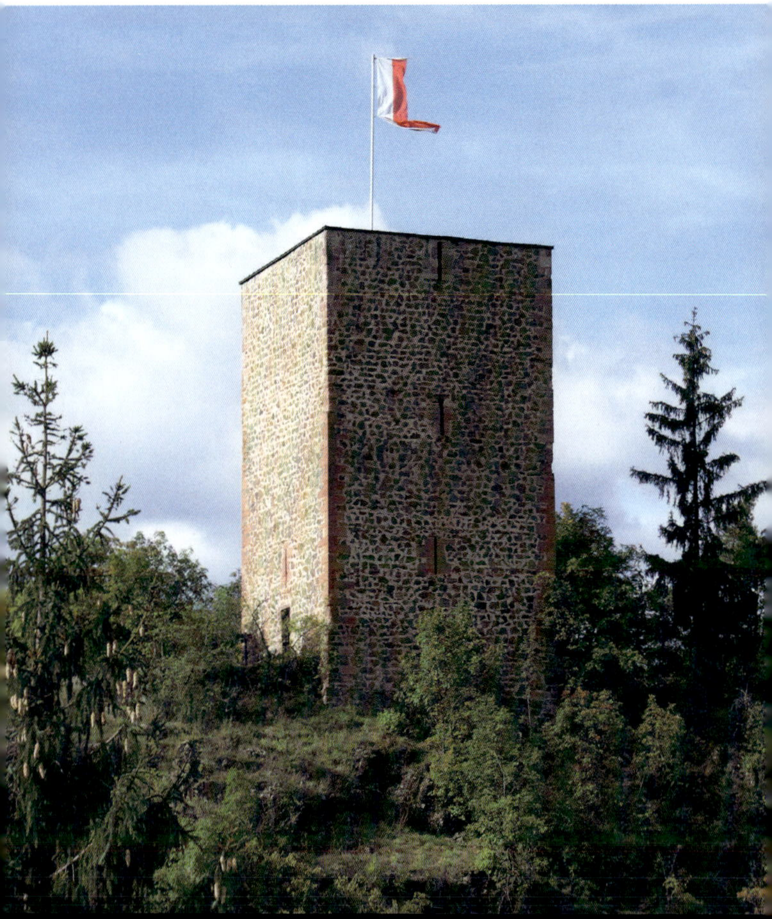

Die Wanderung zum Schloss Prösels startet auf Höhe der Bar Flora am Kreisverkehr in Völs. Die ersten Minuten geht es an der Bozener Straße entlang vorbei an der Tankstelle und der Pizzeria Tschafon, bis auf Höhe der empfehlenswerten Frühstückspension Haus Aichner der Weg 6 nach links in eine Apfelplantage abzweigt und anfangs auf einem asphaltierten Sträßchen und später auf einem geschotterten Wirtschaftsweg weiterführt. Beim Seppelmüller quert man den Völser Bach und hält sich sogleich rechts. Die erste Abzweigung nach Ums lässt man im wahrsten Sinne des Wortes links liegen und folgt weiter dem Weg 6 in Richtung Prösels. Der Weg führt über offene Felder vorbei am Trafisöler Hof, bis man schließlich den Schlernbach überquert. Hier verlassen wir nun Weg 6 und folgen fortan der Markierung 3. Über die Prösler Wiesen vorbei am Hochreinerhof, mündet der Weg schließlich kurz vor dem Ortseingang auf die Verbindungsstraße Pösels–Ums. Die Straße führt unmittelbar danach direkt am Pulverturm vorbei. Hier lohnt es sich, kurz den Weg zu verlassen und dem zum Schloss gehörenden Turm einen Besuch abzustatten. Er ist frei zugänglich und wurde offenbar als Wachturm, Lager für Schießpulver und wohl auch als Gefängnis genutzt. Von oben haben Sie einen sehr schönen Blick auf das Schloss und die umliegenden Ortschaften. Vom Pulverturm zum Schloss sind es dann nur noch wenige Minuten. Das Schloss wird für Veranstaltungen,

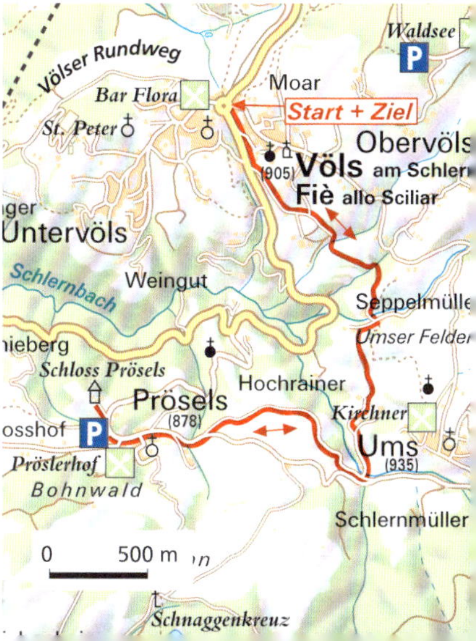

Höhenprofil

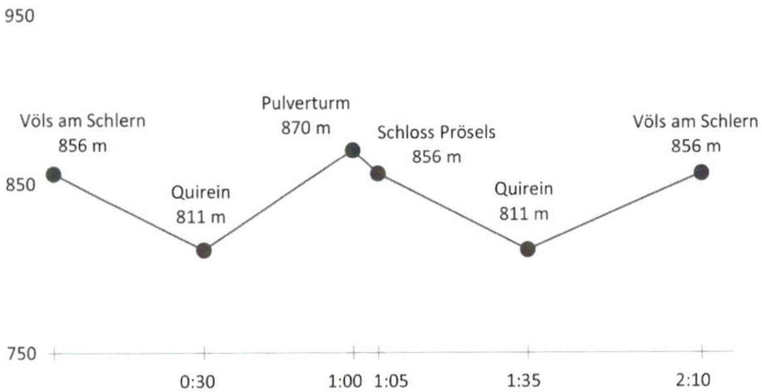

Konzerte, Theateraufführungen und Ausstellungen genutzt. Eine Schlossbesichtigung ist in den Sommermonaten nur im Rahmen einer Führung möglich (www.schloss-proesels.it).

Der Rückweg erfolgt auf dem Hinweg. Wenn Sie nicht den gleichen Weg zurückgehen möchten, können Sie vom Schloss auch dem Weg 5 hinüber nach Völs folgen, allerdings ist dieser Weg nicht besonders attraktiv, da er zunächst etwa 20 Minuten steil über die kleine Straße nach unten führt und nach der Unterquerung der Hauptstraße auf der anderen Seite sehr steil und anstrengend über die Wiesen wieder nach Völs hinauf. Alternativ können Sie auch den Bus nutzen, der in Prösels nahe dem Parkplatz hält. Übrigens: In Südtirol gibt es über 800 Burgen, Schlösser, Ruinen und Ansitze.

Gewandert am:

In Begleitung von:

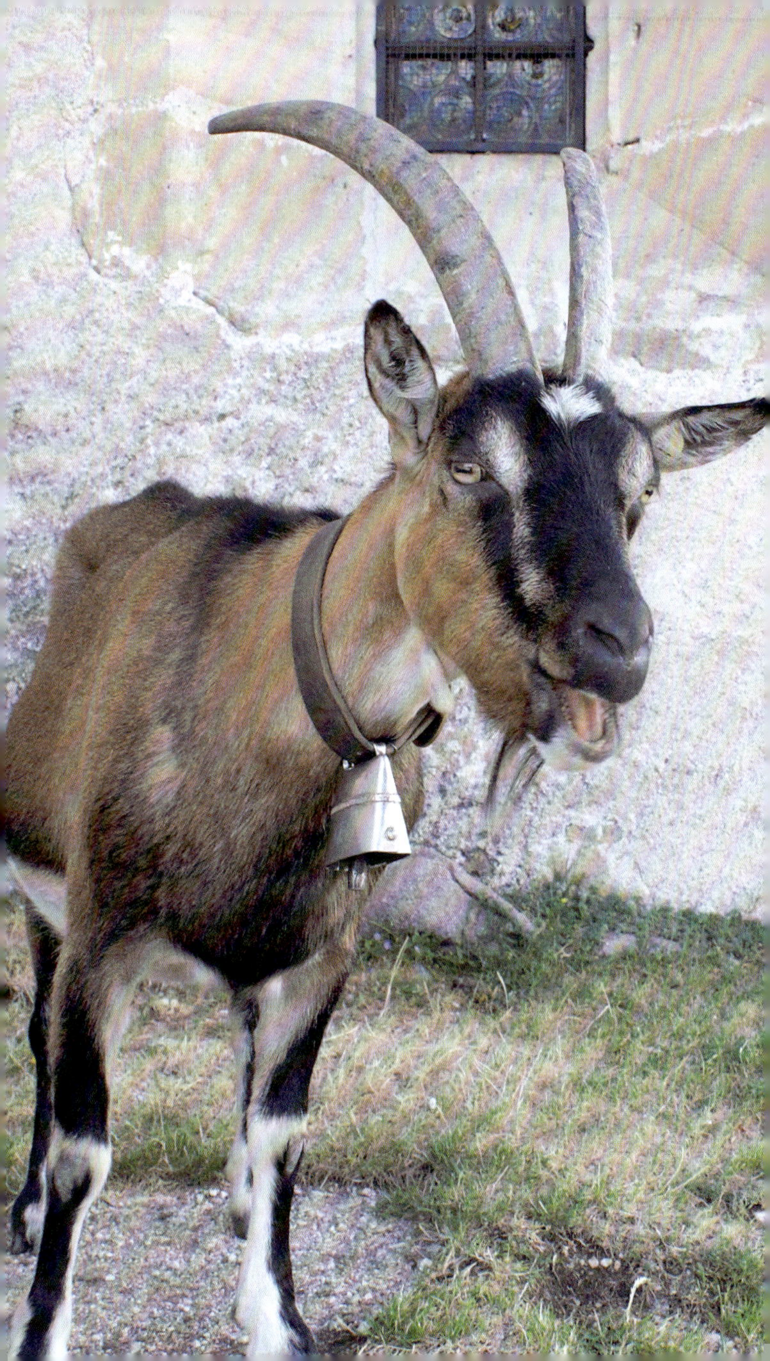

Index

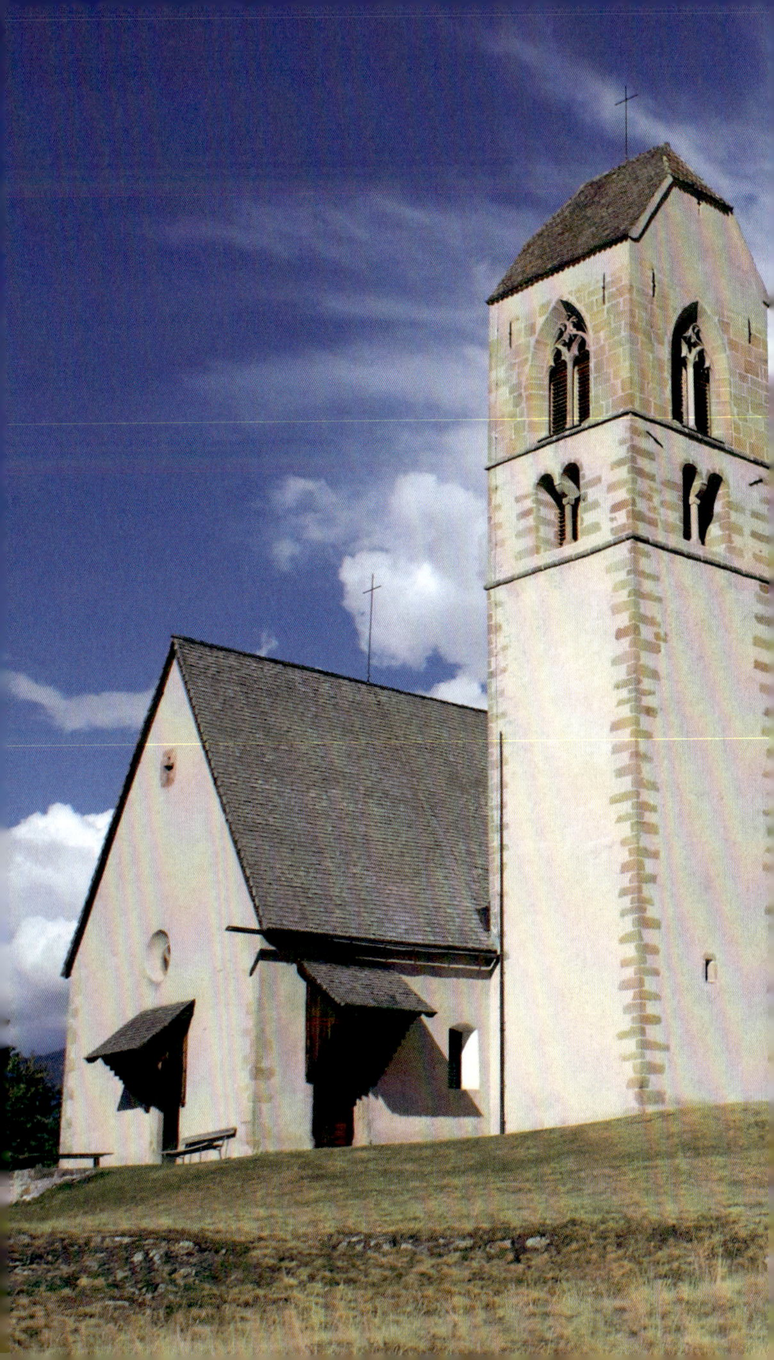

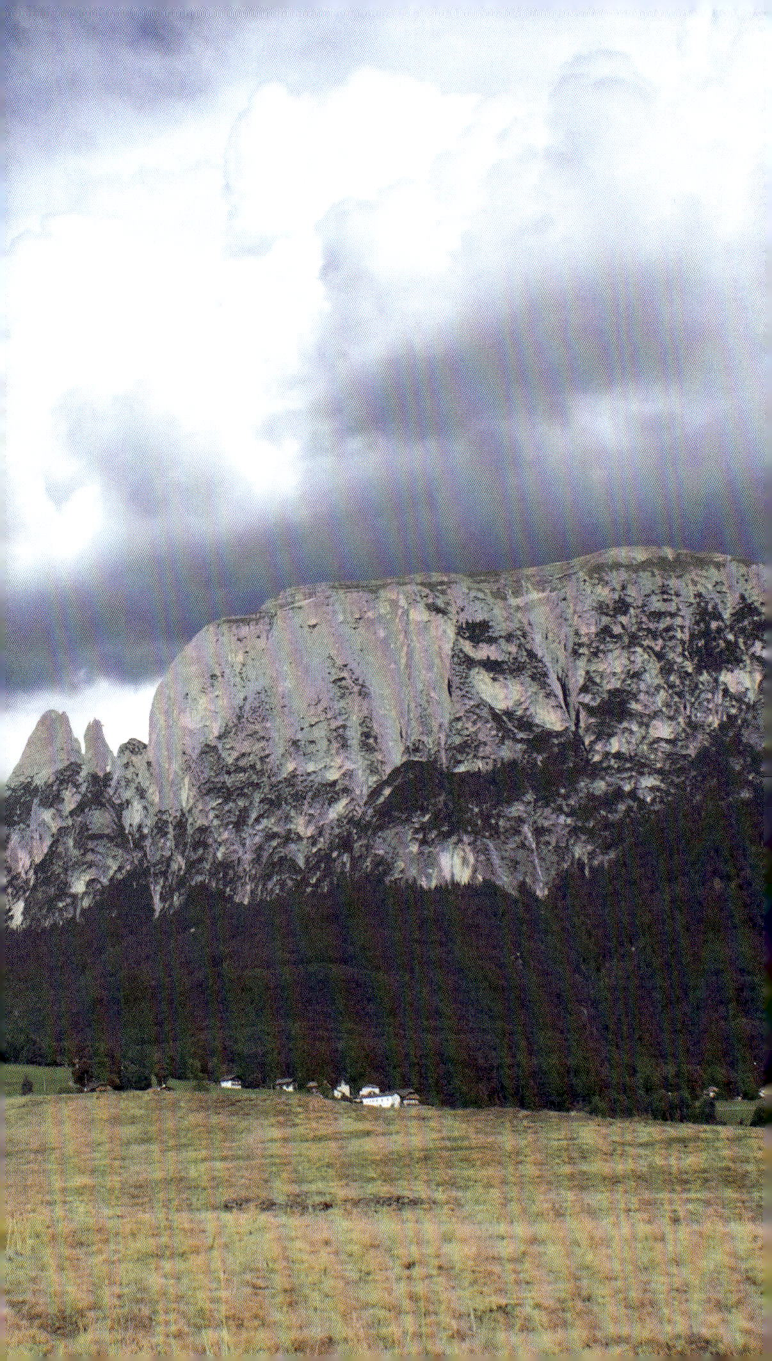

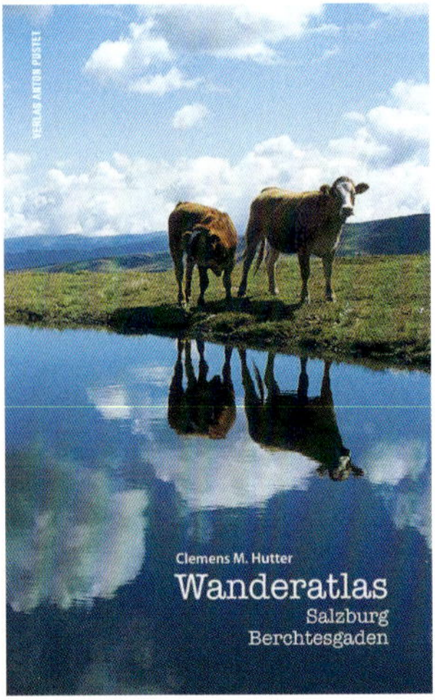

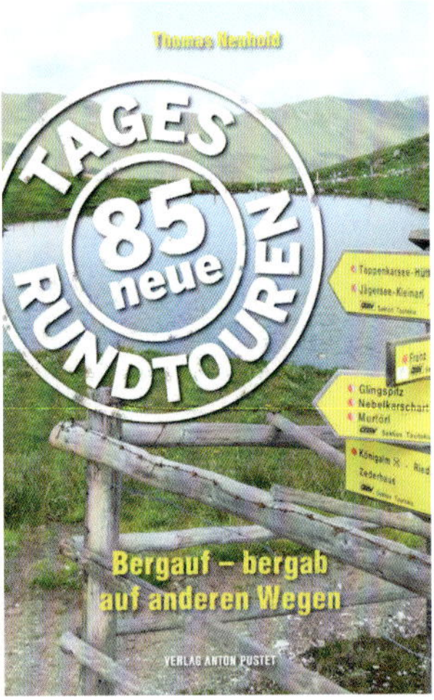

Clemens M. Hutter
Wanderatlas
Salzburg – Berchtesgaden

Raus aus der guten Stube! 425 erprobte Routen, 136 Wanderkarten und 24 Themengruppen. Warnung des Verlages: Der Erwerb dieses Buches kann bei Bewegungsmuffeln und notorischen Stubenhockern zu nachhaltigen Veränderungen der Persönlichkeit führen.

11,5 x 18 cm, französische Broschur
durchgehend farbig bebildert
336 S., 978-3-7025-0619-3, € 22,–

Thomas Neuhold
85 neue Tagesrundtouren

Wer sagt, dass der Abstieg beim Wandern nicht genauso spannend sein kann wie der Aufstieg? Thomas Neuhold hat 85 neue Tagesrundtouren zusammengetragen: Vom Alpenvorland bis zu den Hohen Tauern, vom Kaisergebirge bis zum Dachstein. Mit Kartenskizzen, Einkehrtipps und Alternativrouten.

11,5 x 18 cm, französische Broschur
durchgehend farbig bebildert
192 S., 978-3-7025-0817-3, € 22,–

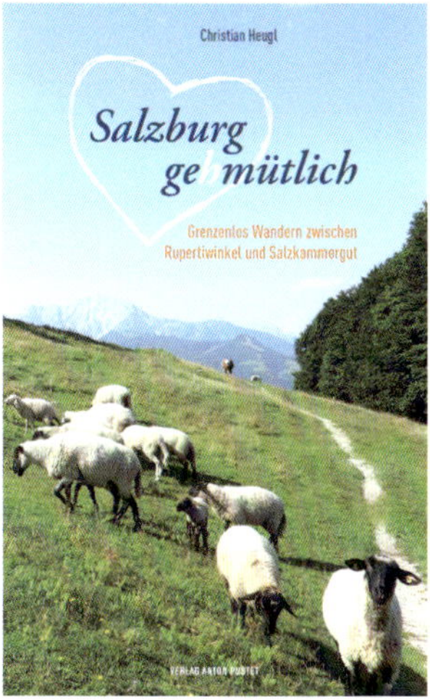

Christian Heugl
Salzburg gehmütlich
Grenzenloses Wandern zwischen Rupertiwinkel und Salzkammergut

Sie wandern gerne und die kulinarische Belohnung sollte auch nicht zu kurz kommen? Christian Heugl stellt 40 Genuss-Wanderungen im Zentralraum Salzburg vor, gibt Tipps für die Anfahrt mit öffentlichen Verkehrsmitteln und besondere Einkehrmöglichkeiten, sodass schon das Lesen dieser „ge(h)mütlichen Wanderungen" zum Vergnügen wird.

11,5 x 18 cm, franz. Broschur
durchgehend farbig bebildert
256 S., 978-3-7025-0891-3, € 22,–

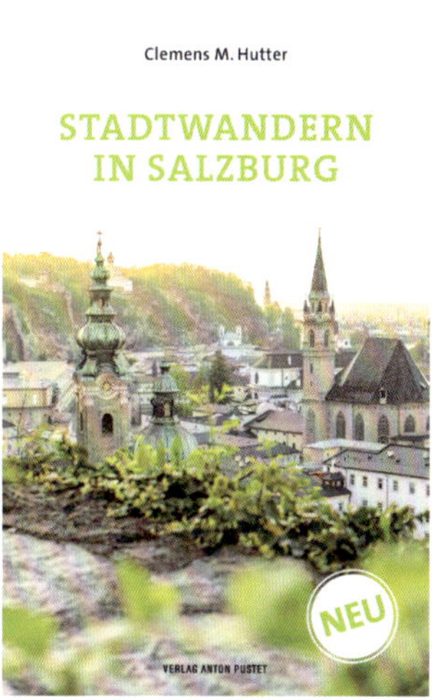

Clemens M. Hutter
Stadtwandern in Salzburg

Das neue Stadtwandern bietet 28 entschleunigte Spaziergänge durch zwei Jahrtausende, um zu schauen und zu staunen.

11,5 x 18 cm, französische Broschur
durchgehend farbig bebildert
200 S., 978-3-7025-0857-9, € 22,–
eBook: 978-3-7025-8042-1

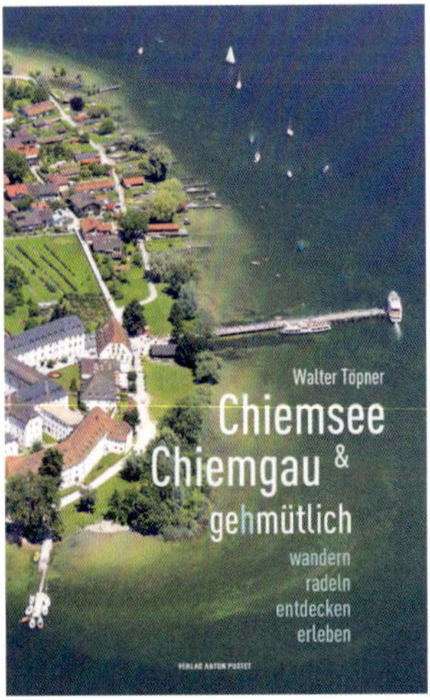

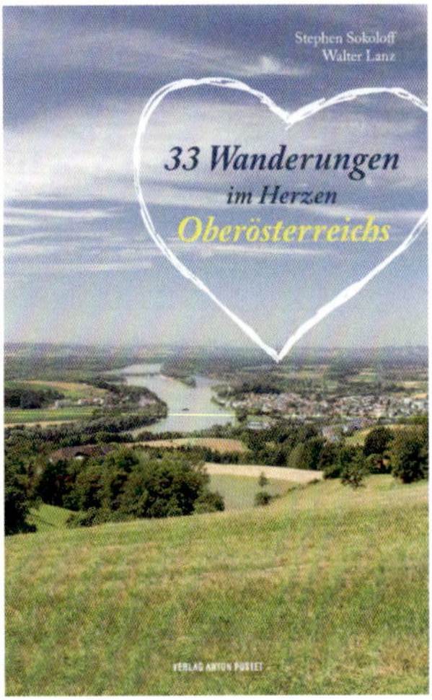

Walter Töpner
Chiemsee und Chiemgau gehmütlich

Chiemsee und Chiemgau sind beliebte Urlaubs- und Freizeitregionen und bieten eine Fülle von landschaftlichen und kulturellen Sehenswürdigkeiten. Aber auch Fahrradfreunde kommen hier auf ihre Kosten. Dieses Buch ist Wanderführer und Lesebuch zugleich, so werden auch Geschichten über berühmte Persönlichkeiten und regionale Bräuche erzählt.

13,5 x 21,5 cm, französische Broschur
durchgehend farbig bebildert
304 S., 978-3-7025-0895-1, € 24,90

Walter Lanz, Stephen Sokoloff
33 Wanderungen im Herzen Oberösterreichs

Beschauliche, erlebnisreiche Touren im Zentralraum Oberösterreichs unter dem Motto „Wandern und genießen". Die Wanderungen eignen sich für Jung und Alt, für Familien, aber auch für geeichte Wanderer. Ein Buch, das einlädt, das Schöne, oft Unbekannte und Überraschende in der näheren Heimat zu entdecken.

11,5 x 18 cm, französische Broschur
durchgehend farbig bebildert
224 S., 978-3-7025-0842-5, € 22,–

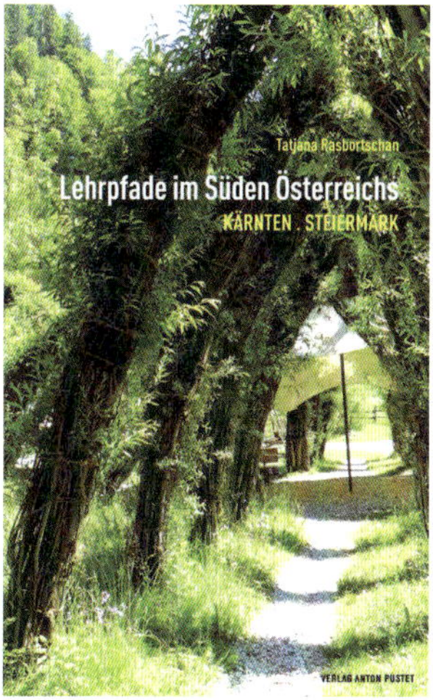

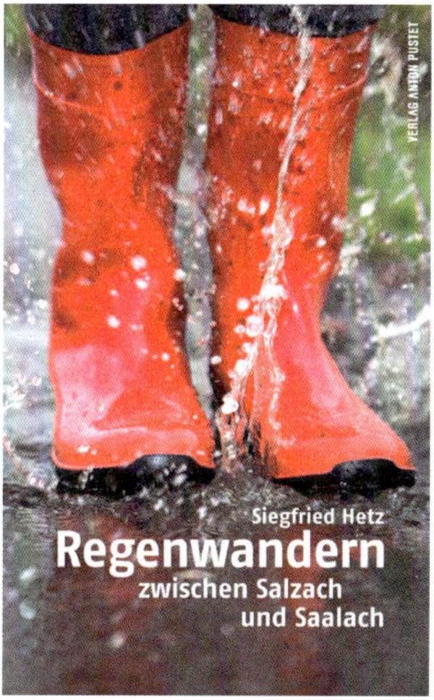

Tatjana Rasbortschan
Lehrpfade im Süden Österreichs

Anregungen für erlebnishungrige Wanderer: Moore, Seen, Wälder und Dörfer laden dazu ein, die südlichen Regionen mit allen Sinnen zu erkunden. 60 Erlebniswege aus Kärnten und der Steiermark kompakt als Taschenbuch – mit Einkehrtipps und Infos zu Kinderwagen- und Wintertauglichkeit.

11,5 x 18 cm, französische Broschur,
durchgehend farbig bebildert,
208 S., 978-3-7025-0818-0, € 22,–

Siegfried Hetz
Regenwandern in Salzburg

Wer sich vom Regen nicht abhalten lässt und gerne im Freien unterwegs ist, bekommt einen anderen Blick auf Natur und Landschaft und wird so manch Interessantes entdecken können. Siegfried Hetz präsentiert in seinem neuen Wanderführer 44 Touren, die erst richtig Spaß machen, wenn's nass ist.

11,5 x 18 cm, französische Broschur,
durchgehend farbig bebildert,
160 S., 978-3-7025-0820-3, € 22,–